예수님이
당신을 위해 하신
52가지

52 Things Jesus Has Done for You

예수님이
당신을 위해 하신
52가지

52 Things Jesus Has Done for You

지은이 | 문인권
펴낸이 | 원성삼
표지 디자인 | 안은숙
펴낸곳 | 예영커뮤니케이션
초판 1쇄 발행 | 2024년 5월 17일
등록일 | 1992년 3월 1일 제2-1349호
주소 | 03128 서울특별시 종로구 대학로3길 29, 313호(연지동, 한국교회100주년기념관)
전화 | (02)766-8931
팩스 | (02)766-8934
이메일 | jeyoung@chol.com
ISBN 979-11-89887-80-3 (03230)

* 이 책에서 우리말성경은 "개역개정판"을,
  영어성경은 "The English Standard Version(ESV)"을 사용하였습니다.

값 30,000원

모든 인간은 하나님의 형상을 닮은 존귀한 존재입니다. 사람은 인종, 민족, 피부색, 문화,
언어에 관계없이 모두 다 존귀합니다. 예영커뮤니케이션은 이러한 정신에 근거해 모든 인
간이 존귀한 삶을 사는 데 필요한 지식과 문화를 예수 그리스도의 사랑으로 보급함으로써 우리가 속
한 사회에 기여하고자 합니다.

예수님이
당신을 위해 하신
52가지

52 Things Jesus Has Done for You

문인권 지음

예영

조정민 목사 베이직교회(BASIC COMMUNITY CHURCH)

　예수님을 모르는 그리스도인! 틀린 말입니다. 네모난 원이 없듯이 예수님을 모르는 그리스도인은 있을 수 없습니다. 그렇지만 '예수님을 안다고 생각하는데 실제로 예수님을 모르는' 그리고 '그리스도인이라고 스스로 굳게 믿는데 실제로 그리스도인이 아닌' 종교인들로 넘쳐납니다. 이유는 하나입니다. 유사복음의 홍수에 휩쓸린 탓이고, 성공과 번영의 거짓복음에 길을 잃은 탓입니다. 날마다 예수님을 먹고 마시지 못해 시들고 병들었으며, 회칠한 무덤의 짙은 어둠에 갇혀 실명했기 때문입니다.

　『예수님이 당신을 위해 하신 52가지』는 살았다 하나 죽은 영혼을 흔들어 깨웁니다. 진리 아닌 것들로 만신창이가 된 몸과 영혼에 생명의 수액을 공급합니다. 아는 것이 힘이 아니라 바로 아는 것이 힘입니다. 교회에 오래 다니고 신앙생활 오래 해야 좋은 신앙인이 되는 것이 아니라 생명의 복음으로 호흡할 때 참된 신앙인이 되는 것입니다. 예수님을 아십니까? 예수님이 당신을 위해 하신 일을 다 아십니까? 모르면 모른다고 답하면 되고, 모르면 배우면 됩니다. 여기 바른 메시지가 있습니다. 이 책을 찬찬히 읽고 참으로 거듭난 그리스도인이 되기를 진심으로 바랍니다.

김도인 목사 아트설교연구원 대표

일상이 인생이 되고, 인생다운 인생을 만드는 것은 복음입니다. 복음이 빠진 인생은 참다운 인생이라 말할 수 없습니다. 그 끝이 불행합니다. 『예수님이 당신을 위해 하신 52가지』를 손에 잡으면 지혜로운 사람입니다. 복음의 의미가 막연한 크리스천의 대안입니다. 일상에서 복음 무감각증을 깨트리고 복음으로 무장할 수 있습니다. 한 주일 내내 묵상해야 할 주옥 같은 글들로 채워져 있습니다. 신앙은 은혜로 시작합니다. 과정은 하나님을 향한 우리들의 사랑입니다. 그 사랑 만들기 과정을 이 책으로 경험할 수 있습니다. 어떻게 믿고 살 것인가를 고민하는 사람들을 위한 선물입니다. 말씀이 나에게 보물이 되고 모두를 행복하게 하는 책입니다.

박호용 교수 겟세마네신학교(Gethsemane Theological Seminary)

이 책은 참 복음을 모르거나 순전한 복음을 변질시킨 비성경적인 복음 형태들에 대해 순전한 참 복음이 무엇인지를 간결하고 명료하게 이야기합니다.

차 례

우리는 정말 복음을 믿는가?

순전한 복음과 말씀의 능력이 갈급한 이 세대입니다. 많은 설교가 기독교 신앙의 본질보다는 "지금 최고의 삶을 어떻게 누릴 것인가?"에 집중합니다. 스타 목사들이 성경의 음성보다 자기 목소리를 내려고 합니다. 피상적인 회심을 복음으로 여기는 다수의 교인이 교회의 모습을 결정합니다. 거듭난 신자는 원하지 않는 교회생활을 계속해야 할지 고민합니다.

우리의 믿음생활에 있어서 온통 돈, 건강, 편리, 성공, 철학이 복음의 개념으로 고정되어 있습니다. 시대정신은 복음이 아닙니다. 그리스도인은 세상이 부추기는 대로 살지 않습니다. 복음은 비우는 것이 아니고 성령으로 채우는 것입니다. 복음은 무소유가 아니고 더 가지지 않는 것입니다. 긍정의 힘과 적극적 사고는 복음이 아닙니다. 우리는 예수님을 믿는 것이지, 그분에게 편승하여 우리 자신의 신념을 믿는 것이 아닙니다. 최신 유행은 복음이 아닙니다. 성경적인 설교자는 청중의 변덕에 비위를 맞추지 않습니다.

교회들의 비전은 복음이 아닙니다. 주로 사명 확장이 아닌 조직 확장입니다. 결국 유명하고 가맹점 많은 교회로 가자는 것 아닌가요? 목사의 야심을 예수님의 비전으로 소개하는 일은 없어야 합니다. 제자들과 바울에게는 예수님의 비전 말고 다른 비전이 없었습니다. 요즘 교회들은 예수님의 비전을 제쳐 놓고 자신들의 비전을 알리기에 열을 올립니다. 프로그램 목회는 복음이 아닙니다. 예수만으로 안되고 이벤트가 필요하다는 미신입니다. 각종 세미나는 복음이 아닙니다. 목회를 자랑하는 미숙한 무용담입니다. 자기 교회밖에 모르는 것도 복음이 아닙니다. 그리스도인은 힘든 형제교회를 배려합니다. 가나안 신앙은 복음이 아닙니다. 나는 주님의 집에 가지 않으면서 주님은 왜 내 집에 오셔야 합니까?

기독교윤리운동은 복음이 아닙니다. 제대로 예수 믿으면 바르게 살 수밖에 없습니다. 윤리를 만능으로 생각하는 사람들은 교회 스캔들만 비판하고 말과 행동이 다릅니다. 바리새인 교인은 윤리를 말하고, 탕자 교인은 복음을 말합니다. 공공신학은 복음이 아닙니다. 복음은 세상에 좋은 평판을 구걸하지 않습니다. 신생한 영혼이 교회를, 교회가 세상을 변하게 합니다. 공공신학은 세상을 움직여 교회가 평판을 얻은 다음 교인에게 선행에 대한 만족을 안겨 주는 것입니다. 여기에 구원의 역사는 없습니다. 사회운동은 복음이 아닙니다. 교회사가 주는 교훈입니다. 사회봉사를 강조할 때는 복음이 실종되고 교회가 무너졌습니다. 복음을 강조할 때는 교회가 부흥했습니다. 환경운동은 복음이 아닙니다. 죄로 훼손된 자연은 죄가 해결되어야 회복할 수 있습니다. 기후변화 이야기는 자연과학을 무시한 허구입니다. 인권운동은 복음이 아닙니다. 예수님은 무조건 약자 편을 들기 위해 세상에 오시지 않았습니다. 그분은 사랑받지 못한 자를 위해 오셨습니다.

지나친 현대 음악과 영상예배가 교인을 탈진하게 만들었습니다. 개혁의 대상이 되었던 로마가톨릭은 예배당을 섬기고, 일회용 성격이고,

화려합니다. 프로테스탄트는 말씀을 섬기고, 연속성이 있고, 단순합니다. 기독교 신앙은 본래 청각적이었습니다. 하나님은 음성으로만 말씀하셨습니다(신 4:12). 종교개혁은 인간 중심의 로마가톨릭 시각적 교회(the Visual Church)를 말씀 중심인 프로테스탄트 청각적 교회(the Auditory Church)로 '원래 자리'에 되돌려 놓은 것입니다. 영상문화와 온라인예배에 무게를 두는 것은 시각적인 로마가톨릭으로 거꾸로 가자는 비성경적인 발상입니다. 복음은 앉아서 관람하지 않고 듣고 행동합니다. 영상예배는 응급실입니다. 비상시의 상황은 신속하게 종결하고 정상으로 돌아가는 것이 상식입니다.

복음은 예수 그리스도의 은혜와 고난입니다. 사랑과 십자가입니다. 은혜는 고난을 감당할 수 있게 합니다. 은혜만 있고 고난이 빠지면 힘들 때 견디지 못하고 믿음의 목적이 흔들립니다. 예수님이 나를 위해 죽으셨기 때문에 하나님이 나를 사랑하신 것이 아닙니다. 하나님이 나를 사랑하셨기 때문에 예수님이 나를 위해 죽으셨습니다. 이것이 복음입니다. 하나님이 우리를 사랑하셨으므로 우리도 서로 사랑하고 그리스도의 고난을 맛보는 것입니다. 성경을 읽고 복음을 설교하는 건, 살아 계신 그리스도를 묵상하고 설교하는 것입니다.

복음은 독선적입니다. 기독교 신앙은 배타적입니다. 모르셨습니까? 예수 아니면 안 됩니다. 성경 아니면 안 됩니다. 타협은 없습니다. 세속에 물든 자들은 중간에 위치합니다. 확신이 없기 때문입니다. 종교는 타종교를 기웃거립니다. 왜 그런가요? 신이 없기 때문입니다. 기독교는 타종교와 대화하지 않습니다. 왜 그런가요? 예수는 하나님이시기 때문입니다. 예수께서 그분이 아니면 다른 길은 없다고 하셨습니다. 진리의 기준은 예수입니다. 진리는 받아들이라고 있는 것이지, 납득하라고 있는 게 아닙니다. 복음은 포용이 아니고 오직 예수입니다.

존경하는 한 선배 목사님이 후배 목사들에게 말했습니다. "자네들은 복음을 설교하지 않았어." 중년의 후배 목사들은 쉽게 동의하지 않았습니다. "저희도 성경을 열심히 말했습니다. 복음을 전한 것입니다. 왜 복음이 아니라고 하십니까?" 이들은 여전히 복음을 모르는 설교자입니다. 모든 설교가 성경을 말하지만, 모든 설교가 예수님을 말하는 것은 아닙니다. 선한 사마리아인의 비유를 설교한다고 해서 복음이 되는 것은 아닙니다. 대다수 설교자는 제사장과 레위인 같은 기독교인을 비판한 다음 "우리도 이와 같이 이웃을 사랑하자"라는 말로 마무리합니다. 이것은 윤리고 복음이 아닙니다. 사마리아인도 이웃이 되게 하시는 예수님은 누구신가를 선명하게 드러내는 것이 복음입니다. 매번 시작, 과정, 결론이 예수께로 나아가는 설교가 복음입니다.

왜 참신하고 영감 있게 복음을 말하지 못하는가? 복음에 관심이 없고 생명을 걸지 않기 때문입니다. 모든 성경에서 예수를 읽어 내는 습관은 하루아침에 길러지지 않습니다. 부단한 훈련이 필요합니다. 그리스도인의 사명은 복음을 가볍게 다루는 현실을 바꾸는 것입니다. 리차드 백스터(Richard Baxter)는 '목사들의 목사'였습니다. 키더민스터에서 목회하면서 흥청대며 사는 수많은 사람들을 회심시키고 도시의 거리를 변화시켰습니다. 종교개혁가들을 본받아 그만큼 철저하게 복음을 위해 살다간 사람은 없습니다. 백스터의 유언입니다. "나는 죽어도 복음은 죽지 않는다. 교회는 죽지 않는다."

2024년 4월, 아름다운 계절에
복음으로 채색되는 예수인들을 기대하며
문인권

색다른 목적

이 책은 1년 4계절 52주의 말씀을 짧은 다이제스트 형식으로 꾸민 예수 복음 묵상입니다. 한 주일에 한 편씩 읽고 복음을 묵상할 수 있게 구성했습니다. 성경을 읽는 성도는 모든 삶의 현실에서 복음을 분별할 것이며, 말씀을 섬기는 설교자는 모든 성경 구절에서 복음을 분별할 것입니다. 52가지 제목은 복음의 의미를 각인시켜 주는 것입니다. 매주 예수께서 나를 위해 행하신 52가지 일들을 새기며 감사로 예배드리십시오. 물론 예수께서 우리를 위해 행하신 바가 이것이 전부이겠습니까? 요한의 말처럼 낱낱이 기록한다면 이 세상이라도 책을 두기에 부족합니다. 52가지는 한 해를 보내면서 매번 복음을 이야기하고 잊지 말자는 뜻입니다.

성경에서 복음을 읽어 내지 못하는 큐티, 영성일기, 성경통독, 설교 준비, 말씀사역은 천 번을 해도 소용없습니다. 어떻게 해야 복음 중심인 말씀 묵상이 되는 것인지를 완성된 글로 실제 예를 들어서 보여 주는 책이 없습니다. 성경 66권을 나열하며 복음을 구속사로 소개하고 깨달음 없이 정보만 제공하는 백과사전식 책만 있습니다. 아니면 추상적이고 뜬구름 잡는 소리로 복음을 이야기하는 책만 즐비합니다. 성경을 복음으로 꿰지 못하는 평신도가 많습니다. 성경을 복음으로 배우지 못하는 신학생이 많습니다. 어떤 메시지가 복음 중심인지 전혀 이해하지 못하는 목회자가 많습니다. 떠오르는 성경 구절이 무조건 복음으로 통하는 건 아닙니다. 이 책의 목적은 평신도, 설교자, 우리 교회의 복음 난독증을 고치는 일입니다.

성경을 즐겁게 묵상할 수 있도록 한영대역 말씀 책자를 집필했습니다. 각각의 메시지는 한국어와 영어로 설교한 것입니다. 한국어는 우리말 청중을 위해 우리 문화에 어울리게 표현했습니다. 영어는 한국식 불편한 영어(Konglish)가 아니고 영미 문화의 크리스천들에게 편하게 들리는 표현을 사용했습니다. 영어성경 본문은 "The English Standard Version(ESV)"입니다. 영어표준성경은 원문에 충실한 가장 권위 있는 현대영어 버전입니다. 영어권의 복음주의 교회들이 공식적으로 사용하는 성경입니다. "The New International Version(NIV)"은 외국인을 위한 영어성경입니다. 북미 현지 교회에 친숙한 영어를 감안할 때 ESV를 적극 권장합니다.

독일문화원이 있는 남산 소월길 동네에 살았습니다. 문화원이라지만 이름은 '괴테연구소'입니다. 괴테는 외국어를 모르는 사람은 모국어도 모른다고 말했습니다. 영어를 모르면 한국말도 모른다는 말로 들을 수 있습니다. 원하든 원하지 않든 우리는 달라진 세상에 살아야 합니다. 21세기 지구촌은 이중언어 세상이라는 걸 아무도 부인하지 못합니다. 거울에 비추면 자신의 모습을 알 수 있듯이 영어성경을 묵상하면 한글성경을 풍요롭게 읽을 수 있습니다. 영어의 인상적인 어휘는 성경 묵상의 깊이를 더해 주고 말씀을 기억에 더 오래 남게 합니다. 본래 한글성경은 구약 히브리어와 아람어, 신약 그리스어 원문들과 함께 영어성경을 많이 참고하여 번역된 것입니다. 영어로 자신의 신앙을 표현하는 젊은 크리스천들의 은사를 능동적으로 사용하는 것이 좋습니다. 선교적 교회가 든든하고 건강합니다. 교회는 영어와 외국어사역을 통해 선교 역량을 넘치게 발휘할 수 있습니다. 한국처럼 단일한 언어와 환경 속에서 배양된 예루살렘교회는 더 이상 복음을 전파하지 못하고 선교 무대에서 사라졌습니다. 하지만 히브리-그리스 이중언어를 구사하고 두 가지 세계관을 노련하게 다루던 안디옥교회는 계속 강한 생명력을 가지고 세상에 퍼졌습니다.

There will be no future if we can't learn from our mistakes, if we don't escape from the past. We should change. After the twelve Apostles, Jerusalem Church was gone in Christian history before the end of the first century. The center for early Christendom, described in the first chapters of the Book of Acts, moved to the northwest. Christians in Antioch could continue to spread the gospel of Jesus to the Mediterranean world. The reason is that while Jerusalem Christians were monocultural, they were multicultural. The disciples were first called Christians in multicultural Antioch; they were not called Christians in monocultural Jerusalem. The Apostle Paul was born in Tarsus. Jews and Greeks lived together there. Paul was able to accomplish a great work because he knew two worlds, the Hebrew world and the Greco-Roman world. He created the biblical term "Logos" as the Word of God to evangelize Hellenists, protecting the original meaning of the gospel. He had a sharp sense of the context in those days. Jesus was crucified on a Roman cross, not a Jewish cross. And ironically, the Roman Empire became Christendom. In the 4th century A.D. the Roman Empire spread the Good News all over the world. Rome was also intercultural. Jesus' cross was not provincial but universal.

The cross-cultural history of Christianity goes back to antiquity. If you now walk down a street in the Bible, you will usually see people from all cultures and ethnicities. When God wants to employ his servants, God first lets them leave their comfortable zone and go into the midst of the most powerful kingdom. Abraham was in Canaan. Joseph and Moses were in Egypt. Daniel was in Babylonia. God sent Paul to Rome. St. Augustine was born in the town of Thagaste, Northern Africa and went to Rome. All of them experienced two kinds of culture. All evangelists of the New Testament, including four Gospel writers of Matthew, Mark, Luke, and John, were bilingual.

"Cowgirls will be cowgirls." Cowgirls know what they should do. Where is God calling you? You are called to prepare pioneering intercultural ministries. Our God is diverse. Koreans' single cultural identity is now going to shift to a multicultural's. Christians may learn to use diversity as a key to unlock the mysteries of God beyond individual understanding and study from a person who challenges them with his difference. Embrace all kinds of friends as long as they trust Jesus. Challenge English ministries. "For the gifts and the calling of God are irrevocable" (Rom 11:29). God wants you to see a bigger picture than where you are today. Don't stay in the boat when God's calling you to step out on the water.

복음에 무관심한
교인과 목사와 교회에게

모든 사람이 사랑하지만,
모든 사람이 사랑에 빠지는 것은 아닙니다.

모든 교인이 성경을 묵상하지만,
모든 교인이 말씀에 빠지는 것은 아닙니다.

모든 목사가 말씀을 설교하지만,
모든 목사가 복음에 빠지는 것은 아닙니다.

모든 설교가 성경을 향하지만,
모든 설교가 예수님을 향하는 것은 아닙니다.

Today's
Message

예수, 새 부대가 되게 하시는

누가복음 5장 36-39절 또 비유하여 이르시되 새 옷에서 한 조각을 찢어 낡은 옷에 붙이는 자가 없나니 만일 그렇게 하면 새 옷을 찢을 뿐이요 또 새 옷에서 찢은 조각이 낡은 것에 어울리지 아니하리라 새 포도주를 낡은 가죽 부대에 넣는 자가 없나니 만일 그렇게 하면 새 포도주가 부대를 터뜨려 포도주가 쏟아지고 부대도 못쓰게 되리라 새 포도주는 새 부대에 넣어야 할 것이니라 묵은 포도주를 마시고 새 것을 원하는 자가 없나니 이는 묵은 것이 좋다 함이니라

너무나 추웠습니다. 눈이 내리고 날은 저물었습니다. 새해 전야라고 집집에선 창문으로 불빛이 비치고 맛있게 구운 거위 냄새가 풍겼습니다. 하지만 길모퉁이에 어린 소녀가 얼어붙은 담벼락에 기대어 앉아 있었습니다. 뺨은 붉고 입가엔 미소를 띠었습니다. 밤이 지나고 새해의 태양이 불쌍한 소녀 위로 떠올랐습니다. 태워진 성냥 다발을 든 아이는 뻣뻣하고 차갑게 앉은 채로 있었습니다. 지나가는 사람들은 웅성댔습니다. "따뜻하게 하고 싶었나 보다." 아무도 소녀가 본 아름다운 환상과 얼마나 행복하게 천국에 있는 할머니께로 갔는지는 알지 못했습니다. 그 새해는 성냥팔이 소녀에게 불행했을까요, 행복했을까요? 거리의 사람들은 행복한 새해를 맞이했을까요? 새해를 어떻게 맞이하십니까?

Jesus, Maker of New Wineskins

Luke 5:36–39 He also told them a parable: "No one tears a piece from a new garment and puts it on an old garment. If he does, he will tear the new, and the piece from the new will not match the old. And no one puts new wine into old wineskins. If he does, the new wine will burst the skins and it will be spilled, and the skins will be destroyed. But new wine must be put into fresh wineskins. And no one after drinking old wine desires new, for he says, 'The old is good.'"

It was so terribly cold. Snow was falling, and it was almost dark. In all the windows lights were shining, and there was a wonderful smell of roast goose, for it was New Year's Eve. But in the corner, leaning against the frozen wall, sat the little girl with red cheeks and smiling mouth. The night passed, and the New Year's sun rose upon a little pathetic girl. The child sat there, stiff and cold, holding the matches, of which one bundle was almost burned. "She wanted to warm herself," passers-by said. No one imagined what beautiful things she had seen, and how happily she had gone with her old grandmother into heaven. Was that new year bad for the little match girl, or very happy? Did the people on the street face a happy new year? How do you face the new year?

새해가 되면 새로운 상황과 계획이 내 삶을 보다 좋게 만들 것이라고 기대합니다. 그래서 새로운 것을 시도하고 모험을 합니다. 전환점은 좋은 기회일 수 있습니다. 그러나 새로운 일이 올해를 행복하게 하는 것은 아닙니다. 환경을 바꾸고 집을 새로 단장한다고 해서 새해가 행복으로 가득해지는 것은 아닙니다. 신년 결심이 내 영혼을 보장하지 않습니다. 교인들이 새해를 시작하면서 "새 술은 새 부대에"라고 말합니다. 일반 사람도 이 성경 비유를 사용합니다. 교회는 성장을 이유로 사역자를 바꿉니다. 회사는 경영을 개선한다며 옛날 직원을 해고하고 새 직원을 채용합니다. 새 포도주 부대 비유는 이런 상황에 적용하는 말씀이 아닙니다. 성경을 오용하지 마십시오. 새 포도주가 새해도 아니고 새 부대도 새로 오는 사람이 아닙니다. 또 하나의 질문이 있습니다. 과연 우리가 새 포도주를 새 부대에 넣을 수 있냐는 것입니다.

38절은 배경이 있습니다. 예수께서 마태를 제자로 부르십니다. 바리새인과 서기관들은 불평입니다. "왜 죄인과 함께 먹고 마십니까?" 예수님은 대답하십니다. "의사는 병든 자에게 쓸 데 있다. 나는 죄인을 부르러 왔다." 그들이 또 말합니다. "요한과 우리 제자들은 금식하는데 당신의 제자들은 하지 않습니다." 예수님은 말씀하십니다. "결혼하는 신랑 집 친구들이 금식하느냐? 신랑을 빼앗길 때는 금식할 것이다." 신랑은 예수님이고, 친구는 제자들입니다. 잔치할 때가 있고, 금식할 때가 있습니다. 예수께서 제자들과 함께 계실 때는 기뻐할 이유가 있습니다. 십자가를 지실 때는 슬퍼하고 금식할 것입니다.

예수께서 즉흥적인 질문에 답하시고 이어서 두 가지를 말씀하셨습니다. 새 천 조각을 낡은 옷에 붙이는 것과 새 포도주를 낡은 부대에 넣는

When we start a new year, we often think new situations and new plans will make my life fresh and better. So we try and venture to do new things. The turning over of the year may be a great opportunity to advance in anything. But brand-new things you want to do never make this year happy. A whole new year won't be filled with happy because you remake every room in the house, plus the exterior and the surrounding landscaping, because you refurnish your home. Your new year's resolutions do not guarantee your soul this year. Beginning a new year, some Christians say, "New wine, new wineskins." Non-Christians use this parable in the Bible, too. Church leaders replace old ministers by new staff for church growth. Company owners fire old workers and hire new employees for better business management. The wineskins parable cannot be applied to the new year's context. Do not misuse the parable Jesus said. It is neither that new wine is a new year, nor that new wineskins are newcomers. We are asked another question, "Can you put new wine into new wineskins?"

Luke 5:38 has a background story. Jesus calls Matthew as his disciple. But the Pharisees and their scribes complain to Jesus and his disciples, "Why do you eat and drink with sinners?" Jesus answers them, "Sick people need a physician. I have come to call sinners to repentance." Then they say to Jesus, "The disciples of John fast often, and so do the disciples of the Pharisees, but yours eat and drink. They do not fast." And Jesus says to them, "Can you make wedding guests fast while the bridegroom is with them? When the bridegroom is taken away from them, they will fast." The bridegroom means Jesus himself; the guests, his disciples. There is a time for feasting and a time for fasting. Jesus is right here, present with his disciples; and his presence is

비유입니다. "새 포도주를 낡은 부대에 넣는 자는 없다. 새 포도주는 새 부대에 넣어야 둘 다 보존되느니라." 본문의 메시지는 매우 중요합니다. 예수님 시대는 포도주를 병이 아니고 가죽에 담았습니다. 새 포도주는 여전히 발효 중입니다. 가스를 내뿜고 팽창합니다. 새 가죽 부대는 압력을 견딜 만큼 탄력이 있지만 오래된 가죽 부대는 굳어서 쉽게 터집니다. 무엇을 말씀하시려고 했을까요?

새 포도주는 예수님의 복음입니다. 새 부대는 예수께서 은혜로 부르시고 성령으로 새롭게 하시는 죄인입니다. 그는 새로운 마음으로 느끼고, 새로운 눈으로 보고, 새로운 귀로 듣고, 새로운 입술로 말하는 자입니다. 마음이 열린 자입니다. 거듭난 그리스도인입니다. 묵은 포도주는 친숙한 전통입니다. 낡은 부대는 바리새인과 서기관들입니다. 복음을 거부하는 자들입니다. 이 사람들은 자기 의를 붙들고, 마음이 닫혀 있고, 언제나 새로운 것을 배우는 걸 거절합니다. 결코 거듭나지 않았습니다. 새 포도주를 낡은 부대에 넣지 못하는 것처럼 복음은 굳은 마음을 가진 사람에게는 담기지 못합니다. 거듭난 그리스도인만이 복음을 담을 수 있습니다. 사람은 익숙한 것을 좋아합니다. 그래서 경험은 새로 하면서 적용은 옛날 논리에 꽂아 넣고 맞게 하려는 경향이 있습니다. 새 시대의 모델을 낡은 패턴에 끼어 맞추려는 게 문제라는 말씀입니다. 예수께서 가져오시는 것은 우리가 익숙한 질서에 맞출 수 없습니다. 그러면 부대가 터집니다. 복음은 새 생명에 담겨야 합니다. 거듭날 생각은 하지 않고 신선한 것, 새 것만 좋아하면 새해는 달라지지 않습니다.

다음으로 예수님의 요점은 우리 스스로 새 포도주를 새 부대에 담을 수 없다는 것입니다. 로마서는 말합니다. "우리의 옛 사람은 예수와 함

reason to rejoice. There will be a time for mourning and fasting when he is gone – crucified.

After Jesus answered that immediate question, he then went on to address another issue. Jesus told two parables: putting new cloth on an old garment and pouring new wine into old wineskins. "No one put new wine into old wineskins. Put new wine into new wineskins, and both are preserved." The message that this passage is trying to teach us is a very important one. In Jesus' times, wine was stored in skins, not bottles. New wine poured into skins was still fermenting. The gases exerted gave pressure. New wineskins were elastic enough to take the pressure, but old wineskins easily burst because they were hard. What did Jesus mean by this comparison?

New wine is meant, the gospel of Jesus. New bottles are meant sinners, whom Jesus calls by his grace, and the Spirit renews; who have new hearts to feel with, new eyes to see with, new ears to hear with, and new lips to speak with; who live a new life. They are born again Christians who have an open mind. Old wine is meant, the same old thing. Old bottles are meant, the Pharisees and scribes. They are those who reject the gospel. Old bottles are self-righteous, close-minded persons. They ever refuse to learn new things. They have never been regenerated. Now as the new wine is not put into old bottles, the gospel is not received by stone-hearted persons. Only regenerated Christians can retain the gospel. None of us likes to give up something familiar. So we have a tendency to plug something we like in a new experience into our old context and make it fit. The issue is that of our trying to make the new thing fit into old outdated patterns. But what Jesus brings cannot be made to fit in the old

께 십자가에 못 박혔다"(6:6). 성경은 옛 사람이 그리스도로 말미암아 십자가에 못 박혔다고 말합니다. 내가 나를, 옛 사람을 어떻게 십자가에 못 박습니까? 이것은 예수님이 하시는 일입니다. 내가 할 수 있는 일은 마음을 열고 복음의 현실을 받아들일 준비가 되어 있는 것입니다. 그러면 예수께서 새 부대, 복된 새해가 되게 하십니다. 신년 각오로 인생을 변화시킬 수 없습니다.

새해는 갱신입니다. 예수님은 더 이상 복음의 현실을 담을 수 없는 이전 세계관에 집착하지 말라고 말씀하십니다. 새 포도주는 새로운 비즈니스가 아니고 예수 그리스도입니다. 새 부대는 새로 오는 사람이 아니고 변화된 영혼입니다. 우리는 변화를 좋아하지 않습니다. 변화를 두려워하지 마십시오. 변하지 않으면 노예가 됩니다. 하나님께서 앞으로 부르실 때 주차장에 있지 마세요. 새해 첫날, 예수로 변화 받을 시간입니다. 변화 없이 새해 없습니다. 새로운 세상을 보기 원하면 변하십시오. 주께서 당신의 세계를 바꾸시게 하십시오.

order with which we were familiar; the skins burst. The gospel must be put into new life. If you don't think about being born again and just like fresh and new things, this year will be the same as usual.

Next, Jesus' point is that you yourself can't put new wine into new bottles. The Book of Romans says, "Our old self was crucified with Jesus" (6:6). The Bible insists that the old man is crucified by Christ. We ourselves cannot crucify our old man. It is Jesus who does that. All we can do is to be open and ready to receive the gospel realities. Then Jesus will make us new wineskins; he will make this year full of joy. Your New Year's Eve decisions can't change your life.

New Year is associated with renewal. Jesus teaches us not to cling to old things that can no longer contain the gospel realities. New wine does not mean new business affairs. That's Jesus Christ. New wine bottles are not new people but your transformed soul. We don't like "change" or "renovation." Some people like the "same old." Do not fear of change. If we don't change, we will be in bondage. Don't park when God is calling you forward. New Year's Day, it's time to be changed by Jesus. Without change, there is no happy new year. Be changed to see the new world. Let the Lord change your world.

예수, 우리가 미처 몰랐던 행복

시편 1편 1–6절 복 있는 사람은 악인들의 꾀를 따르지 아니하며 죄인들의 길에 서지 아니하며 오만한 자들의 자리에 앉지 아니하고 오직 여호와의 율법을 즐거워하여 그의 율법을 주야로 묵상하는도다 그는 시냇가에 심은 나무가 철을 따라 열매를 맺으며 그 잎사귀가 마르지 아니함 같으니 그가 하는 모든 일이 다 형통하리로다 악인들은 그렇지 아니함이여 오직 바람에 나는 겨와 같도다 그러므로 악인들은 심판을 견디지 못하며 죄인들이 의인들의 모임에 들지 못하리로다 무릇 의인들의 길은 여호와께서 인정하시나 악인들의 길은 망하리로다

행복하십니까, 불행하십니까? 행복하다면, 불행하다면 그 이유는 무엇입니까? 더 많은 하나님의 축복을 기대하십니까? 나는 하나님의 모든 복을 받을 자격이 있다고 생각하십니까? 이해되지 않는 교인들이 있습니다. 지속적으로 하나님께 복을 구합니다. 하지만 복이 무엇인지는 모릅니다. 그러면 복 받을 자격이 없습니다. 진정한 복이 무엇인지 알고 있습니까?

시편 1편은 시편 전체의 내용을 알려 주는 서론입니다. 시편 기자의 바람은 우리에게 축복의 길을 가르치고 죄인의 확실한 파멸을 경고하는 것입니다. 이 시편은 두 부분으로 이루어져 있습니다. 첫 번째 1-3절

We Never Knew Happiness

Psalm 1:1–6 Blessed is the man who walks not in the counsel of the wicked, nor stands in the way of sinners, nor sits in the seat of scoffers; but his delight is in the law of the Lord, and on his law he meditates day and night. He is like a tree planted by streams of water that yields its fruit in its season, and its leaf does not wither. In all that he does, he prospers. The wicked are not so, but are like chaff that the wind drives away. Therefore the wicked will not stand in the judgment, nor sinners in the congregation of the righteous; for the Lord knows the way of the righteous, but the way of the wicked will perish.

Are you happy or unhappy? If you're happy, why? Or, if you're unhappy, why? Do you have great expectations for more blessings from God? Do you think you are qualified to receive any and every blessing from God? I don't understand some church members. They continue to pray to God for a blessing. But they don't know what it is. And they are not qualified to receive it. Do you know what a real blessing is?

Psalm 1 may be regarded as the Preface Psalm, having in it a notification of the contents of the entire book. It is the psalmists' desire to teach us the way to blessedness, and to warn us of the sure destruction of sinners. This Psalm consists of two parts: in

에서 다윗은 신실한 사람의 행복은 어디에 있는지, 그가 실천하는 것은 무엇인지, 그가 주님으로부터 받을 복이 무엇인지를 말합니다. 두 번째 4-6절에서 그는 경건하지 않은 악인들의 상태와 특징을 대조하고, 그들의 미래를 드러내며, 그들이 종국에 맞이할 비운을 묘사합니다.

오늘 본문에서 시편 저자의 물리적이고 사회적인 상황을 보십시오. 신앙 없는 사람들, 사악한 사람들, 조롱하는 사람들이 은혜로운 사람을 사방으로 에워싸고 있습니다. 저자는 고백합니다. "그 모두가 축복과 행복입니다." 다윗은 수많은 적들에게 둘러싸였습니다. 그는 사울 왕으로부터의 위험에 처했습니다. 광야에서 4년 동안 살았습니다. 사막에서 자야 합니다. 춥고, 배고프고, 지쳐 있습니다. 다윗은 말합니다. "그 모두가 축복과 행복입니다." 그는 주변에 나쁜 사람이 하나도 없는 것을 복이라고 말하지 않았습니다. 지금 다윗의 주변에는 좋은 사람이 한 사람도 없습니다. 하지만 그는 단언합니다. "그 모두가 축복과 행복입니다." 한때 슬픔에 잠긴 야곱은 결론지었습니다. "이는 다 나를 해롭게 함이로다"(창 42:36). 그렇지 않습니다. 믿음의 눈은 모든 것이 우리를 대적하는 것처럼 보일 때조차 우리가 이기는 것을 확신합니다. 그리스도인이 가장 중요하게 생각하는 것은 외적인 성공이 아닙니다. 그가 갈망하는 것은 영혼의 번영입니다. 행복은 외부에서 오지 않습니다. 이미 우리 자신 안에 있는 행복을 찾아야 합니다. 평안, 기쁨, 행복은 내면에서 오는 것입니다. 내면의 복을 발견하십시오. 밖에서 행복 찾기를 멈추십시오. 우리가 처한 최악의 형편이 종종 최고의 조건입니다. 서로 같은 심정이 아니라서 건강한 사람은 병든 사람에게 예수님에 대해 말하지 못합니다. 환자가 환자에게 예수님을 전할 수 있습니다. 실패한 사람이 실패한 사람에게 예수님을 전할 수 있습니다. 가난한 사람이 가난한 사람에게

the first part (vv. 1-3) David sets out wherein the happiness of a godly man consists, what his exercises are, and what blessings he shall receive from the Lord. In the second part (vv. 4-6) he contrasts the state and character of the ungodly, reveals the future, and describes his ultimate doom.

See the Psalmist's physical and social situations in today's reading. Ungodly people, wicked people, and mocking people surround the gracious man on every side. The Psalmist states, "That's all blessings and happiness." David is surrounded by numerous enemies. He has been in danger from King Saul. He has lived in the wilderness for four years. He has to sleep in the desert. He is cold, hungry, and weary. "That's all blessings and happiness," says David. He didn't say that no one bad around him is a blessing. There is now no one good around David. But he maintains, "That's all blessings and happiness." Jacob, once in sorrow, concluded, "All this has come against me" (Gen 42:36). It's not like that. The eye of faith is sure, and by it we perceive that our works are prospered, even when everything seems to go against us. It is not outward prosperity which the Christian most values; it is soul prosperity which he longs for. Happiness is not something that comes from outside. You must first find the happiness that already exists within you. Peace, joy, and happiness come from within. Find your inner blessing. Stop chasing happiness outside. Our worst things are often our best things. Healthy people don't tell unhealthy people about Jesus because they don't feel the same way about each other. Patients can tell patients about Jesus. People who have failed can tell those who have failed about Jesus. Poor people can tell needy people about Jesus. So unhealthiness, losing, and poverty can become blessings.

예수님을 전할 수 있습니다. 그래서 병과 실패와 가난은 복이 될 수 있습니다.

1절의 "복 있다"로 번역된 말은 매우 인상적인 표현입니다. 원문은 복수형입니다. 우리는 두 가지 방식에서 복의 다양성을 배울 수 있습니다. 첫째, 우리는 하나님께서 주시는 복의 완전함과 위대함을 누릴 것입니다. 둘째, 하나님께서는 우리가 그분의 선물을 다른 사람들과 나눌 때만 복을 주십니다. 하나님은 우리 자신만을 위한 복은 주시지 않습니다.

다윗은 강력한 이스라엘의 왕이 되어서가 아니라 그가 가장 암담했던 시기에 하나님께서 보살펴 주신 은혜 때문에 행복했습니다. 복은 단지 행운과 성공을 의미하지 않습니다. 날 구원하신 그리스도 안에서 모든 것은 내게 복입니다. 행복은 우리 자신에게 달려 있습니다. 내 삶의 모든 것, 모든 복에 감사하십시오.

시편 저자는 하나님의 말씀을 따라 걷고 있습니다. "오직 여호와의 율법을 즐거워하여." 그는 삶의 규칙처럼 낮에는 말씀을 읽고 밤에는 말씀을 묵상하는 것을 즐거워합니다. 하나님의 말씀은 참된 신자의 일용할 양식입니다. 우리에게 주신 성경은 놀라운 은혜, 축복입니다. 제롬이 한 말은 적중했습니다. "성경을 모르는 것은 그리스도를 모르는 것이다."

성도는 천국을 사모합니다. 악한 사람은 거기에 끼지 못하고, 우리에게 미치는 어떤 악에서도 고통받지 않을 것이기 때문입니다. 하나님을 두려워하지 않는 자들은 멸망할 것입니다. 그들은 스스로 멸망할 뿐만 아니라 그들의 길도 사라질 것입니다. 주께서 우리가 믿음 없는 자의 파

The word translated "blessed" in the first verse is a very expressive one. The original word is plural. We may learn the multiplicity of the blessings in two ways. First, we shall enjoy the perfection and greatness of the blessedness. Second, God bless you only when you share his gifts with others; God doesn't bless you only for you.

David was happy not for his kingship in the powerful Israel but for God's care in his darkest days. The blessedness does not just mean good fortune and success. Everything is a blessing to me in Christ who did salvation bring. Happiness depends upon ourselves. Be thankful for everything, all the blessings in my life.

The Psalmist's footsteps are ordered by the Word of God. "His delight is in the law of the Lord." He delights to be in it as his rule of life; he delights to read it by day, and think upon it by night. The Word of God is the daily bread of the true believer. The Holy Bible given to you is an amazing grace, blessing. St. Jerome was quite right. He insisted, "Ignorance of Scripture is ignorance of Christ!"

Well may the saints long for heaven, for no evil men shall dwell there, and we will not suffer any evil to befall us. The ungodly shall perish. Not only shall they perish themselves, but their way shall perish too. May the Lord cleanse our hearts and our ways, that we may escape the doom of the ungodly, and enjoy the true blessedness of the righteous! "But he knows the way that I take; when he has tried me, I shall come out as gold" (Job 23:10).

A man whispered, "God, speak to me." And a meadowlark

멸에서 벗어나고 의인의 참된 복을 누리도록 우리의 마음과 생각을 깨끗하게 하시기를 바랍니다. "그러나 내가 가는 길을 그가 아시나니 그가 나를 단련하신 후에는 내가 순금같이 되어 나오리라"(욥 23:10).

어떤 사람이 속삭였습니다. "하나님, 저에게 말해 주세요." 그리고 종달새 한 마리가 노래를 불렀습니다. 하지만 그는 듣지 못했습니다. 그래서 고함쳤습니다. "하나님, 저에게 말해 주세요!" 하늘에서 천둥이 울렸습니다. 하지만 그는 듣지 못했습니다. 그는 주위를 둘러보고 말했습니다. "하나님, 제가 하나님을 보게 해 주세요." 별이 밝게 빛났습니다. 하지만 그는 알아차리지 못했습니다. 그래서 외쳤습니다. "하나님, 저에게 기적을 보여 주세요." 그리고 생명이 태어났습니다. 하지만 그는 눈치채지 못했습니다. 그래서 절망적으로 소리쳤습니다. "하나님, 저를 만지시고 하나님께서 여기 계신 것을 알게 해 주세요!" 그러자 하나님이 손을 뻗어서 그를 만지셨습니다. 하지만 그는 나비를 털어 내고 계속 걸어갔습니다. 그러고는 말았습니다. 여러분의 기대대로 포장되지 않은 것 때문에 복을 놓치지는 마십시오.

sang. But the man did not hear. So the man yelled, "God, speak to me!" Thunder rolled across the sky. But the man did not listen. The man looked around and said, "God, let me see you." A star shone brightly. But he noticed it not. And the man shouted, "God, show me a miracle." And a life was born. But the man was unaware. So, the man cried out in despair, "Touch me, God, and let me know that you are here!" Whereupon God reached down and touched the man. But the man brushed the butterfly away and walked on. Don't miss out on a blessing because it isn't packaged the way you expect.

예수, 프라임룰

마태복음 7장 12−14절 그러므로 무엇이든지 남에게 대접을 받고자 하는 대로 너희도 남을 대접하라 이것이 율법이요 선지자니라 좁은 문으로 들어가라 멸망으로 인도하는 문은 크고 그 길이 넓어 그리로 들어가는 자가 많고 생명으로 인도하는 문은 좁고 길이 협착하여 찾는 자가 적음이라

사람됨을 평가하는 방법은 여러 가지나 인간행동 전문가들이 공통적으로 강조하는 것은 한 가지입니다. 사람이 그가 모르는 사람을 어떻게 대하는가가 가장 중요하다는 것입니다. 어떤 사람들은 인간관계 기술을 연구합니다. 기술보다 태도가 더 중요합니다. 그 사람이 어떤 사람인지 짐작할 수 있는 룰이 얼마나 있을까요? 유대법은 출애굽기 21장 24절의 '동해복수법'을 포함합니다. 사두개인들은 성경 구절이 육체적 보복을 말하는 것이라고 주장합니다. 우리는 구약의 율법이 누군가의 눈을 빼는 형벌을 규정했다는 사실에 난감해합니다. 율법은 야만적이지 않습니다. 랍비들은 "눈에는 눈"을 합리적인 금전적 보상으로 해석합니다. 피해자가 상응하는 대가를 받는 것입니다. 하지만 예수께서는 모세가 이스라엘 백성에게 복수를 위해 정의의 기준을 넘지 말라고 경고한 것임

Jesus the Prime Rule

Matthew 7:12–14 "So whatever you wish that others would do to you, do also to them, for this is the Law and the Prophets. "Enter by the narrow gate. For the gate is wide and the way is easy that leads to destruction, and those who enter by it are many. For the gate is narrow and the way is hard that leads to life, and those who find it are few.

There are many ways to evaluate character, but experts on human conduct point out one thing in common. The most important matter we need to discuss is how this person treats someone he or she doesn't know. Some people research human relations skills. Attitude is more important than skills. How many kinds of service rules are there? It's funny. The Jewish Rule includes "the law of retaliation" in Exodus 21:24. The Sadducees insist that the Bible verse refers to physical retaliation in kind. We have a big problem with the fact that the Torah, the first five books in the Old Testament, originally had the punishment of taking out someone's eye. The Torah is not a barbaric set of laws. Rabbis interpret "an eye for an eye" to mean reasonable pecuniary compensation; the victim receives the estimated value of the injury in compensation. But Jesus clarifies that

을 명백히 말씀하십니다. 예수님은 우리가 복수보다 용서를 선택하도록 하셨습니다. 가장 큰 복수는 사랑입니다.

로마에서는 로마인이 하는 대로 하라고 합니다. 평범한 사람들은 낯선 곳에 가면 문화적 충격과 향수병을 느낍니다. '차이'는 잘못된 것이 아니고 다양성입니다. 우리는 서로를 이해하고 존중해야 합니다. 모든 외국인이 한국에서 맵거나 뜨거운 음식을 맛볼 수 있는 것은 아닙니다. 이탈리아 정부는 로마시의 소매치기로부터 관광객을 기꺼이 보호하지 않습니다. 그러면 이탈리아에서는 훔쳐도 괜찮을까요? 로마인의 룰이 항상 통하는 것은 아닙니다.

아이언룰은 권력과 힘의 원리가 작용합니다. 힘이 옳다는 것을 옹호하는 사람들은 역사에 늘 있었습니다. 가인은 힘으로 동생 아벨을 죽였습니다. 우리는 홀로코스트를 기억합니다. 히틀러는 동유럽 전역의 광대한 제국을 통치할 독일 아리안 인종의 생물학적 우월성을 믿고 600만 명의 유대인을 탄압했습니다.

실버룰은 "남이 당신에게 하지 않았으면 하는 일을 당신도 남에게 하지 말라"입니다. 남에게 피해만 주지 않으면 되고 적극적으로 관여하지는 말라고 합니다. 황금률의 부정형입니다. 실버룰은 당신도 도둑맞는 건 원치 않으므로 남의 지갑을 훔치지는 말라고 합니다. 반면에 쇼핑몰 주차장에서 천 달러가 든 지갑을 주우면 실버룰은 침묵합니다. 발견하는 사람은 주인이고 잃어버린 사람은 우는 것입니다. 좋은 도시에 사는 한 젊은 직장인 여성이 귀가 중 거리에서 갱에게 수차례 폭행을 당했습니다. 그녀가 비명을 질렀지만 땅에 쓰러질 때까지 아무도 도와주지 않

Moses warns the Israelites not to exceed the standard of justice for retribution. Jesus let us choose forgiveness rather than vengeance. Love is the biggest revenge.

It is said, "When in Rome, do as the Romans do." Ordinary people experience culture shock or feel homesick when they move to a strange place. "Difference" is not something wrong but diverse. We have to understand and embrace one another. Not every visitor can taste spicy or hot food in South Korea. The Italian Government is not willing to protect tourist from pickpockets in the city of Rome. We may feel free to steal in Italy, is that okay? The Roman Rule in the olden days does not always work.

The Iron Rule is the rule of power and force. Its motto is: "Might makes right." Advocates of the Iron Rule have been legion throughout history. Cain murdered his younger brother Abel because he had the strength to do it. We remember the Holocaust. Adolf Hitler believed the biological superiority of the German Aryan race destined to rule a vast empire across Eastern Europe, so he killed about six million Jews.

The Silver Rule states "Do not do unto others as you would not have them do unto you." It only requires an individual not to harm others, and does not ask that person to engage in positive behavior. The Silver Rule is the negative form of the Golden Rule. It is the Golden Rule without the gold. The Silver Rule would forbid you to steal your neighbor's purse – because such is hateful to you. On the other hand, if you find a purse containing $1,000 in the mall parking lot, the Silver Rule is mute. It, in effect, leaves you with the option, "finders keepers, losers

았습니다. 이후 경찰수사 결과 인근 거주자 38명이 범죄를 목격했다고 증언했습니다. 그들은 모두 그녀를 외면했습니다. 실버룰은 방관자를 만듭니다.

황금률은 "남에게 대접을 받고자 하는 대로 너희도 남을 대접하라" 입니다. 마태복음 7장 12절과 누가복음 6장 31절에 있습니다. 최근에는 백금률(플래티넘률)이라는 흥미로운 개념이 나왔습니다. "남이 원하는 대로 해 주라"입니다. 사람들은 은이 철보다 낫고, 금은 은보다 낫고, 백금은 황금보다 낫다고 생각합니다. 그러면 예수님의 황금률이 백금률보다 못한가요?

백금률은 좋은 접근방식처럼 들리지만 받아들여서는 안 되는 너무 많은 것들을 허용합니다. 백금률은 서비스 차원에서 고객이 대우받고 싶어 하는 방식을 찾습니다. 백금률에는 치명적인 두 가지 문제가 있습니다. 황금률에 비해 주관적이며 사람들은 실제로 상대가 어떻게 대우받기를 원하는지 알고 그렇게 대우하는 것이 가능하다는 것을 전제로 합니다. 조지 버나드 쇼는 『인간과 초인』에서 이렇게 말합니다.

"다른 사람이 당신을 대접하고자 하는 대로 당신도 다른 사람을 대접하지 말라. 그들의 취향이 다를 수 있다."

어떤 사람이 프랑스의 황제 나폴레옹처럼 대하라고 요구한다면 우리가 그렇게 해야 합니까? 백금률은 비즈니스 마인드입니다.

웨이터룰은 "당신에게는 친절하지만 웨이터에게 무례하면 좋은 사

weepers." There was a case that shook the world at its very foundation. A young woman was returning from her job to her apartment in the respectable city. As she approached her home in the early hours of an April morning, she was attacked by a gang. A man repeatedly attacked her on the street. When she screamed for help, no one responded to her cries until she fell to the ground. The subsequent police investigation revealed that thirty-eight residents of the neighborhood admitted that they witnessed at least a part of the violent crime. No one went to her aid. The Silver Rule principle creates spectators.

The Golden Rule is phrased as "Do unto others as you would have them do unto you." The Golden Rule appears in Matthew chapter 7, verse 12 and Luke chapter 6, verse 31. In recent, people have come across an interesting concept called the Platinum Rule. The rule says, "Treat others the way they want to be treated." People think silver is better than iron; gold is better than silver; platinum is better than gold. Do you agree that gold is worse than platinum? That is, is the Golden Rule Jesus' teaching less valuable than the Platinum Rule?

The Platinum Rule sounds like a good approach to relationships, but I can see that this rule allows for too much permissiveness of somethings that ought not be accepted. The Platinum Rule has been coined by customer service experts, and refers to finding out how customers would like to be treated. The key problem with the Platinum Rule is two: it is far more subjective than the Golden Rule, and it presupposes that people actually know how others want to be treated and that it is possible to treat them that way. George Bernard Shaw states in his work *Man and Superman*, "Do not do unto others as you would that

람이 아니다"입니다. CEO들은 웨이터를 대하는 태도를 보면 그 사람을 잘 알 수 있다고 합니다. 하지만 이 룰은 우선 CEO들에게 적용해야 합니다.

황금률은 예수님이 말씀하셨기 때문에 완전합니다. 예수님은 황금률 다음에 "이것이 율법이요 선지자니라"고 말씀하셨습니다. 성경의 모든 가르침은 이 두 계명에 달려 있습니다. "네 마음을 다해 너의 하나님을 사랑하고 네 이웃을 네 자신같이 사랑하라." 하나님을 사랑하는 사람은 다른 사람에게 좋은 것을 고려합니다. 누가는 "너희를 미워하는 자를 선대하며 너희를 저주하는 자를 위하여 축복하며 너희를 모욕하는 자를 위하여 기도하라"고 했습니다. 예수님이 말씀하신 잠언은 원수라도 적극적으로 선대하라는 것입니다. 이 명령은 다른 사람의 바람을 계산에 넣지 않습니다. 대다수의 사람은 기대하는 경향이 있습니다. 예수님은 우리가 서로 친절하고, 존경하고, 배려하기를 원하십니다. 유대룰, 로마룰, 아이언룰, 실버룰, 백금룰은 "나에겐 행복, 남에겐 불행"입니다. 황금룰은 "우리 모두에게 좋은 것"입니다. 황금률은 그리스도인에게 근본적인 토대입니다. 황금률은 인간의 어떤 룰보다 탁월합니다. 예수는 최고의 프라임룰입니다.

they would do unto you. Their tastes may not be the same." If a person insists on being treated as if he is Napoleon, Emperor of France, should we do so? The Platinum Rule is rooted in the business mind.

We can also try the Waiter Rule to evaluate people. If someone is nice to you but rude to the waiter, they are not a nice person. CEOs say how you treat a waiter can predict a lot about character. But first of all, this rule must be applied to CEOs.

The Golden Rule is perfect because Jesus said that. Jesus' next instruction follows the rule: "This is the essence of all that is taught in the law and the prophets." All the teachings of the Bible depend on these two commandments: "Love your God with all your heart and love your neighbor as yourself." Those who love God consider good things for others. Luke explains, "Do good to those who hate you, bless those who curse you, and pray for those who mistreat you." The Christian principle outlined by Jesus is to actively seek to do good for other people, even if they are your enemy. This command takes no account of that other person's wishes. Most individuals tend to expect for themselves. Jesus wants us to treat one another with the kindness, respect, and consideration. The Jewish, Roman, Iron, Silver, Platinum Rules are "high for me, blue for others." The Golden Rule is "good for all of us." The Golden Rule is the basic foundation for Christians. The Golden Rule is superior to any other human rules. Jesus is the Prime Rule.

예수, 평범하지만 비범하신

사도행전 3장 6-10절 베드로가 이르되 은과 금은 내게 없거니와 내게
있는 이것을 네게 주노니 나사렛 예수 그리스도의 이름으로 일어나 걸으
라 하고 오른손을 잡아 일으키니 발과 발목이 곧 힘을 얻고 뛰어 서서 걸
으며 그들과 함께 성전으로 들어가면서 걷기도 하고 뛰기도 하며 하나님
을 찬송하니 모든 백성이 그 걷는 것과 하나님을 찬송함을 보고 그가 본래
성전 미문에 앉아 구걸하던 사람인 줄 알고 그에게 일어난 일로 인하여 심
히 놀랍게 여기며 놀라니라

최고급 외식, 호화로운 호텔, 항공기 일등석, 맞춤 디자인 정장, 이
모든 사치는 멋지고 유쾌합니다. 하지만 실제 삶은 거기서 일어나지 않
습니다. 그것은 아주 작고 평범한 것들로 시작합니다. 이따금 비싼 휴일
식사는 한바탕 바람입니다. 평소 때는 어떤가요? 샌드위치면 족합니다.
좋은 호텔에서의 하룻밤은 호사입니다. 그런데 대부분의 밤은 어떤가
요? 편안한 내 침대와 비교할 수 있는 것은 없습니다. 하나님은 사치스
러운 것, 호화로운 것, 특별한 것들에 관심을 갖지 않으십니다. 하나님
은 우리의 마음과 일상생활에 관심을 보이십니다.

'평범한 것', 요즈음 기독교 출판계의 주제입니다. 우리는 흔히 구약
과 신약의 인물들에게 겁을 먹습니다. 그들은 너무 선하고 거룩한 것 같

On Being an Ordinary Christian

Acts 3:6–10 But Peter said, "I have no silver and gold, but what I do have I give to you. In the name of Jesus Christ of Nazareth, rise up and walk!" And he took him by the right hand and raised him up, and immediately his feet and ankles were made strong. And leaping up, he stood and began to walk, and entered the temple with them, walking and leaping and praising God. And all the people saw him walking and praising God, and recognized him as the one who sat at the Beautiful Gate of the temple, asking for alms. And they were filled with wonder and amazement at what had happened to him.

Fancy holiday meals, luxury hotels, first-class airfares, expertly tailored designer suits – extravagance, in all its forms, is lovely and fun. But real life doesn't happen there. It begins with very little ordinary things. A rich holiday meal every now and then is a blast, but most days? Sandwich is fine. A stay at a fine hotel is luxurious, but most nights? Nothing compares to our own comfortable beds. God doesn't care about the extravagant, the luxurious, and the fancy. God cares about our hearts and our everyday lives.

"Ordinary" is a popular theme in Christian publishing nowadays. We are often intimidated by Old and New Testament characters. They seem too good, too holy. They seem too self-controlled for us. Their perspectives seem too great, their deeds

습니다. 자제력이 대단한 것 같습니다. 통찰력은 심원해 보이고 행동은 초인간적입니다. 그런데도 성경은 아브라함과 모세를 보통 사람이라고 합니다. 아브라함은 매우 비상한 사람이 아니었습니다. 모세에게 그다지 특별한 것은 없었습니다. 다윗 또한 평범했습니다. 야고보서 5장 17절 말씀은 이것을 기억하라고 합니다. "엘리야는 우리와 성정이 같은 사람이다." 엘리야도 우리와 같은 인간이었습니다. 베드로가 고넬료의 집에 들어갈 때 고넬료는 몸을 굽혀 절했습니다. 베드로는 말했습니다. "일어서라. 나도 사람이다." 사도 바울이 루스드라에서 앉은뱅이를 일으켰습니다. 치유받은 걸인을 보고 무리가 현지 말로 외쳤습니다. "신들이 사람의 형상으로 우리 가운데 내려오셨다." 바나바와 바울은 사람들이 자신들을 숭배하는 것을 거절했습니다. 두 사도는 듣고 옷을 찢고 크게 소리쳤습니다. "어찌하여 이러한 일을 하느냐? 우리도 같은 성정을 가진 사람이다." 하나님의 눈에는 특별한 사람, 특별한 그룹이 없습니다.

베드로와 요한은 성전 미문에서 나면서 못 걷게 된 사람을 고쳤습니다. 베드로는 그가 걷는 것을 본 사람들에게 말했습니다. "이 일을 왜 놀랍게 여기느냐? 우리 개인의 권능과 경건으로 이 사람을 걷게 한 것처럼 왜 우리를 주목하느냐?" 이 말은 무슨 뜻입니까? "은과 금은 내게 없거니와." 베드로와 요한에게는 금이나 은이 없었습니다. 그들은 귀족처럼 보이지 않았습니다. 평범한 사람들이었습니다. 하지만 그들은 특별한 사람, 그리스도를 가졌습니다.

하나님은 오직 한 가지 계획만 가지고 계십니다. 승천하신 후 다시 오시는 예수님을 이야기하는 전설이 있습니다. 하늘에서도 예수님은 잔인한 십자가에서 수치스럽게 죽음을 당하신 지상에서의 순례 흔적을 지

superhuman. Yet, the Bible says that Abraham and Moses were ordinary people. Abraham was not a very extraordinary one. Nothing was too extraordinary for Moses. David was also a regular guy. James 5:17 reminds us: "Elijah was a man with a nature like ours." Elijah was a mere man, like us. Acts 10 tells of Peter and Cornelius. When Peter was about to enter Cornelius' house, Cornelius bowed down at his feet and worshiped him. Peter told him, "Stand up; I too am a man." We read of another interesting story in Acts 14. The apostle Paul healed a crippled man in Lystra. Seeing the healed beggar, the crowd shouted in their local dialect, "The gods have come down to us in the likeness of men!" Barnabas was called Zeus, and Paul was thought to be Hermes, because he is the main speaker. Hermes was called the messenger of Zeus in Greek mythology. Barnabas and Paul refused to let people worship them. When the two apostles heard what was happening, they tore their clothing and cried out, "Men, why are you doing these things? We also are men, of like nature with you." There is no special person in eyes of God. No special group in front of God.

Peter and John healed a man lame from birth at the temple gate, Beautiful Gate. And Peter said to the people saw him walking, "Why do you wonder at this, or why do you stare at us, as though by our own power or piety we have made him walk?" What does this mean? "I have no silver and gold." Peter and John didn't have gold or silver. They didn't look noble. They were ordinary people. But they had an extraordinary one, Christ.

God has only one plan. There is a legend that recounts the return of Jesus to glory after his time on earth. Even in heaven Jesus bore the marks of his earthly pilgrimage with its cruel

니고 계셨습니다. 천사 가브리엘이 예수님께 다가가서 말했습니다. "주님은 저 아래 사람들 때문에 무서운 고통을 받으신 것이 틀림없습니다." 예수님은 그렇다고 대답하셨습니다. 가브리엘은 계속했습니다. "그들이 주께서 그들을 얼마나 사랑하셨는지 그리고 그들을 위해 하신 일을 알고 감사합니까?" 예수님은 대답하셨습니다. "아직은 아니다. 지금은 소수의 사람들만 알고 있다." 가브리엘은 당황했습니다. "그러면, 주님은 모든 사람이 주님의 사랑을 알도록 무엇을 하셨습니까?" 예수님은 말씀하셨습니다. "나는 베드로, 야고보, 요한 외에도 몇몇 친구들에게 나를 전하라고 부탁했다. 들은 사람은 차례로 다른 사람에게 전할 것이다. 내 이야기는 지구촌에서 가장 먼 곳까지 퍼질 것이다. 최종적으로 모든 인류는 내 삶과 내가 한 일에 대해 듣게 될 것이다." 가브리엘은 회의적이었습니다. 그는 연약하기 짝이 없는 인간을 잘 알고 있었습니다. "예, 하지만 베드로, 야고보, 요한이 지치면 어떻게 합니까? 그 다음 세대가 잊어버리면 어떻게 합니까? 21세기로 가서 현대인들이 다른 사람들에게 주님 이야기를 하지 않으면 어떻게 합니까? 다른 계획은 없습니까?" 예수님은 대답하셨습니다. "다른 계획은 없다. 나는 그들을 믿는다." 21세기가 지난 지금도 예수님은 다른 특별한 계획을 갖고 계시지 않습니다. 주님은 여러분과 저를 믿고 계십니다. 예수님은 인간의 관점에서 힘없고, 사회적 지위가 높지 않고, 특출하지 못하고, 완벽하게 평범한 열두 사람을 믿으셨습니다. 그들은 복음을 충실히 전했습니다. 우리도 그런가요?

목사님 사택을 처음 방문해서 힐끗 보고 실망했다는 교인이 있었습니다. "목사님 집은 너무 작고 목사님 생활이 재미없습니다." 목사님은 대답했습니다. "그렇게 생각하세요? 이 집은 충분하고 흥미롭습니다."

cross and shameful death. The angel Gabriel approached Jesus and said, "Master, you must have suffered terribly for men down there." Jesus replied that he did. Gabriel continued: "And do they know and appreciate how much you loved them and what you did for them?" Jesus replied, "Oh, no! Not yet. Right now only a handful of people know." Gabriel was perplexed. He asked, "Then what have you done to let everyone know about your love for them?" Jesus said, "I've asked Peter, James, John, and a few more friends to tell others about me. Those who are told will tell others, in turn, about me. And my story will be spread to the farthest reaches of the globe. Ultimately, all of mankind will have heard about my life and what I have done." Gabriel looked skeptical. He well knew what poor stuff men were made of. He said, "Yes, but what if Peter and James and John grow weary? What if the people who come after them forget? What if way down in the twenty-first century people just don't tell others about you? Haven't you made any other plans?" And Jesus answered, "I haven't made any other plans. I'm counting on them." Twenty-first century later, Jesus still has no other special plan. He's counting on you and me. Jesus counted on them, twelve men — from the human point of view, unpowerful, not high social standing, unexceptional, perfectly ordinary people. And they faithfully delivered the Gospel. Have we done as well?

A certain churchgoer recently confessed his initial disappointment the first time he visited his pastor's home and got a glimpse of his life. "Your house is so small and your life is so boring." The pastor replied, "You think so? My place is good enough, exciting." Through ordinary things, God does extraordinary things. Our ordinary lives may be beautiful vessels for God's divine purposes. Live an ordinary life. The people who do the most for God are

하나님은 평범한 것을 통해 특별한 일을 하십니다. 우리의 평범한 삶은 하나님의 거룩한 목적을 위한 아름다운 그릇이 될 수 있습니다. 평범한 삶을 사십시오. 하나님을 가장 잘 섬기는 사람들은 평범한 것에 가장 만족하는 사람들입니다. 그들 중 대다수는 평생 무명이고 눈에 띄지 않습니다. 우리는 평범한 것에 만족할 필요가 있습니다. 성경으로 빚어지고 하나님의 은혜로 특징지어지십시오. 평범한 그리스도인이 되십시오. 평범한 사람들로 가득 찬 평범한 교회를 만드십시오. 평범한 것은 중요합니다. 스코틀랜드의 전도자이자 묵상 작가인 오스왈드 챔버스는 말합니다. "우리는 삶의 평범한 것들 속에서 특별하고, 평범한 사람들 사이에서, 평범한 거리에서 거룩해야 합니다." 평범한 삶을 살아갈 때, 우리는 밝은 눈으로 예수님이 그 삶의 현장에 계시는 것을 볼 것입니다.

those who are most content to be ordinary. Many of them remain unknown and unnoticed through their entire lives. Be content with ordinary, and we need to be. Be shaped by Scripture, marked by God's grace. Be an ordinary Christian. Make an ordinary church full of ordinary people. Being ordinary is a big deal. Oswald Chambers, a Scottish evangelist and devotional writer, says, "We have to be exceptional in the ordinary things of life, and holy on the ordinary streets, among ordinary people." As we move through the ordinary, may we see with clear eyes that Christ is there too.

예수, 하나님의 위대한 반전

마가복음 14장 48-52절 예수께서 무리에게 말씀하여 이르시되 너희가 강도를 잡는 것 같이 검과 몽치를 가지고 나를 잡으러 나왔느냐 내가 날마다 너희와 함께 성전에 있으면서 가르쳤으되 너희가 나를 잡지 아니하였도다 그러나 이는 성경을 이루려 함이니라 하시더라 제자들이 다 예수를 버리고 도망하니라 한 청년이 벗은 몸에 베 홑이불을 두르고 예수를 따라가다가 무리에게 잡히매 베 홑이불을 버리고 벗은 몸으로 도망하니라

네 아들의 아버지가 있었습니다. 그는 아주 먼 곳에 있는 한 그루의 배나무를 살펴보라고 아들들을 한 명씩 차례대로 여행을 보냈습니다. 첫째 아들은 겨울에, 둘째는 봄에, 셋째는 여름에, 막내는 가을에 출발했습니다. 떠났던 아들들이 모두 돌아왔을 때 아버지는 함께 불러서 그들이 본 것을 이야기해 보라고 했습니다. 맏아들은 그 나무가 볼품없고 구부러지고 꼬였다고 말했습니다. 둘째 아들은 그렇지 않고 푸른 새싹으로 뒤덮였으며 희망에 찬 나무였다고 말했습니다. 셋째 아들은 참 아름다운 꽃들이 만발했고 이제껏 본 나무 중 최고였다는 주장을 했습니다. 넷째 아들은 열매가 무르익었고 생기와 성취로 가득한 나무였다고 또 다른 이야기를 했습니다. 그때 아버지가 말했습니다. "너희 모두 옳다. 너희 각자 그 나무의 성장과정에서 한 계절에 해당하는 모습을 본

God's Great Reversal

Mark 14:48–52 And Jesus said to them, "Have you come out as against a robber, with swords and clubs to capture me? Day after day I was with you in the temple teaching, and you did not seize me. But let the Scriptures be fulfilled." And they all left him and fled. And a young man followed him, with nothing but a linen cloth about his body. And they seized him, but he left the linen cloth and ran away naked.

There was a man who had four sons. He sent his sons each on a quest, in turn, to go and look at a pear tree that was a great distance away. The first son went in the winter, the second in the spring, the third in summer, and the youngest son in the fall. When they had all gone and come back, he called them together to describe what they had seen. The first son said that the tree was ugly, bent, and twisted. The second son said no — it was covered with green buds and full of promise. The third son disagreed, he said it was laden with blossoms that looked so beautiful, it was the most graceful thing he had ever seen. The last son disagreed with all of them; he said it was ripe and drooping with fruit, full of life and fulfilment. The man then explained to his sons that they were all right, because they had each seen but one season in the tree's life. He told them,

것이다. 나무나 사람을 한 때만 보고 판단할 수 없다. 그가 정말 누구인지는 인생의 모든 계절이 지나고 끝에서만 평가할 수 있다."

마가 요한은 성경에서 종종 마가로 불렸습니다. 그의 어머니 마리아는 로데 같은 하녀들이 있었을 정도로 매우 부유한 과부였습니다. 마가는 유복하게 성장했으며 어머니에게 집착했습니다. 마리아는 신실한 그리스도인이었습니다. 그녀의 저택은 신자들의 생활과 예배의 중심지였습니다. 이 집은 박해받던 제자들이 모이고, 기적으로 탈출한 베드로가 찾고, 예수님이 마지막 만찬을 하신 현장이었습니다. 레위 출신 바나바는 마가의 삼촌이었습니다. 그는 관대했고 물질적으로 초대교회를 후원했습니다. 마가에게는 너무나 좋은 어머니와 존경받는 삼촌이 있었습니다. 이전에 마가는 예수께서 파송하신 전도자 70인에 속했습니다. 마가는 대단한 배경을 가진 자였습니다. 사람들은 조건을 보고 그의 장래가 유망할 것이라고 기대했습니다. 하지만 그들은 곧 그에게 실망했습니다.

예수님이 겟세마네에서 붙잡히실 때 마가는 벗은 몸으로 도주했습니다. 마가는 바울과 바나바의 첫 번째 선교여행에 참여했습니다. 그러나 역시 고된 여정을 견디지 못하고 밤빌리아에서 이탈했습니다. 두번 째 선교여행을 시작하면서 바울과 바나바는 마가를 데리고 가는 문제 때문에 심하게 다투었습니다. 바나바는 마가를 원했고, 바울은 신뢰할 수 있는 다른 동료가 필요했습니다. 결국 두 사람은 서로에게 상처를 입히고 헤어져서 따로 전도여행을 떠났습니다. 왜 이런 일이 생겼습니까? 누가 그렇게 만들었나요? 마가가 원인 제공자였습니다.

지금까지 마가는 우리에게 많은 실망을 안겨 주었습니다. 그러나 여

"You cannot judge a tree, or a person, by only one season. The essence of who they are can only be measured at the end, when all the seasons are up."

John Mark is often just called Mark in the Bible. His name is directly mentioned only in the book of Acts. His mother Mary was a very rich widow lady. Even the upper room of her house was big enough to accommodate at least more than 120 guests. Rhoda who appeared in Acts 12:13 was one of the maids. This indicates that the household was considerably large. Mark grew up rich, and he was deeply attached to his mother. Mary was loyal to her Christian ideals. When Christians were a persecuted sect, she offered her spacious home to Apostles and believers. Mary's home became a well-known center of the Christian life and worship. It was to Mary's home that Peter found his way after his miraculous escape, for he knew that a company of believers had gathered there. This same house was the scene of a still more sacred gathering when Jesus observed the Lord's Supper on the night of his betrayal. Barnabas the Levite was the uncle of Mark. When he converted to Christianity, he sold his land and gave the money to the Jerusalem Apostles. He was a generous giver, and willing to financially support the early church. Barnabas became an early church leader and was once Paul's partner. Mark had a good, good mother and an honorable uncle. Furthermore, he was included in seventy men whom Jesus sent them out by twos. Mark had a great background. People would have conditional future expectations from him. But they were soon disappointed with him.

When Jesus was arrested in Gethsemane, Mark ran away naked because he was afraid. Luke reports in Acts 13:5 that Mark

기까지가 끝은 아니었습니다. 큰 반전이 있습니다. 수년 후에 그는 대사도 바울과 함께 있었습니다. 베드로는 마가를 그의 영적인 아들이라 불렀습니다. 바울과 베드로 모두 마가를 소중한 동역자로 여겼습니다. 확실히 마가는 오랜 세월을 통하여 성숙해졌고 주님의 충실한 종이 되었습니다. 마가는 제일 먼저 복음서를 기록했습니다. 역사가 유세비우스에 의하면 마가 요한은 네로 8년에 알렉산드리아 감독이 되었다고 합니다. 그는 주후 68년에 순교하였습니다.

요한은 히브리식, 마가는 헬라식, 마커스는 라틴식 이름입니다. 마가는 유약하고 비겁한 도망자였습니다. Troublemaker, 어디서나 문제를 일으키는 자였습니다. 그러나 나중에 그는 전적으로 예수님께 헌신하는 자가 되었습니다. 그는 변했습니다. 어떻게 해서 그렇게 되었을까요? 성경은 그것에 대해서 말하지 않습니다. 우리가 말할 수 있는 한 가지는 분명합니다. 보이지 않는 하나님이 그의 삶을 바꾸셨다는 것입니다. 그리스도인에게는 인생의 반전이 자주 일어납니다. 우리는 언제 어디서나 보이지 않는 하나님이 우리 삶의 배후에서 일하고 계신다는 것을 알아야 합니다. 하나님의 은혜 안에 살기만 하면 여러분 인생의 반전도 현실이 될 수 있습니다.

『예수님이 결코 말하신 적 없는 10가지: 당신이 그것들을 믿지 말아야 하는 이유』라는 책에서 윌 데이비스 주니어 목사님은 예수님과의 관계를 개선하고 강화하기 위한 해결책을 제시합니다. 목사님은 그리스도인의 삶에 대해 일반적으로 믿고 있는 잘못된 신화 10가지를 언급합니다.

1. 너는 구원 받기엔 너무 멀리 갔어.

was a helper on Paul and Barnabas' first missionary journey. But he did not stay through the whole trip. He ran away from Paul and Barnabas in Pamphylia and left the work. It's likely that the young Mark was discouraged at the hardness of the way and decided to return to the comforts of home. When Paul and Barnabas began their second journey, Barnabas wanted to take Mark with them, but Paul disagreed strongly, citing his previous desertion. Paul thought they needed someone more dependable. Paul and Barnabas had a sharp disagreement about Mark and wound up separating from each other and going on separate journeys. Barnabas took Mark with him to Cyprus, and Paul took Silas and departed. Why did this incident happen? Who led it? None other than Mark!

So far Mark has disappointed us a lot, but this is not the end of his story. There is a great reversal. Years later, he was with Paul. The Apostle called him his fellow worker (Phil 1:24). And near the end of Paul's life, he sent a request to Timothy from a Roman prison: "Luke alone is with me. Get Mark and bring him with you, for he is very useful to me for ministry" (2 Tim 4:11). Peter also called Mark his son, a spiritual son. Both Paul and Peter considered him a valuable companion. Obviously, Mark had matured through the years and had become a faithful servant of the Lord. He gave his life to Christ. Mark wrote his Gospel prior to Matthew, Luke, or John. According to Christian historian Eusebius, John Mark became Bishop of Alexandria in the eighth year of Nero. He was martyred in 68 AD.

In Jewish circles he was called by his Hebrew name "John." His surname was "Mark"; his Latin name was "Marcus." John Mark was a feebler, coward, runaway, and troublemaker. Later,

2. 나는 네게 정말 실망했다.

3. 만일 네가 더 좋은 사람이었더라면,

　이런 불행한 일은 네게 일어나지 않았을거야.

4. 어떤 사람은 사랑하지 않아도 괜찮아.

5. 모든 사람이 너처럼 믿어야 하고 행동해야 한다.

6. 그것은 모두 너에게 달려 있다.

7. 너에게 큰 상처를 준 사람은 용서하지 말아야 한다.

8. 너 때문에 나의 뜻을 이루지 못했다.

9. 나는 너를 포기했다.

10. 이것은 네가 반드시 져야 하는 십자가다.

예수님은 우리에게 절대 이런 식으로 말씀하시지 않습니다.

however, he was wholly devoted to Jesus and died for him. He had been transformed. How? We are anxious to know his progress. But, the Bible does not say about that. So we don't know how he had been a serious Christ-follower since Jesus' crucifixion. But one thing we can say about his changing is that the unseen God changed his life. Life's reversal often happens to Christians. We have to see that the unseen God is working behind the scenes of our life anytime, anywhere. If you keep on living in the grace of God, your life's reversal can come true.

In his book *10 Things Jesus Never Said: And Why You Should Stop Believing Them*, Pastor Will Davis Jr. suggests his solution to improving and strengthening our relationship with Jesus. Pastor Davis addresses ten commonly believed myths about the Christian life:

1. You're too far gone to be saved.
2. I'm so disappointed in you.
3. This wouldn't be happening if you were a better.
4. It's okay not to love certain people.
5. Everyone should believe and act like you do.
6. It's all up to you.
7. You don't have to forgive someone who really hurts you.
8. You missed my will for your life.
9. I've given up on you.
10. This is a cross you must bear.

Jesus never says this way.

예수, 아직도 찾으시나요?

요한복음 6장 22-26절 이튿날 바다 건너편에 서 있던 무리가 배 한 척 외에 다른 배가 거기 없는 것과 또 어제 예수께서 제자들과 함께 그 배에 오르지 아니하시고 제자들만 가는 것을 보았더니 (그러나 디베랴에서 배들이 주께서 축사하신 후 여럿이 떡 먹던 그곳에 가까이 왔더라) 무리가 거기에 예수도 안 계시고 제자들도 없음을 보고 곧 배들을 타고 예수를 찾으러 가버나움 으로 가서 바다 건너편에서 만나 랍비여 언제 여기 오셨나이까 하니 예수 께서 대답하여 이르시되 내가 진실로 진실로 너희에게 이르노니 너희가 나를 찾는 것은 표적을 본 까닭이 아니요 떡을 먹고 배부른 까닭이로다

〈그리스도의 초상〉은 앤더슨 대학 캠퍼스 샤이어만 갤러리에 전시되 어 있습니다. 시카고 출신 워너 샐먼이 1940년에 완성했습니다. 샐먼은 프리랜서 삽화가였습니다. 그는 나사렛 예수의 그림으로 유명해졌습니 다. 1994년 뉴욕 타임스는 그를 '20세기 최고 예술가'라고 불렀습니다. 제2차 세계 대전 중에도 시카고 옵셋 회사는 2교대로 샐먼의 작품을 계 속 인쇄했습니다. 그 이미지는 장식액자, 책갈피, 카드, 교회주보, 단추, 달력, 시계, 조명등, 머그잔, 스티커, 광고판 등에 수억 장 복제되었습니 다. 〈그리스도의 초상〉은 레오나르도 다 빈치의 〈최후의 만찬〉과 함께 신앙인들에게 가장 친근한 이미지가 되었습니다. 샐먼의 예수는 기독교 신앙의 아이콘이었습니다.

Are You Still Looking for Jesus?

John 6:22–26 On the next day the crowd that remained on the other side of the sea saw that there had been only one boat there, and that Jesus had not entered the boat with his disciples, but that his disciples had gone away alone. Other boats from Tiberias came near the place where they had eaten the bread after the Lord had given thanks. So when the crowd saw that Jesus was not there, nor his disciples, they themselves got into the boats and went to Capernaum, seeking Jesus. When they found him on the other side of the sea, they said to him, "Rabbi, when did you come here?" Jesus answered them, "Truly, truly, I say to you, you are seeking me, not because you saw signs, but because you ate your fill of the loaves.

The Head of Christ is on display in the Scheierman Gallery located in the York Performance Hall on the campus of Anderson University, Indiana. Warner Sallman, an American artist from Chicago, completed the oil painting *Head of Christ* in 1940. Sallman was a freelance illustrator and created commercial advertising images. He was well-known for his portrait painting of Jesus of Nazareth, *The Head of Christ*. In 1994, the New York Times called him the "best-known artist of the century." During the years of the World War II, Chicago Offset Printing Company continuously printed the work under the operation of two shifts of laborers. The painting has since been reproduced hundreds of millions of times on plaques, bookmarks, greeting cards, church

깊이 생각하게 만드는 또 다른 그림이 있습니다. 보스턴 미술관은 〈겸손한 자의 친구〉 또는 〈엠마오의 저녁식사〉라는 제목의 특별한 작품을 소장하고 있습니다. 19세기 프랑스 사실주의 화가 레옹 어거스틴 레르미트가 그렸습니다. 레르미트는 아마 자신의 시대나 지금이나 무명의 화가일 것입니다. 그는 종교적인 주제와 목가적인 풍경을 좋아했습니다. 빈센트 반 고흐는 그의 화법을 극찬했습니다. 사실 샐먼의 예수님 얼굴은 레르미트 그림에서 전신 형태로 나타납니다. 두 그림에 대해 궁금증이 생기지 않겠습니까? 샐먼은 환상가였을까요, 아니면 표절했을까요? 눈의 초점, 머리의 역광, 이마의 빛, 목 그림자, 머릿결, 눈썹, 광대뼈, 턱수염, 옷 주름을 비교해 보세요. 샐먼은 레르미트의 그림에서 성경과 역사적 배경을 모두 생략했습니다. 샐먼은 예수님의 얼굴만 확대했습니다.

풀리지 않는 세 가지 미스터리가 있습니다. 먼저, 샐먼은 48세에 〈그리스도의 초상〉을 그렸습니다. 레르미트도 48세에 〈겸손한 자의 친구〉를 그렸습니다. 샐먼은 1940년에, 레르미트는 1892년에 각각 작업을 끝냈습니다. 48년의 간격이 있었습니다. 샐먼은 1892년에 출생했고, 레르미트는 그보다 48년 전인 1844년에 태어났습니다. 모든 숫자가 48입니다. 한 비평가는 샐먼이 어렸을 때 그의 어머니가 레르미트에 관한 모든 것을 말해 주었을지도 모른다고 분석합니다. 마지막으로 샐먼의 묘사는 의심스럽습니다. 후자는 전자를 모방한 것일 수 있습니다. 샐먼의 예수님은 너무나 천상적입니다. 그 화면에서 우리는 강한 힘, 능력, 경이로움을 확인할 수 있습니다. 얼굴과 머리 언저리가 밝게 돋보이는 이미지는 거룩한 광채를 발산하는 것 같습니다. 한마디로 말해서 예수는 유명인사입니다. 샐먼은 미국 백인 예수를 표현하려고 했습니다. 하지만 레

bulletins, buttons, calendars, clocks, lamps, coffee mugs, stickers, and billboards. It came to be the most common religious image in the world along with Leonardo da Vinci's *Last Supper*. Jesus' visual image by Sallman became a Christian icon.

Another painting may be helpful to develop your thinking power. The Museum of Fine Arts in Boston, Massachusetts, has a special work named *Friend of the Humble*. This painting is also called *Supper at Emmaus*. In 1892, French realist painter Léon Augustin Lhermitte completed *Friend of the Humble*. Lhermitte is perhaps not as well-known as he was in his time or should be now. He painted religious themes and pastoral scenes. Vincent van Gogh admired Lhermitte's innovative use of pastels. As a matter of fact, Sallman's *Head of Christ* is found as a full-body form in Lhermitte's picture. Can there be any doubt about the two paintings? Was Warner Sallman a visionary, or a thief and liar? Compare the levels of eye contact, backlighting for the hairs, highlighting on the foreheads, shadows on the necks, hair layers, eyebrows, cheekbones, beards, and lines in the folds of the robes. Sallman removed all biblical background and historical narratives from Lhermitte's work. Sallman only took a close-up of Jesus' face. The two art works look almost the same.

In the initial stages of inquiry, we can find three unsolved mysteries. First, Sallman painted *The Head of Christ* when he was 48 years old. Lhermitte also painted *Friend of the Humble* when he was 48 years old. Sallman completed his work in 1940. Lhermitte did his work in 1892. Sallman was done 48 years after Lhermitte's finish. Sallman was born in 1892. Lhermitte was born in 1844. Sallman came out 48 years after Lhermitte's birth. All numbers are 48. Next, for Sallman, one critic says that when he

르미트의 예수는 인간적입니다. 예수님의 용모는 아름답지 않고, 피부가 거칠고, 옷은 낡았습니다. 부활하신 그리스도는 평범해 보입니다. 예수님은 레르미트에게 귀족이 아니라 소박한 분이었습니다.

오늘날의 그리스도인들은 샐먼의 예수가 사실이라고 생각합니다. 그렇지 않습니다. 레르미트의 예수가 처음이고 원본이고 진실합니다. 이처럼 우리는 예수님을 오해하고 있습니다. 여러분이 생각하는 예수님이 성경이 말하는 실제 예수님과 동일하다고 믿습니까? 여러분은 정말로 예수님이 누구신지 알고 있습니까? 우리가 예수님을 따르는 방식에는 상당한 편견이 있습니다. 우리 신앙의 여정은 놀라울 정도로 새롭게 방향전환을 할 필요가 있습니다. 여러분이 생각하는 예수는 여러분 자신이 만든 예수입니다. 우리는 진짜 예수님의 모습을 알아야 합니다. 그렇지 않으면 참된 그리스도인이 되는 것은 불가능합니다. 당신은 명목상 그리스도인입니까, 아니면 진정한 그리스도인입니까?

사람들은 예수께서 오천 명을 먹이시는 것을 보았습니다. 이튿날 무리들은 예수님이 사라지신 것을 깨달았습니다. 그들은 호수 건너편에서 예수님을 만나 물었습니다. "선생님, 언제 이곳에 오셨습니까?" 예수님은 대답하셨습니다. "너희가 나를 찾아온 것은 나를 알기 때문이 아니라 빵을 먹고 배부르기 때문이다." 여기 유대인들의 관심사는 예수님과 예수님의 마음이 아닌 예수님이 하신 일이었습니다. 그들은 예수님을 잘못 찾고 있었습니다. 예수님의 일에만 관심 갖는 사람들은 예수를 제대로 믿을 수 없습니다. 우리도 마찬가지입니다. 교회가 크고, 프로그램이 많고, 이벤트가 재밌고, 건물이 좋아서 교회에 가는 사람들이 있습니다. 이제는 말씀이 육신이 되신 진리와 갈릴리에서 우리 사이를 거닐던 예

was young, his mother probably told him all about Lhermitte. Last, we cast doubt on Sallman's vision. The latter might copy the former. Sallman duplicated the image of Christ as frequently as possible in his other works. By Sallman's depiction, Jesus is so heavenly. From Sallman's *Head of Christ* we see strength, power, reverence, fairness, and compassion. From highlights around the face and hairline there seems to be a holy radiance emitted from the image. To make a long story short, Jesus is a celebrity. Sallman tried to represent the American white Jesus. However, by Lhermitte's expression, Jesus is terrestrial. Jesus is not handsome. Jesus has very rough skin. His robe is too old. The risen Christ looks like an ordinary person. Jesus was not a noble to Lhermitte. Jesus was a humble one.

Today's Christians believe that Sallman's Jesus is true. That's not true. Lhermitte's Jesus is first, original, and true. Like this story, we misunderstand Jesus. Do you believe that the Jesus you think is the same with the real Jesus Scripture says? Do you really know who Jesus is? We have a prejudice in so many ways we follow Jesus. Christians must be free from prejudice. Our journey of faith needs to be surprisingly reoriented. The Jesus you think is the Jesus you made yourself. We should know the true story. If not, it is impossible to be a true Christian. Are you a nominal Christian or are you a true Christian?

People saw Jesus feeding the five thousand in the field. The next day the crowd realized that Jesus, with his disciples, was gone. When they found Jesus on the other side of the lake, they asked him, "Rabbi, when did you get here?" Jesus answered, "You are looking for me because you ate the loaves and you are full, not because you understood me." These Jews didn't care about

수님을 바로 알아야 할 때가 되었습니다.

 예수님은 나에게 어떤 의미인가요? 그분을 얼마나 사랑하십니까? 사랑한다면, 어떻게 표현합니까? 여전히 경탄할 일 때문에 예수님을 의지하십니까? 예수님을 따르는 것은 장밋빛 하늘이 아닙니다. 때로는 폭풍우가 몰아칩니다. 때로는 고통스럽습니다. 앞날에 많은 장애가 있을 것입니다. 예수님의 삶은 여러분과 다르지 않았습니다. 예수님을 여러분의 삶에 받아들이고 그분의 고난에 참여하세요. 예수님과 함께 가세요. 바른 이유로 예수님을 찾으세요. 예수님이 하신 일이 아니라 예수님 그 자체를 갈망하세요. 그러면 진짜 예수님을 만날 것입니다. 여러분에게 예수보다 더 중요한 것이 없도록 하십시오. 예수님은 그것을 원하십니다. 생각을 바꾸면, 여러분은 하나님이 가장 소중히 여기는 사람이 될 것입니다. 생명은 예수 안에만 있습니다.

Jesus but what Jesus had done. Their concern was the miracle of bread and fish, not the mind of Jesus. They were seeking Jesus wrongly. Those who are interested only in what Jesus did can't truly believe in Jesus. The same thing happens to us. Some people go to church because the church is big; the church has many programs; the church event is cool; the church building is good. The time is ripe for knowing the physical truth of the Incarnation, knowing the real Jesus who was walking among us at the Sea of Galilee.

What does Jesus mean to me? How much do you love Jesus? What are the ways you express your loving Jesus? Do you still depend on Jesus because of wonder? Surprise, it's not always what you expect. Following Jesus is not a rosy sky. That's not easygoing. Sometimes rainstorms come. Sometimes you may feel painful. There may be so many stumbling blocks ahead of you. Jesus' life was not different from your life. Accept Jesus into your life and share in his sufferings. Come along with Jesus. Seek Jesus for the right reason, by the right route. Hunger for Jesus himself, not the things Jesus has done, and you will understand him. Don't let anything else be more important to you than Jesus. He wants you to do so. Turn your way and you will be God's favorite person. There is life only in Jesus himself.

예수, 때로는 당황스러운

요한복음 8장 31-32절 그러므로 예수께서 자기를 믿은 유대인들에게 이르시되 너희가 내 말에 거하면 참으로 내 제자가 되고 진리를 알지니 진리가 너희를 자유롭게 하리라

교회 다니지 않았을 때는 편안했는데, 예수 믿고 나서는 고생입니다. 많은 교인들이 말합니다. "교회 가면 복 받아요." 하지만 현실은 전혀 다릅니다. 아주 많은 것을 잃습니다. 주일 아침이나 수요일 저녁에는 친구를 만나지 못합니다. 예수 믿는 사람은 술 마시는 회식 자리에 가는 것을 좋아하지 않습니다. 교회 모임은 주로 쉬는 날에 있으므로 휴일 직장 모임에는 참석하지 못합니다. 그 때문에 승진 기회를 놓칠 수도 있습니다. 신실한 분들은 주일에 가게 문을 닫습니다. 그리스도인은 상품을 거래할 때 정직해야 합니다. 적당한 가격을 받고, 물건 값을 깎지 말아야 합니다. 세금을 정확히 내고, 한 집을 필요로 하고, 허위로 주소지를 변경하는 일은 없어야 합니다. 이 모두는 재정적으로 손해일 수 있습니다. 여전히 많은 신자들이 하나님을 믿고 더 어려워지는 것을 이해하지

The Offense of the Gospel

John 8:31–32 So Jesus said to the Jews who had believed him, "If you abide in my word, you are truly my disciples, and you will know the truth, and the truth will set you free."

When we didn't go to church, we lived in peace. But after we begin to believe in Jesus, we have trouble. Many churchgoers say, "Go to church, and you'll receive lots of blessings." The reality is however quite different. We lose so many things. We can't meet friends on Sunday morning or Wednesday evening. There are a number of ways to celebrate and gather in the workplace. Christians feel uncomfortable when office colleagues drink beer, so we don't like to go to office party. Church members often have meetings on public holidays. Christians do not attend office holiday parties. And therefore we may lose the opportunities to be elevated in our workplaces. Christian retailers close their doors on Sunday. We Christians should be honest when we sell or trade goods. We have to put a proper price. We do not have to require discounts in market places. We have

못합니다. 만사가 형통해야 된다고 생각합니다.

시몬 베드로가 갈릴리 해변에서 예수님을 만나기 전에는 배고프지 않았습니다. 그는 어부 일을 하고 아내와 장모는 음식을 준비했을 것입니다. 그러나 예수님을 따르고 나서 베드로는 예전에 하지 않았던 일을 합니다. 배가 고파서 예수님과 함께 밀밭 사이를 지나가다가 밀 이삭을 잘라 먹습니다. 처량해 보입니다. 과거에는 집과 배와 그물과 직업이 있었지만 지금은 아닙니다. 형편이 왜 안 좋아졌습니까? 사도 바울은 유복한 가정에서 태어났습니다. 국제도시에서 살았습니다. 외국에서 유학을 했습니다. 그러나 예수님을 섬기면서부터는 바울의 삶이 고난으로 가득차게 됩니다. 모든 일이 항상 잘되는 것은 아닙니다. 이와 같이 힘들어지면 어떻게 하십니까?

예수께서 말씀하셨습니다. "진리를 알지니 진리가 너희를 자유롭게 하리라." 만일 당신이 어려워지는 상황으로 인해 매우 혼란스럽다면, 당신은 진리를 몰랐던 것입니다. 예수님은 친히 제자들에게 그들의 인생 역경을 예고하셨습니다. 진리는 이것입니다. "세상에서는 너희가 환난을 당할 것이다." 당신의 앞날에 힘든 시기가 없다는 말씀이 아닙니다. 바울은 이 진리를 잘 알고 있었습니다. 바울은 고난을 고민하지 않았습니다. 그는 항상 예수께서 하신 "그가 내 이름을 위하여 고난을 받아야 할 것이다"라는 말씀을 기억했습니다. 그래서 동역자들에게도 상기시켰습니다. "우리가 하나님의 나라에 들어가려면 많은 환난을 겪어야 할 것이다." 예수님은 이미 말씀하셨습니다. "너희가 진리를 알게 될 것이며 그 진리가 너희를 자유롭게 할 것이다." 예수님은 "내가 진리다"라고 선언하셨습니다. 진리를 말씀하신 예수님은 날마다 십자가를 지셨습니다.

to exactly file income tax returns, need one house, and legally change addresses. These may be financial loss for business. Many believers still do not understand becoming more and more difficult as they have faith in God. They think everything must be okay if they believe in God.

Before encountering Jesus on the shore of Galilee, Simon Peter was fine; he was not hungry. He went out to fish, and instead his wife and mother-in-law might serve him food. He could eat much. But after following Jesus, Peter does the things now that he did not in the past. Peter is hungry and begins breaking off some heads of grain and eating them while he is walking through the grainfields with Jesus. He looks poor. He had his house, his fishing boat, his net, his job in the past but not now. Why is the situation made worse? Paul the Apostle came from a well-to-do family. Paul lived in a global society. Paul's parents helped him prepare to study abroad. If his family had been poor, they could not have afforded to support him spending some time in a foreign country during his academic years. His parents could support him studying abroad. But after serving Jesus, rather Paul's life becomes full of suffering. Everything does not always go well. When the going gets tough like this, what's your response?

Jesus said, "You will know the truth, and the truth will set you free." If you are very confused by the situation becoming difficult, you haven't known the truth. Jesus, himself, spoke to his disciples about expecting trouble. The truth is: "In the world you will have tribulation." It's not that you do not get tough times ahead of you. Paul knew this truth very well. Paul didn't have any trouble with what the going got tough. He always

예수님은 너희도 날마다 너희 십자가를 지고 나를 따르라고 말씀하셨습니다. 십자가를 벗으라는 말씀이 아닙니다. 처음부터 진리는 고난을 포함한다는 걸 안다면 고난을 즐길 수 있을 것입니다. 그것이 하나님의 뜻입니다.

진리는 역설적입니다. 수필가 마리아 오코너는 말합니다. "진리를 알지니 진리가 너희를 어색케 하리라." 예수님이 원하시는 삶을 살면, 세상 사람들의 눈에 이상하게 보일 수밖에 없습니다.

진정한 그리스도인은 낯선 사람과 친숙하게 이야기합니다.
진정한 그리스도인은 오르기 위해 내려갑니다.
진정한 그리스도인은 가지기 위해 버립니다.
진정한 그리스도인은 지키기 위해 포기합니다.
진정한 그리스도인은 살기 위해 죽습니다.
진정한 그리스도인은 가장 약할 때 가장 강합니다.
진정한 그리스도인은 가장 가난할 때 가장 부유합니다.
진정한 그리스도인은 최악을 느낄 때 가장 행복합니다.

세상 사람은 관행을 따르지만 그리스도인은 관행을 무너뜨립니다. 우리는 그들처럼 행동하지 않습니다. 진리에 가까이 갈수록 세상에서 그리스도인의 삶은 더 힘들 것입니다. 따라서 어려움이 있는 것은 그리스도인에게 놀랄 일이 아닙니다. 고생은 이생에서 모든 그리스도인이 받아들여야 하고 피할 수 없는 현실입니다. 그렇다면 우리는 예수님을 어떻게 믿어야 할까요? 우리는 그리스도를 섬김으로써 많은 것을 잃을 수 있지만 결코 우리 영혼, 영생은 잃지 않을 것입니다. 우리는 궁극적

remembered the word that Jesus said: "He must suffer for the sake of my name." So he reminded his co-workers that "Through many tribulations we must enter the kingdom of God." Jesus has already told, "You shall know the truth, and the truth shall make you free" (NKJV). Jesus declared, "I am the truth." The Jesus, who had said the truth, took up his cross daily. He said to his people, "You too, take up your cross daily and follow me." He didn't mean, "Take off the cross." If you from the first time know that the truth includes suffering, you will be able to enjoy suffering. That's the will of God.

This truth is paradoxical. Essayist Mary Flannery O'Connor says, "You shall know the truth and the truth shall make you odd." If you live the life Jesus wants, you have no choice but to seem strange to non-Christians. A real Christian is an odd number:

Real Christians talk familiarly to someone they cannot see.
Real Christians go down in order to get up.
Real Christians forsake in order to have.
Real Christians give away so they can keep.
Real Christians die so they can live.
Real Christians are strongest when they are weakest.
Real Christians are richest when they are poorest.
Real Christians are happiest when they feel the worst.

Non-Christians maintain the customary practice, but Christians break down it. Christians do not behave like them. The closer it moves to the truth, the more difficult the Christian life in this world will be, and thus the arrival of difficult circumstances should be no surprise to Christians. The fact of the matter is that

으로 승자가 될 것입니다. 당신의 고난은 대단히 가치가 있다는 것을 확신하십시오. 예수님은 고난의 시간에 당신과 함께 하십니다. 주님은 그분의 사람, 당신을 구하십니다.

마르크스를 버린 니콜라이 베르댜예프는 자신을 기독교 신앙으로 인도한 것은 역사도, 신학도, 교회도 아닌 마리아라는 한 여성이었다고 고백합니다. 그는 나치가 가스실에서 유대인을 학살할 때 강제수용소에 있었습니다. 미친 듯한 어머니가 아기와 떨어지는 것을 거부했습니다. 마리아는 장교가 인원수만 신경 쓰는 것을 알고 어머니를 옆으로 밀어내면서 자기가 그 자리에 섰습니다. 이 행동이 베르댜예프를 개종하게 만들었습니다. 자기 목숨을 포기한 마리아의 희생으로 그 어머니와 아기가 살 수 있었습니다. 베르댜예프는 그녀가 어떻게 그런 행동을 할 수 있었는지를 생각했습니다. 당신이 세상과 전적으로 다를 때 세상은 당신을 그리스도인이라고 인정합니다. 세상과 비슷하거나 같다면 그리스도인으로 여기지 않을 것입니다.

모든 것이 내 뜻대로 되면 잘못된 차선에 있는 것입니다. 모든 일이 안되는 것 같다면 바른 차선에 있는 것입니다. 그리스도인은 '어색함'을 '정상'으로 바꾸는 사람입니다. 우리는 세상을 변화시키는 사람입니다. 우리는 진리를 말하는 사람입니다.

hardship is an unfortunate, yet unavoidable reality that every Christian must face in this life. How should we then trust Jesus? We may lose much by serving Christ, but we will never lose our souls, the eternal life. We Christians will ultimately be the winner. Brothers and sisters, have the conviction that your trouble is excellent and worthy of praise. Jesus is with you in times of trouble. He delivers his people, you.

Nikolai Berdyaev, who abandoned Marx for Christianity, insists that neither history nor theology nor the church brought him to the Christian faith, but a simple woman called only Mother Maria. He was present at a concentration camp when the Nazis were murdering Jews in gas chambers. One distraught mother refused to part with her baby. When Maria saw that the officer was only interested in numbers, without a word she pushed the mother aside and quickly took her place. This action let Berdyaev convert to Christianity. Maria made the ultimate sacrifice – giving up her own life so the mother and her baby could live. Berdyaev thought how she could act like that. The world will consider you Christian when you are quite different from it. The world will not regard you as Christian if you are similar or the same with it.

Remember, if everything is coming your way, you're in the wrong lane; when everything seems to be going against you, you're in the right lane. Christians are the maker changing "odd" into "normal." We are the world-changer. We are the truth-teller.

예수, 단순한 교회를 원하셨던

에베소서 1장 20-23절 그의 능력이 그리스도 안에서 역사하사 죽은 자들 가운데서 다시 살리시고 하늘에서 자기의 오른편에 앉히사 모든 통치와 권세와 능력과 주권과 이 세상뿐 아니라 오는 세상에 일컫는 모든 이름 위에 뛰어나게 하시고 또 만물을 그의 발 아래에 복종하게 하시고 그를 만물 위에 교회의 머리로 삼으셨느니라 교회는 그의 몸이니 만물 안에서 만물을 충만하게 하시는 이의 충만함이니라

어떤 남자가 자연으로 산책을 나갔습니다. 갈색 곰 한 마리가 그를 쫓기 시작했습니다. 그래서 남자는 나무 위로 올라갔습니다. 한데 오르다가 그만 곰의 양팔 속으로 미끄러져 내려갔습니다. 그는 기도했습니다. "주님, 이 곰을 크리스천 곰이 되게 해 주세요." 그러자 곰이 말했습니다. "주님, 이 양식을 주셔서 감사합니다." 편리한 대로 믿으면 안 됩니다.

리더십 전문가요 심리학자들인 헨리 클라우드와 존 타운센드 두 사람이 『당신을 미치게 할 수 있는 12가지 크리스천 신념들』이라는 책을 출간했습니다. 제목과 내용이 아주 흥미로웠습니다. 클라우드와 타운센드 박사는 교회에 대한 많은 질문과 수천 가지 답변을 정리했습니다. 그

Seeking the Simple Church

Ephesians 1:20–23 ... that he worked in Christ when he raised him from the dead and seated him at his right hand in the heavenly places, far above all rule and authority and power and dominion, and above every name that is named, not only in this age but also in the one to come. And he put all things under his feet and gave him as head over all things to the church, which is his body, the fullness of him who fills all in all.

A man went on a nature walk. A brown bear began to chase him, so he climbed a tree. As he was climbing, he slipped down into the bear's arms. He prayed, "Lord let this be a Christian bear." That very instant, the bear fell to its knees, clasped its paws together, and prayed in a happy voice, "Dear Lord, thank you for this food which you have so generously provided for me. In Jesus name, Amen." You don't have to interpret Christian faith to your advantage.

Henry Cloud and John Townsend, well-known leadership experts, psychologists, and New York Times best-selling authors, wrote *12 Christian Beliefs That Can Drive You Crazy*. The title and account of this book was very interesting. Dr. Cloud and

들은 응답자들에게 "당신은 왜 교회를 좋아하지 않습니까?"라는 물음에 대답하도록 요청했습니다. 사람들이 말한 교회 가기 싫은 가장 큰 이유는 두 가지였습니다. "이기적인 교인들이 많습니다." "목사들은 해야된다는 설교를 자주 합니다." 최근 유명한 교회성장 연구센터에서 이른바 '가나안 교인'을 대상으로 설문조사를 했습니다. 젊은이들에게 왜 교회에 가지 않느냐는 질문을 했습니다. 인터뷰 대상자들은 이렇게 반응했습니다. "목사님이 헌금 이야기를 많이 합니다." "예배가 지루합니다." "어떤 교인들은 너무 무례합니다." "우리 교회는 청년 사역에 관심이 없습니다." 모든 사람이 교회에 대한 자신의 생각과 바람을 가지고있습니다. 같은 맥락입니다. 고든 맥도날드 목사님도 교회 이상형이 제각각 다른 교인들의 일화를 소개합니다. 그분의 책 『누가 내 교회를 훔쳤을까?』의 주제는 시대적 변화에 따른 전통적인 세대와 신세대 교인들사이의 날카로운 갈등입니다. 젊은 교인들은 어른들의 옛날 음악을 기피하고, 반대로 어른들은 그들의 음악을 환영하지 않습니다. 새로운 청년 세대는 대형 프로젝터 스크린과 찬양밴드를 좋아합니다. 노년층은 스테인드 글라스와 오르간을 선호합니다. 어느 교회가 좋은 것입니까? 어느 교회가 바른 것입니까? 어느 교회가 최고인가요? 생각해 보세요.

교회가 무엇입니까? 일반 대중뿐만 아니라 기독교 공동체도 교회를 오해하고 있습니다. 교회는 학원이 아닙니다. 교회는 교양, 음악, 영어를 배우는 곳이 아닙니다. 교회는 친교단체가 아닙니다. 깊은 영성은 인간관계 기술에서 나오지 않습니다. 교회는 구제장소가 아닙니다. 하나님을 사랑하기 때문에 가난하고 궁핍한 사람들을 돕는 것입니다. 선행이 목적은 아닙니다. 교회는 사회문제를 대변하는 평화단체도 아닙니다. 교회의 소명은 복음을 전파하는 것이지, 사회적 이상을 주장하는 것

Townsend received a large volume of questions on church and recorded thousands of responses. They asked respondents to answer the question, "Why don't you feel like church?" People told two main reasons they didn't feel like going to church. The top reason was: "Many church members tend to only be good to themselves." The second most common reason was: "Preachers often say you must to do." In recent, a famous research center for church growth made a survey of so-called "Canaan Christians." Young people were asked in a questionnaire. "Why don't you attend church?" Interviewees replied as follows: "Some pastors go far talking about offering," "Service is boring," "Certain believers are very rude," "My church doesn't care about young adult ministries," and so on. Everyone has their own thoughts and desires for the church. By the same token, Pastor Gordon MacDonald, in his book *Who Stole My Church?*, tells a lot of real episodes of a sharp conflict between traditional generations and untraditional generations, due to transition, in today's churches. Younger congregations reject the music of older congregations, and vice versa. New and young generations love big projector screens and bands; old and aging generations prefer stained glass windows and organs. What kind of church is good? What is the right church? What is the best church? Think about it.

What is the church? Not only does the general public misunderstand the church, but the Christian community does too. The church is not an institution. The church is not a place where we learn books, music, or English. The church is not a place of fellowship. Spiritual formation is not derived from human relations skills. The church is not a place of relief. Helping the poor and needy is a secondary job with love. The church is

이 아닙니다. 교회는 완전하지 않습니다. 우리는 아주 순수한 사람들로만 구성된 협소한 모임이 아닙니다. 그렇다면 우리는 교회를 어떻게 생각해야 할까요?

교회를 단 하나의 문장으로 정의하는 것은 매우 어렵습니다. 그럼에도 불구하고 교회가 무엇인지에 대한 100% 합의는 있습니다. 성경은 교회를 "그리스도의 몸"이라고 말씀합니다(23절). 교회는 프로그램 공장이 아닙니다. 교회가 획기적인 경영모델을 수용하고 모든 종류의 예배 스타일과 기술을 채택하는데 열을 올렸을지라도 주류 교단의 교인 수는 여전히 감소하고 있습니다. 우리가 이벤트를 만들어 낸다고 해서 교회가 성장하는 것은 아닙니다. 오늘날 교회들은 영적 파워를 잃고 있습니다. 날이면 날마다 우리 시대 현대인의 삶은 더 빠르게 변하고 점점 더 복잡해지고 있습니다. 우리는 수많은 도전에 직면하고 있습니다. 다시 한번, 그리스도인들은 신앙과 교회의 의미를 확실하게 파악할 필요가 있습니다.

교회는 그리스도의 몸입니다. 그리스도의 몸이라 함은 우리의 시선을 예수님에게 고정한다는 것입니다. C. S. 루이스의 말입니다. "예수를 바라볼 때만 우리는 그리스도인이다." 우리가 예수 외에 다른 것은 아무것도 바라보지 않는다는 뜻입니다. 예수만 바라보는 교회가 참된 교회입니다. 무슨 일을 하든지 "예수님이라면 어떻게 하셨을까?"를 생각하세요. "과연 예수님이라면 어떻게 하셨을까?" 교회에 와서 하나님의 사랑이신 예수님을 예배하고, 그분을 만나고, 주님을 경험하세요. 교회는 그리스도가 우리와 함께하시는 살아있는 집입니다. 이것을 기억하세요. 예수님은 우리가 그렇게 좋아하지 않는 교회를 사랑하십니다.

not a peace group. Our mission is to speak of the gospel, not to campaign for social ideals. The church is not perfect. We are not a small church made up exclusively of the pure. Then, what should we think about the church?

It is very hard to define the church in a single sentence. Yet, there is a 100% consensus on what the church is. "The church is the body of Christ," says the Scripture (v. 23). The church is not a program factory. Although churches have been keen to adopt brand-new business and management models, and to employ all kinds of worship styles and techniques, mainline denominations are still declining. The church does not grow because we create events. Today's churches are losing their spiritual powers. Day after day, our contemporary life is changing faster and is becoming increasingly more complicated. Christians are faced with numerous challenges. Once again, Christians need to confirm the meaning of faith and church.

To speak of Christ's body is to fix our eyes on Jesus. According to C. S. Lewis, "When looking to Jesus, we are Christians." That means we are not looking at anything else. The church looking to Jesus alone is the real church. Whatever you do, think of what Jesus would do. "What would Jesus do?" Come, worship, meet, and experience Jesus, God's love. The church is a living house where Christ is with us. Remember this: Jesus loves the church which we don't feel like it.

If the church is Christ's own body, church ownership belongs to Jesus. Yes, we serve the church, but it's not my church; it's Jesus church. The church with Jesus is holy. 1 Timothy 4:5 says,

교회가 그리스도의 몸이라면, 교회는 예수님의 교회입니다. 우리가 섬기는 교회는 내 교회가 아닙니다. 예수님이 계신 교회는 거룩합니다. 디모데전서 4장 5절 말씀입니다. "모든 것은 하나님의 말씀과 기도로 거룩하여짐이라." 교회는 말씀과 기도로 거룩할 수 있습니다. 말씀과 기도, 복음에 집중하는 교회가 진정한 교회입니다. 말씀과 기도를 떠나서 생각하면 모든 것이 문제됩니다.

그리스도의 몸인 교회는 많은 성도들의 모임입니다. 우리는 파편적인 개인들의 집합체가 아닙니다. 신앙은 개인적이지 않고 공동체 속성을 가지는 것입니다. 신앙생활은 사람과 사람 사이의 상호관계입니다. 그리스도인은 영적으로 성숙하기 위해 서로 교류해야 합니다. '나 홀로 집에'는 있어도, '나 홀로 교회'는 없습니다. 신앙생활에 관한 어떤 생각이나 의견이나 제안이 있다면, 교회를 바라보는 여러분의 관점을 새로이 하십시오.

"For it is made holy by the word of God and prayer." The church can be holy by the word and prayer. The church sticking to its assigned tasks of speaking the word and prayer, that is, to spreading the gospel, is the true church. If we go beyond the word and prayer, everything in faith life appears to be a problem.

The church as the body of Christ is the gathering of many members. Christians are not the sum of individual believers. Faith is not personal but communal. It is an interpersonal relation. Christians should interact with one another in order to grow in a stronger spiritual life. The church rehearses the fact that we are the family of God. "Home Alone" is OK, but "Church Alone" is not. If you have any thoughts, comments, or suggestions for the Christian life, refresh your perspective on the church.

예수, 잉크를 생명으로 바꾸시는

시편 107편 17-21절 미련한 자들은 그들의 죄악의 길을 따르고 그들의 악을 범하기 때문에 고난을 받아 그들은 그들의 모든 음식물을 싫어하게 되어 사망의 문에 이르렀도다 이에 그들이 그들의 고통 때문에 여호와께 부르짖으매 그가 그들의 고통에서 그들을 구원하시되 그가 그의 말씀을 보내어 그들을 고치시고 위험한 지경에서 건지시는도다 여호와의 인자하심과 인생에게 행하신 기적으로 말미암아 그를 찬송할지로다

허먼이라는 피아노 선생이 있었습니다. 어느 날 밤 대학 콘서트 중 대단히 어려운 곡을 연주하는 피아니스트가 갑자기 몸이 아팠습니다. 연주자가 내려오자마자 청중석의 허먼이 일어나 무대로 올라가서 훌륭한 솜씨로 공연을 마무리했습니다. 그날 저녁 파티에서 한 학생이 허먼에게 어떻게 미리 연습도 하지 않고 까다로운 곡을 아름답게 연주할 수 있었냐고 물었습니다. 그는 대답했습니다. "피아니스트 초년시절에 나치 수용소로 끌려갔습니다. 미래는 어두워 보였습니다. 하지만 언젠가 다시 피아노를 칠 수 있다는 희망의 불씨를 위해 매일 연습할 필요가 있다는 것을 알았습니다. 밤늦게 건반을 상상하고 내 낡은 침대를 손가락으로 누르면서 한 곡을 연습하기 시작했습니다. 다음날 밤에 두 번째 곡을 추가했고 머지않아 작품목록 전체를 훑어보았습니다. 5년 동안 매일

The Bible to Turn Ink into Blood

Psalm 107:17–21 Some were fools through their sinful ways, and because of their iniquities suffered affliction; they loathed any kind of food, and they drew near to the gates of death. Then they cried to the Lord in their trouble, and he delivered them from their distress. He sent out his word and healed them, and delivered them from their destruction. Let them thank the Lord for his steadfast love, for his wondrous works to the children of man!

There was a piano teacher who was simply known as Herman. One night at a university concert, a distinguished piano player suddenly became ill while performing an extremely difficult piece. No sooner had the artist retired from the stage when Herman rose from his seat in the audience, walked on stage, and with great mastery completed the performance. Later that evening, at a party, one of the students asked Herman how he was able to perform such a demanding piece so beautifully without notice and with no rehearsal. He replied, "When I was a budding concert pianist, I was arrested and placed in a Nazi concentration camp. Putting it mildly, the future looked bleak. But I knew that in order to keep the flicker of hope alive that I might someday play again, I needed to practice every day. I began by fingering a piece from my repertoire on my bare board

밤 연습했습니다. 오늘 연주곡은 그때 연습한 작품의 일부였습니다. 부단한 연습이 진짜 피아노를 마음껏 칠 수 있는 날이 올 것이라는 내 희망을 유지시켜 주었습니다." 생명의 말씀을 굳게 붙잡으면 언젠가는 그 말씀이 여러분을 고통스러운 경험에서 지켜줄 것입니다.

시편 다섯 번째 책은 모세오경 다섯 번째 책에 해당합니다. 신명기는 번영이 하나님의 말씀을 생활의 표준으로 받아들이는 것에 좌우된다고 말합니다. 그런데 시편 5권의 메시지는 시험받지 않은 사람들이 아니라 유혹받고 타락한 사람들을 향한 것입니다. 시편 107편은 시편 5권의 첫 번째 시입니다. 18절의 단어 '음식물'은 하나님의 말씀을 가리킵니다. 이스라엘은 말씀의 양식을 원하지 않았고 하나님의 말씀을 거부한 그들의 반역은 영적인 죽음을 초래했습니다. 오늘날도 똑같습니다. 우리는 끊임없이 깨달아야 합니다. 생명은 하나님의 말씀에서 오는 것입니다. 20절은 성경에서 가장 아름다운 말씀 중 하나입니다. 여기서 '고치시고'라는 말은 히브리어로 '새롭고 생기가 넘치게 한다'는 의미입니다. 육체적 질병뿐만 아니라 의학으로 고칠 수 없는 우리 영혼의 병도 고친다는 말입니다. 하나님은 죄와 병에서 우리를 고치고 구원하시려고 말씀을 보내십니다. 하나님의 말씀이 모든 것을 새롭게 합니다. 멋진 식사, 다이아몬드 반지, 좋은 휴양지, 수목원, 심지어 녹색 이미지도 우리를 치유하지 못합니다.

기독교 작가 필립 얀시는 그가 쓴 『예수께서 읽으셨던 성경』에서 성경을 잘 읽는 두 가지 비결을 소개합니다. 성경을 셰익스피어의 희곡들, 『베니스의 상인』, 『한여름 밤의 꿈』, 『로미오와 줄리엣』처럼 읽으세요. 성경은 창세기에서 요한계시록까지 전부 삶의 이야기입니다. 성경을 하나

bed late one night. The next night I added a second piece and soon I was running through my entire repertoire. I did this every night for five years. It so happens that the piece I played tonight at the concert hall was part of that repertoire. That constant practice kept my hope alive that I would one day be able to play my music again on a real piano, and in freedom." If you hold firmly to the Word of life, someday it will guard you against painful experiences.

The fifth book of the Psalms corresponds to the fifth book of the Pentateuch. The book of Deuteronomy states that prosperity is dependent upon acceptance of the Word of God as the rule of life. But the message of book five of the Psalms is not now directed to a new and untried people, but instead, to a tested and fallen people. Psalm 107 is the first psalm of book five of the Psalms. The word meat in Verse 18 refers to the Word of God. Israel did not want the meat of the Word, and their rebellion against God's Word brought to them spiritual death, and it is the same today. We should constantly be aware: the Word of God brings life. Verse 20 is one of the most beautiful passages in the Bible. The word *heal*, as used here, means in the Hebrew "to make fresh." This word refers not only to physical healing but also to the disease of man's soul, a disease that cannot be cured by medical practices. God sends his Word to heal and deliver us from both sin and illness. When the Word of God comes, all things are become new. Fancy meals, diamond rings, fine resorts, botanical gardens, even green images do not heal us.

Respected Christian journalist Philip Yancey, in his book *The Bible Jesus Read*, provides two tips for better Bible reading. Read Bible stories like Shakespeare's plays, such as *Merchant of*

님이 보내신 연애편지처럼 읽으세요. 예전과 달리 훨씬 재미있습니다. 사랑하는 사람에게서 온 편지는 언제나 기분 좋고, 아주 흥분되고, 행복하게 합니다. 성경은 모든 곳에서 하나님이 여러분을 어떻게 사랑하시는지 분명하게 보여 줍니다. 성경은 하나님이 여러분에게 보내시는 사랑의 편지입니다.

기차로 허드슨 강을 여행하는 한 성직자가 식당 칸에 앉았습니다. 맞은편에서 그를 알아 본 무신론자가 논쟁을 시작했습니다. "성직자 같습니다." "예, 교역자입니다." "성경을 믿으시죠." "하나님의 말씀이라고 확신합니다." "하지만 성경에는 당신이 설명할 수 없는 것들이 있지 않습니까?" "예, 이해하기 무척 어려운 말씀도 있습니다." 무신론자는 때는 이때다 하고 질문했습니다. "그럼 어떻게 해요?" 침착한 성직자는 저녁 식사를 하다가 맛있는 허드슨 청어의 생선뼈를 보고 말했습니다. "선생님, 저는 이 청어를 먹을 때와 똑같이 합니다. 뼈가 나오면 접시 옆에 놓고 점심은 계속 맛있게 먹습니다. 뼈는 어떤 바보가 삼키도록 남겨 둡니다." 구약성경이 어렵습니까? 그래도 우리는 여전히 생명의 말씀을 즐길 수 있습니다.

성경은 우리에게 예수께로 가라고 말합니다. 예수께로 가지 않으면 성경 전체의 목적을 놓치게 됩니다. 사랑에 빠진 청년이 있습니다. 그의 마음을 사로잡은 여자 친구가 있습니다. 청년은 애인의 사진을 지갑 속에 넣고 다니면서 그녀를 생각합니다. 아무도 보지 않을 때는 꺼내서 사진에 키스합니다. 그러나 사진에 하는 키스는 진짜 키스와 같은 것이 아닙니다. 성경도 마찬가지입니다. 우리는 성경이 말하는 예수님을 사랑하기 때문에 성경을 사랑하는 것입니다. 성경은 그리스도 안에서 살아

Venice, Midsummer Night's Dream, Romeo and Juliet. The Bible is full of life stories, from Genesis clear to Revelation. Read the Bible like a love letter. Reading it as if it is a love letter from God makes the entire reading process interesting than ever before. Letters from my heart always make me feel so good, so excited, so happy. With every story, the Bible clearly shows how God loves you. The Bible is God's love letter to you.

A clergyman took a seat in a dining car on a train traveling along the Hudson River. Opposite him was an atheist who, seeing his clerical collar, started a discussion. "I see you are a clergyman." "Yes," came the reply. "I am a minister of the gospel." "I suppose you believe the Bible." The clergyman, orthodox in his views, responded, "I certainly do believe the Bible to be the Word of God." "But aren't there things in the Bible you can't explain?" With humility the minister answered, "Yes, there are places in the Bible too hard for me to understand." With an air of triumph as though he had concerned the preacher, the atheist asked, "Well, what do you do then?" Unruffled, the clergyman went on eating his dinner — which happened to be Hudson shad, a tasty fish but noted for its bony structure. Looking up, he said, "Sir, I do just the same as when eating this shad. When I come to the bones, I put them to the side of the plate and go on enjoying my lunch. I leave the bones for some fool to choke on." It doesn't make sense to read the Old Testament? Yet we can still enjoy reading the Word of life.

The Bible says to us, "Go to Jesus." If we do not go to the Jesus whom it points, we miss the whole purpose of Bible reading. Here is a young man who is in love. He has a girlfriend who has captured his heart. He carries a photograph of his

있는 하나님의 말씀입니다.

체육관이 없는 작은 신학교가 있었습니다. 신학생들은 근처 공립학교에서 농구를 했습니다. 나이 많은 백발의 관리인은 운동이 끝날 때까지 기다려 주곤 했습니다. 이분은 항상 자리에 앉아서 성경을 읽고 있었습니다. 신학생들이 궁금했습니다. "어딜 읽고 계세요?" 노인분은 단순히 성경이라고 답하지 않고 요한계시록이라고 했습니다. 조금 놀란 한 신학생이 말했습니다. "요한계시록이요? 계시록을 아세요?" 노인분은 당연히 안다고 했습니다. 그래서 물어 봤습니다. "계시록을 잘 아시는군요! 무슨 뜻입니까?" 어르신이 재깍 대답해 주었습니다. "어쨌든 예수님이 이긴다는 거잖아."

상한 마음을 어떻게 고치시나요? 약, 다이어트, 운동, 상담으로 되지 않습니다. 약간의 도움은 됩니다. 근본적이고 최고로 좋은 방법은 말씀으로 예수 그리스도의 치유를 받는 것입니다. 살아 계신 하나님의 말씀이 육체와 영혼을, 자기 자신과 다른 사람을 치유합니다.

beloved in his wallet because it reminds him of her. Sometimes, when nobody is looking, he might even take the photograph out and give it a loving kiss. But kissing the photograph is a poor substitute for the real thing. And so it is with the Bible. We love it because we love Jesus of whom it speaks. The Bible is the living Word of God in Christ.

There was a small seminary which had no gymnasium. The seminarians played basketball in a nearby public school. The janitor, an old black man with white hair, would wait patiently until they had finished playing. Invariably he sat there reading his Bible. One day one of the seminarians went up to him and inquired, "What are you reading?" The man did not simply reply, "The Bible." Instead he answered, "The Book of Revelation." With a bit of surprise, the seminarian asked, "The Book of Revelation? Do you understand it?" "Oh yes," he assured the seminarian. "I understand it." "You understand the Book of Revelation! What does it mean?" Very quickly that old janitor answered, "It means that Jesus is gonna win."

How are you healing your broken heart? Medical care, diet, exercise, and counseling give us a little bit of help. The Word of God is the best way to receive the healing power of Jesus Christ. The living Word of God heals both physical and spiritual problems, yourself and others.

예수, 찬양은 잠깐 멈추고 따르라

요한복음 3장 1–3절 그런데 바리새인 중에 니고데모라 하는 사람이 있으니 유대인의 지도자라 그가 밤에 예수께 와서 이르되 랍비여 우리가 당신은 하나님께로부터 오신 선생인 줄 아나이다 하나님이 함께 하시지 아니하시면 당신이 행하시는 이 표적을 아무도 할 수 없음이니이다 예수께서 대답하여 이르시되 진실로 진실로 네게 이르노니 사람이 거듭나지 아니하면 하나님의 나라를 볼 수 없느니라

한스 안데르센, 찰스 디킨스, 쇠렌 키에르케고르는 동시대 사람들이었습니다. 안데르센은 1805년 덴마크에서, 디킨스는 1812년 영국에서, 키에르케고르는 1813년 덴마크에서 태어났습니다. 기독교는 덴마크 문화에서 매우 중요했습니다. 『인어공주』, 『나이팅게일』, 『미운 오리 새끼』는 안데르센의 동화입니다. 학교에서는 안데르센을 좋아했을 것입니다. 하지만 그는 예수님의 복음을 제대로 이해하지 못했습니다. 대표적인 예가 있습니다. 못생긴 오리 새끼가 농장에서 괴롭힘을 당했습니다. 견디다 못해 달아나서 강으로 갔습니다. 아름다운 큰 새들이 있었습니다. 백조였습니다. 작은 오리는 어울리고 싶은 마음이 간절한 나머지 강으로 뛰어들었습니다. 그때 백조가 강물에 비쳤습니다. 바로 자기였습니다. 그는 미운 오리가 아니고 가장 아름다운 새, 하얀 백조였습니다. 이

10

Followers, Not Admirers

John 3:1–3 Now there was a man of the Pharisees named Nicodemus, a ruler of the Jews. This man came to Jesus by night and said to him, "Rabbi, we know that you are a teacher come from God, for no one can do these signs that you do unless God is with him." Jesus answered him, "Truly, truly, I say to you, unless one is born again he cannot see the kingdom of God."

Hans Christian Andersen, Charles Dickens, and Søren Kierkegaard were all contemporaries. Andersen was born in Denmark in 1805. Dickens was born in England in 1812. And Kierkegaard was born in Denmark in 1813. Christianity was very important in the Danish culture. Andersen's most enduring tales include *The Little Mermaid*, *The Nightingale*, and *The Ugly Duckling*. You probably like Andersen for your school education. But he failed to fully understand the gospel of Jesus. Here's a typical example. An ugly duckling suffered abuse from the other birds and animals on the farm. The poor duckling was so unhappy there. At last one day he ran away. He came to a river. He saw many beautiful big birds swimming there. They were swans. He looked and looked at them. He wanted so much to swim with them in the river. So he ran into the river. Then, in the water

구상은 더 좋은 행복과 성공을 목표로 하는 개인적인 변신, 특히 돈에 관한 것입니다. 예수님은 그 같은 어떤 비유도 말씀하지 않으셨습니다.

디킨스와 키에르케고르는 복음을 정확히 알고 있었습니다. 키에르케고르는 안데르센이 참된 복음을 다루지 못했다고 자신의 우화로 말했습니다. 매 주일 기러기들이 모여 하나님을 예배하고 한 기러기는 설교했습니다. 설교 주제는 이랬습니다. "기러기 운명은 숭고하다!" 이 말을 들을 때마다 기러기들은 큰 소리로 화답했습니다. "아멘! 아멘!" 매번 이런 식이었습니다. 예배가 끝나면 각자 흩어져서 어기적어기적 집으로 갔습니다. 다음 주일에도 똑같이 하고 다시 집으로, 그게 다였습니다. 그들은 풍요롭고 비만해졌습니다. 너무 무거워서 겨울이 오기 전 먼 곳에 있는 따뜻한 본향으로 날아갈 수 없었습니다. 통통한 거위가 되어서 성 마틴 축일 저녁에 잡아먹혔습니다. 우리 예배도 마찬가지입니다. 주일 한 시간 즐거운 몽상에 잠깁니다. 하지만 자신의 변화 없는 현실은 그대로인데 월요일이면 주일의 백일몽을 살찌우고 복 주시는 하나님의 은혜라고 생각합니다. 우리는 돈을 벌고, 세상의 누군가가 되고, 성공하기도 합니다. 그리고 고통과 괴로움과 슬픔을 겪는 신실한 사람들에게 하나님의 은혜를 받지 못해서 그런 것이라고 말합니다. 통통한 거위처럼 번영복음을 믿는 종교적인 기독교인은 제때 하늘로 날아갈 수 없습니다.

예수님은 "나를 따르라"고 하셨지, "나를 찬양하라, 경배하라, 신봉하라"고 하시지 않았습니다. 그리스도인은 가르침을 신봉하는 자가 아니라 예수께서 찾고 계시는 삶을 따르는 자입니다. 예수님은 세상에 구원하러 오셨지, 가르치러 오시지 않았습니다. 예수님이 길이요 진리요

he saw the reflection of a swan. It was he! He was no more an ugly duckling. He was a white swan, the most beautiful bird of all. This tale is about personal transformation for the better, that is, good fortune and success, especially in money matters. Jesus didn't tell any parables like that.

Dickens and Kierkegaard knew the gospel exactly. Kierkegaard criticized Andersen for failing to deal with the true gospel of Jesus, using his own fable as follows. Every Sunday geese gathered together to worship God and a goose preached. The gist of the sermon was: "What a high destiny geese have!" Every time this word was mentioned the geese curtsied and shouted, "Amen! Amen!" It was this way every Sunday. Afterwards, the assembly scattered and each one waddled home to his family. And so to church again next Sunday, and then home again – and that was the end of it. They flourished and grew fat. They were so heavy that before winter they couldn't fly away to distant regions, blessed regions, where they really had their homes. As a result, the nice plump geese were eaten on St. Martin's Eve. So it is with our Christian worship services. We allow our imagination to amuse itself in an hour of Sunday daydreaming. In reality, however, we stay right where we are – and on Monday regard it as a proof that God's grace gets us fat, plump, delicate. We accumulate money, get to be somebody in the world, become successful, and so forth. And we say to those who actually get involved with God and who therefore suffer and have torments, troubles, and grief: "Here is proof that they do not have the grace of God." Like the plump geese, at the right time religious people who believe in the prosperity gospel will not be able to fly away to heaven.

생명이라고 했습니다. 그래서 예수님의 가르침은 인정하지만 그것을 삶에서는 무시하는 신봉자들에게 예수님은 만족하실 수 없었습니다. 예수님은 따르고자 하는 자의 본이 되려고 오셨습니다. 이것이 예수께서 나고 살고 겸손하게 죽으신 이유입니다. 예수님을 따르는 길에는 예외가 없습니다. 예수님은 꽃길이 아닌 가시밭길을 걸으셨습니다. 그러므로 예수님을 따르기 원하는 사람은 예수님처럼 가난과 처량함과 멸시를 경험해야 합니다.

숭배자는 매 주일 아침에 예배의 흥분을 즐기고 평일에는 예수님의 겸손한 생활 방식과 안전거리를 유지합니다. 삶을 재건하지 않습니다. 따르는 자는 예수님의 삶이 요구라는 것을 수용합니다. 숭배자는 예수께 탄복만 하고 포기하는 것은 아무것도 없습니다. 따르는 자는 진정한 희생을 합니다.

가룟 유다는 예수님을 찬양했습니다. 예수님의 사역 초기에 찬양하는 사람들이 많았습니다. 위기가 오면 찬양자는 배신자로 변합니다. 유다는 찬양자였고 따라서 나중에 배신자가 되었습니다. 산헤드린 공회 회원 니고데모라는 바리새인은 또 다른 찬양자였습니다. 니고데모는 밤에 예수께 왔습니다. 요한은 2장에서 많은 사람이 예루살렘에서 행하시는 표적을 보고 예수님을 믿었다고 말합니다. 요한은 이적 기사와 예수께 말문을 연 니고데모를 연결합니다. "하나님이 함께 하시지 않으면 당신이 행하시는 표적을 아무도 행할 수 없습니다." 니고데모는 기적을 보고 예수님을 찾아왔습니다. 길고 긴 대화를 나누었습니다. 그는 예수님의 가르침을 받아들였으나 삶은 변하지 않았습니다. 그래서 예수님이 "거듭나야 한다"라고 말씀하신 겁니다. 처음에 니고데모는 숭배자일 뿐

Jesus consistently used the expression "follower." He never asked for admirers, worshippers, or adherents. Jesus calls disciples. Christians are not adherents of a teaching but followers of a life Jesus is looking for. Jesus came into the world with the purpose of saving, not instructing it. He claimed to be the way and the truth and the life. For this reason, he could never be satisfied with adherents who accepted his teaching but ignored it in their lives. Jesus came to be the pattern who would become a follower. This is why he was born and lived and died in lowliness. It is absolutely impossible for anyone to sneak away from the pattern with excuse. No, there is no exception. Jesus walked a thorn path, not a flowered path, and therefore anyone who wants to follow him must experience poverty, misery, and contempt as Jesus went through.

What are the differences between an admirer and a follower? Admirers enjoy the excitements of worship every Sunday morning and keep themselves at a safe distance from Jesus' humble lifestyle during week days. They do not reconstruct life. Followers accept that Jesus' life is a demand. Admirers only prize Jesus highly and give up nothing. Followers make true sacrifices.

Judas Iscariot was an admirer of Jesus Christ. We know that Jesus at the beginning of his work had many admirers. When danger appears, admirers turn traitors. Judas was precisely an admirer and thus later became a traitor. A Pharisee named Nicodemus, a member of the Jewish ruling council, was another admirer. Nicodemus came to Jesus by night. John reports in 2:25 that many believed in Jesus as they saw the signs that he was doing in Jerusalem. John connects these miracles stories and Nicodemus' opening statement to Jesus, "Rabbi, no one can do

이었습니다. 예수님을 따르지 않았습니다. 2-3년 후에는 따르는 자가 되었습니다. 예수님을 산헤드린 앞에서 목숨 걸고 변호했고, 예수님의 장례에 34kg의 값비싼 몰약과 침향을 가져왔습니다. 사도 바울은 다메섹에서 로마까지, 처음부터 끝까지 따르는 자였습니다.

하나님은 분위기가 아닌 행동으로 예배를 받으십니다. 기독교 신앙은 행동입니다. 예수님을 찬양합니까, 따릅니까? 따르는 자는 자기를 부인하고 십자가를 지라는 예수님의 요구에 응답합니다. 그리스도를 따르려면 위험을 무릅써야 합니다. 사탄이 부린 가장 위대한 속임수 중 하나는 종교 활동이 우리를 구원할 수 있다는 것입니다. 예수가 좋기만 한 사람은 종교 활동에 참여하고 그것으로 끝입니다. 중생하지 못한 자입니다. 예수를 따르는 제자는 거듭난 그리스도인이며 예수님의 말씀을 실천합니다. 성경은 빨간색 밑줄을 치라고 있는 게 아니고 그 말씀을 믿고 그대로 하라는 것입니다. 주님을 찬양만 하지 말고 주님을 따르십시오.

these signs that you do unless God is with him." Nicodemus observed miracles and visited Jesus. He had a long, long conversation with Jesus. Nicodemus accepted Jesus' teaching. But his life still remained unchanged. That's why Jesus told him, "You must be born again." At first Nicodemus was only an admirer; he never became a follower. 2~3 years later, he became a follower; he risked his life attempting to defend Jesus before the Sanhedrin, and at the death of Jesus he brought 75 pounds of expensive myrrh and aloes to attend Jesus' burial. Paul the Apostle was a follower from Damascus to Rome, from beginning to end.

God is worshipped not by moods but by action. The Christian faith is indeed action. Which one are you, an admirer or a follower? Followers respond to Jesus' requirement of self-denial and to take up the cross. You have to take a lot of risks if you want to follow Christ. One of the greatest lies that Satan has foisted on the human race is that religious activities can save you. Admirers participate in religious activities, and that is the end of it. They are before regeneration. Followers are born-again Christians and practice what Jesus says. The point of the words in the Bible is that we believe and obey them, not just underline them in red. Let's practice. Brethren, be followers, not admirers.

예수, 십자가 한판으로 승부하신

마태복음 7장 24-27절 그러므로 누구든지 나의 이 말을 듣고 행하는 자는 그 집을 반석 위에 지은 지혜로운 사람 같으리니 비가 내리고 창수가 나고 바람이 불어 그 집에 부딪치되 무너지지 아니하나니 이는 주추를 반석 위에 놓은 까닭이요 나의 이 말을 듣고 행하지 아니하는 자는 그 집을 모래 위에 지은 어리석은 사람 같으리니 비가 내리고 창수가 나고 바람이 불어 그 집에 부딪치매 무너져 그 무너짐이 심하니라

하나님의 천사가 십계명을 줄 사람들을 찾고 다녔습니다. 먼저 프랑스 사람에게 가서 물어 보았습니다. "계명을 원하느냐?" "무슨 계명입니까?" "간음하지 말라." "우리는 많은 여자를 좋아합니다." 바로 싫다고 했습니다. 그러자 천사는 이탈리아 사람에게 갔습니다. "계명을 원하느냐?" "무슨 계명입니까?" "도둑질하지 말라." "우리는 소매치기로 먹고살아야 합니다." 역시 사양했습니다. 이번에는 천사가 아랍 사람에게 갔습니다. "계명을 원하느냐?" "무슨 계명입니까?" "살인하지 말라." "우리는 전쟁하러 갑니다." 여기도 거절했습니다. 마지막으로 천사는 유대인을 찾아갔습니다. "계명을 원하느냐?" "얼마입니까?" "공짜다." "오 좋아요. 한 개 말고 열 개 주세요." 이렇게 해서 유대인들이 십계명을 가지게 되었다고 합니다. 유대인들은 하나님의 계명을 값싼 은총으

11

The Cross Ends All Things

Matthew 7:24–27 "Everyone then who hears these words of mine and does them will be like a wise man who built his house on the rock. And the rain fell, and the floods came, and the winds blew and beat on that house, but it did not fall, because it had been founded on the rock. And everyone who hears these words of mine and does not do them will be like a foolish man who built his house on the sand. And the rain fell, and the floods came, and the winds blew and beat against that house, and it fell, and great was the fall of it."

The angel of God was seeking the receiver of the Ten Commandments. The angel first went to the French and asked them, "Would you like a commandment?" "What's a commandment?" they asked. "Well, it's like, you shall not commit adultery," replied the angel. The French immediately said, "No thanks, we like many girls." So then the angel asked Italians, "Would like a commandment?" "What commandment?" they asked. "You shall not steal," replied the angel. Italians thought about it and then said, "No thanks, we have to pickpocket." The angel continued to ask Arabs, "Would like a commandment?" "What commandment?" they asked. "You shall not kill," replied the angel. Arabs said, "No thanks, we're going to war." So finally the angle asked the Jews, "Do you want a commandment?" They asked, "How much?" "It's free," replied the angel. They said, "Oh

로 여겼습니다. 처음엔 주의를 기울이지 않았습니다. 그러다 시간이 지나면서 십계명의 노예가 되었습니다. 그들은 십계명의 의미를 모르고 많은 추가 규정들을 두었습니다.

마태복음 5, 6, 7장은 예수님의 산상수훈입니다. 그 설교는 성경에서 가장 인기 있고 자주 인용되는 내용 중 하나입니다. 예수님은 군중으로 둘러싸인 푸른 언덕에 앉아 계십니다. 우리는 산상수훈에서 극단적인 요구와 마주칩니다. 팔복은 산상수훈을 이해하기 위한 첫 걸음일 뿐입니다. 우리는 여전히 예수님의 나머지 설교에서 타협하지 않는 가혹함에 대해 고민합니다. "원수를 사랑하라." "돈을 버리라." "하나님같이 온전하라." 읽기 힘들고, 우리는 완전해야 되고 아무도 그런 사람은 없다는 것처럼 느끼게 합니다.

『내가 알지 못했던 예수』에서 필립 얀시는 러시아 작가 톨스토이와 도스토예프스키의 이야기를 통해 은혜를 설명합니다. 톨스토이는 기독교로 개종한 후에 자신의 가정을 희생시키면서 예수님의 말씀을 문자 그대로 따르려고 애썼습니다. 사냥, 흡연, 음주, 육식을 포기했습니다. 재산을 처분해서 하인들에게 나누어 주었습니다. 도시를 떠나 시골 농장에서 살았습니다. 그럼에도 스스로 완벽한 사람이 되고자 한 그의 계획은 모두 수포로 돌아갔습니다. 자살 충동을 이기지 못할까봐 총을 치워 버려야 했습니다. 결국 그는 가족, 재산, 명예를 잃은 채 시골 철길에서 유랑자처럼 죽었습니다. 그는 매우 불행했습니다. 노력하면 할수록 상황은 더 악화되었습니다. 톨스토이는 결코 복음의 이상을 성취할 수 없었습니다.

great, give us ten commandments." That's why the Jews took the Ten Commandments. The Jewish people regarded God's commandment as cheap grace. At first, they didn't pay attention to the commandments. But they were enslaved by the Ten Commandments over time. They did not understand what the Ten Commandments mean and rather reproduced many extra regulations.

Chapters 5, 6, and 7 of the Gospel of Matthew report Jesus' Sermon on the Mount. The Sermon has been one of the most popular and frequently quoted places in the Bible. Jesus is sitting on a green hillside surrounded by the crowd. We encounter the extreme demand in the Sermon on the Mount. The Beatitudes represent only the first step toward understanding the Sermon on the Mount. We still brood over the uncompromising harshness of the rest of Jesus' sermon. "Love enemies." "Give away money." "Be perfect like God?" It is hard to read and made us feel like we have to be perfect and no one is.

In his book *The Jesus I Never Knew*, Philip Yancey illustrates the idea of grace with two examples of writings about famous Russian writers Tolstoy and Dostoevsky. After conversion to Christianity, Leo Tolstoy strove to follow Jesus' preaching literally, jeopardizing his family and himself. In an attempt to reach perfection Tolstoy kept devising new lists of rules. He gave up hunting, smoking, drinking, and meat. He and his wife were always fighting because he sold his possessions and gave the money to his servants. Tolstoy left the city and lived in a rural farm. Yet he could never keep the rules for long. His schemes for self-improvement all failed. He had to put away his guns in order to resist the temptation toward suicide. In the end, he lost his

반면 도스토예프스키는 젊은 시절에 도박과 알콜 중독자였습니다. 스물일곱 살 때 그는 차르 니콜라스 반역 혐의로 체포되어 사형 선고를 받았습니다. 하얀 가운을 입고 광장으로 끌려갔습니다. "준비, 조준!" 하는 소리가 들리고 소총이 장전되는 최후의 순간에 기병이 질주하면서 외쳤습니다. "차르의 전갈입니다." 왕은 사형을 중지시켰습니다. 도스토예프스키는 시베리아로 추방되었습니다. 그는 자신에게 말했습니다. "이제 나는 다시 태어날 것이다." 시베리아 호송 열차에서 한 독실한 여성이 그에게 신약성경을 건네주었습니다. 그는 예수님의 생애를 읽고 하나님이 자신에게 두 번째 기회를 주셨다고 믿기 시작했습니다. 10년 뒤 그는 흔들리지 않는 믿음의 확신을 가지고 나타났습니다. "만일 누가 그리스도는 진리 밖에 있다는 것을 증명한다면 그때 나는 진리와 함께하느니 그리스도와 함께하는 편을 택하겠다." 도스토예프스키는 많은 잘못을 했으나 한 가지는 옳았습니다. 그는 은혜와 사랑과 용서를 배웠습니다.

두 사람은 같은 시기에 살면서 활동했습니다. 이상하게도 그들은 서로 만난 적이 없었고, 아마도 그래서인지 모든 면에서 반대였습니다. 톨스토이의 비극적인 삶과 도스토예프스키의 변화된 삶에서 무엇을 터득합니까? 도스토예프스키는 은혜만 인간을 변화시킬 수 있다는 사실을 알게 되었습니다. 하지만 톨스토이는 그것을 깨닫지 못했습니다. 톨스토이는 은혜가 아닌 그의 노력으로 하나님께 달려갔습니다. 그의 자유 의지는 작동하지 않았습니다.

바리새인들과 서기관들은 서로 엄격한 규율을 경쟁했습니다. 그들은 하나님의 법을 613개의 규칙으로 세분화했습니다. 248개의 명령과

family, his estate, his fame, his identity; he died like a vagrant in a rural railroad station. He was a deeply unhappy man. The more the trial, the worse the situation. Tolstoy could never achieve the ideals of the gospel.

On the other hand, early in his life, Fyodor Dostoevsky was a compulsive gambler and alcoholic. When Dostoevsky was twenty-seven years old, he was arrested for belonging to a group judged treasonous by Tsar Nicholas. The Russian king sentenced him to death. He as conspirator was dressed in a white death gown and led to a public square and then tied to a post. At the very last instant, as the order, "Ready, aim!" was heard and rifles were cocked, a horseman galloped up and shouted, "Here is the message from the tsar: Nicholas stopped the dead penalty. Dostoevsky was exiled to Siberia. "Now my life will change," he said; "I shall be born again." As he boarded the convict train toward Siberia, a devout woman handed him a New Testament, the only book allowed in prison. He read the story of Jesus' life and began to believe that God gave him a second chance to fulfill his calling. After ten years he emerged from exile with unshakable Christian convictions. "If anyone proved to me that Christ was outside the truth … then I would prefer to remain with Christ than with the truth." Dostoevsky got many things wrong, but he got one thing right: he learned grace and love and forgiveness.

Both Tolstoy and Dostoevsky lived and worked during the same period of history. Oddly, they never met, and perhaps it was just as well — they were opposites in every way. What, then, do we learn from the tragic life of Tolstoy and the transformed life of Dostoevsky? Dostoevsky came to know the fact that only

365개의 금지 조항이었습니다. 그리고 이 규칙들을 1,521개의 수정안으로 강화했습니다. 그러나 그들은 결코 이상적으로 완전할 수 없었습니다.

오늘 본문은 복음서에 기록된 예수님의 가장 긴 말씀의 결론입니다. "실천하라. 그러면 구원받을 것이다." 산상수훈의 율법을 지킬 수 있는 사람은 아무도 없습니다. 그러면, 예수님은 왜 그같이 말씀하셨을까요? 주님이 우리의 절망을 원하셨나요? 아닙니다. 예수님은 우리가 율법을 보고 그것은 도저히 준수할 수 없으며, 따라서 의롭게 되기 위해서는 십자가를 통한 은혜가 필요하다는 것을 생각하라고 가르치신 겁니다. 예수님은 우리를 위해 죽으셨습니다. 그리스도는 모든 인간의 죄를 해결하는 유일한 중재자이십니다. 우리의 공로는 여지가 없습니다.

하나님의 구원하시는 은혜에 초점을 맞출 때만이 우리는 의롭게 될 수 있습니다. 하나님의 이신칭의 행위는 오직 그리스도 안에서 믿음으로 말미암은 은혜로만 이루어집니다. 그리스도인의 삶에 있어 가장 중요한 것은 처음부터 끝까지 십자가 은혜입니다. 그리스도인은 십자가와 함께, 십자가 안에서, 십자가를 위해 사는 것입니다.

grace can transform human beings, but Tolstoy didn't find it. Tolstoy would run to God by his works, by his free will, not by grace. His free will was not working.

The Pharisees and teachers of the law competed with one another in strictness. They had atomized God's law into 613 rules 248 commands and 365 prohibitions — and bolstered these rules with 1,521 emendations. They, however, could never attain an ideal perfection.

Today's passage is the conclusion to Jesus' longest teaching recorded in the Gospels: "Put them into practice and you will be saved." No one can keep the law in the Sermon on the Mount. Then, why Jesus preached so? Did the Lord want to make us despair? No. Jesus' teaching shows that we can never be made righteous by self-conduct and thus only grace through the cross is needed, not the law. Jesus died for us. Christ is the sole mediator for all human sin. There is no room for our merit.

Only when we focus on the salvific grace of God in his only Son by the cross, we can be justified. God's act of justification is by grace alone, in Christ alone, received by faith alone. The grace of the cross is the top priority for salvation from the beginning to the end in the Christian life. Christians live with the cross, in the cross, and to the cross.

예수, 표현하기에는 세상이 부족하다

요한복음 14장 27-28절 평안을 너희에게 끼치노니 곧 나의 평안을 너희에게 주노라 내가 너희에게 주는 것은 세상이 주는 것과 같지 아니하니라 너희는 마음에 근심하지도 말고 두려워하지도 말라 내가 갔다가 너희에게로 온다 하는 말을 너희가 들었나니 나를 사랑하였더라면 내가 아버지께로 감을 기뻐하였으리라 아버지는 나보다 크심이라

요세미티 국립공원은 매년 약 380만 명이 방문합니다. 화강암 절벽, 거대한 세쿼이아 나무, 수정호수, 빙하로 유명합니다. 경치는 정말 굉장합니다. 우리 가족은 크리스마스 때 갔습니다. 슈거파인에 묵었고 오래된 목조 예배당은 믿을 수 없을 만큼 아름다웠습니다. 하프돔, 엘캐피탄, 요세미티 폭포를 2박 3일간 촬영했습니다. 집으로 돌아와서 필름을 현상했습니다. 몇 시간 후 사진과 색상이 실제 광경과 달라서 크게 실망했습니다. 사진은 장관이 아니었습니다. 아내와 둘이서 그랜드 캐니언을 보려고 긴 사막을 운전하면서 애리조나로 여행을 갔습니다. 남쪽 입구로부터 5분 거리에 있는 캐니언마을에서 우회전 하자마자 갑자기 그랜드 캐니언이 신비롭게 나타났습니다. 광대한 자연의 고요함과 끝없음은 충격이었습니다. 하나님의 걸작입니다. 온종일 마더 포인트, 인디

He Is Greater Than I

John 14:27–28 Peace I leave with you; my peace I give to you. Not as the world gives do I give to you. Let not your hearts be troubled, neither let them be afraid. You heard me say to you, 'I am going away, and I will come to you.' If you loved me, you would have rejoiced, because I am going to the Father, for the Father is greater than I.

Yosemite National Park is a world heritage site. About 3.8 million people visit Yosemite each year. Yosemite is internationally famed for its granite cliffs, giant sequoia trees, crystal lakes, and glaciers. The vistas are really awesome. My family went to Yosemite for the Christmas season. We stayed in Sugar Pine Cottage, and its historical wooden chapel was incredibly beautiful. I took pictures of Half Dome, El Capitan, and Yosemite Falls for two nights and three days. We returned home, and I went to a Sav-on drugstore to develop camera film. But after a couple of hours, I was massively disappointed because photos and colors were different from real scenes. The place in the image was not spectacular. My wife and I went on tour from Bakersfield to Arizona, making the long desert drive out to see the Grand Canyon. We entered the South Rim. As soon as

언 타워, 콜로라도 강 사진을 찍었습니다. 일몰은 파스텔 핑크에서 황금 복숭아로, 다시 붉은 오렌지 빛으로 변했습니다. 돌아와서 디지털 카메라를 확인했습니다. 역시 마음에 들지 않았습니다. 카메라 렌즈는 그랜드 캐니언의 그 느낌을 다 담을 수 없었습니다. 2014년 1월, 미시간 호에 다녀왔습니다. 오대호는 미국과 캐나다에 걸쳐 있습니다. 한국보다 2.5배 더 넓습니다. 비행기 창문에서 사진을 찍었습니다. 하지만 이미지 파일을 열자마자 실망했습니다. 미시간 호수의 일부만 볼 수 있었습니다. 카메라가 아무리 좋아도 작은 렌즈와 각도가 요세미티, 그랜드 캐니언, 오대호의 엄청난 크기를 담는 것은 불가능합니다. 하나님은 그와 같습니다. 그분의 사랑은 우리가 생각할 수 있는 가장 큰 것보다 더 큽니다! 그 사랑은 우리의 죄보다 훨씬 크고 더 강력합니다. 하나님은 우리가 생각할 수 있는 최고보다 더 좋은 분이십니다! 하나님이 얼마나 크신 분인지를 표현하는 것은 불가능합니다.

우리는 일상생활에서 끊임없이 행복과 불행, 쉬운 일과 힘든 일, 좋고 나쁨을 경험합니다. 오르락내리락합니다. 인생에서 문제, 분투, 위기가 반복되나요? 요한복음 14-17장은 예수께서 십자가에 못 박히시기 전날 밤 최후의 만찬이 끝난 직후 열한 제자에게 하신 고별설교로 알려져 있습니다. 예수님은 말씀하십니다. "나는 떠날 것이다." 제자들은 예수님과 모든 일을 하면서 3년을 보냈습니다. "어디로 가십니까?" 그들은 낙담합니다. 유대인과 빌라도가 그들을 위협합니다. 예수님은 하실 말씀이 있습니다. 요한복음 14장 시작과 끝에서 반복하십니다. "너희는 마음에 근심하지 말라. 하나님을 믿으니 또 나를 믿으라. 너희는 마음에 근심하지 말라."

we made a right turn at the canyon village that is 5 minutes by car far from the entrance gate, the immense Grand Canyon suddenly, mysteriously appeared in front of us. Its hugeness — the vast stillness and endless miles — was shocking. The Grand Canyon is actually holy ground, God, his masterpiece. We took a bunch of photos all day long: Mather Point, the Indian Watchtower, the Colorado River, and the sunset changed from pastel pink to golden peach to fiery orange. We came back home and processed digital camera images. Once again, we were disappointed. The camera lens could not cover the entire landscape of the Grand Canyon with each passing hour. All was not the same as what we saw in the canyon. In January, 2014 I had a trip to Lake Michigan. The Great Lakes are shared by the United States and Canada. They are 2.5 times bigger than South Korea. I shot pictures from the window of my airplane. However, soon after opening image files, I was displeased with the pictures. I could see only part of Lake Michigan. No matter how good your camera is, it is impossible that the small zoom lens and its angle contain the immense size of Yosemite, the size of the Grand Canyon, and the size of the Great Lakes. God is like that. His love is bigger than the biggest thing we can think of! His love is much bigger than our sin and more powerful than our guilt. Our God is better than the best thing we can think of! It is impossible for us to describe how big God is.

In our daily life we constantly experience happiness and unhappiness, easy work and hard work, good and bad. We go up and down. Problems, struggles, or crises tend to keep repeating in your life? John chapters 14-17 are known as the Farewell Discourse given by Jesus to eleven of his disciples immediately after the conclusion of the Last Supper in Jerusalem,

사람들은 하나님이 그들보다 조금 낮거나 그들과 같다고 짐작합니다. 하나님보다 문제가 더 심각하다고 생각합니다. 그래서 항상 나쁜 일이 일어날까봐 두려워합니다. 예수님은 "아버지는 나보다 크심이라" 하고 확인해 주십니다. 예수님의 말씀은 흥미롭습니다. 예수님이 누구십니까? 하나님이십니다. 그런데 예수님은 제자들에게 하나님이 자신보다 크시다고 합니다. 예수님은 하나님이 우리를 해치는 다른 어떤 것보다 크시다고 강조하신 겁니다. 예수님은 제자들에게 평안을 주십니다. "평안을 너희에게 끼치노니 곧 나의 평안을 너희에게 주노라. 내가 너희에게 주는 것은 세상이 주는 것과 같지 아니하니라." 우리는 그 평안을 알아야 합니다. 하나님은 나의 모든 문제보다 크신 분입니다. "하나님이 능히 모든 은혜를 너희에게 넘치게 하시나니 이는 너희로 모든 일에 항상 모든 것이 넉넉하여 모든 착한 일을 넘치게 하려 하심이라"(고후 9:8).

하나님을 엄격하고 이해할 수 없는 분으로 생각하십니까? 하나님이 당신을 바라보고 원하시는 것 같지 않아 죽을 지경입니까? 하나님께 부르짖고 왜 하필 나냐고 물으십니까? 하나님께 질문하는 것조차 낯설지 않나요? 말씀을 기억하세요. "너희가 내 안에 거하고 내 말이 너희 안에 거하면 무엇이든지 원하는 대로 구하라 그리하면 이루리라"(요 15:7). 즉시 일어나는 일은 없지만 다음날 아침에 그 어느 때보다 새롭고 신선하고 행복한 기분으로 깨어날 것입니다.

이제 도전에 직면할 때는 앉아서 울지 마십시오. 당신이 그리스도 안에서 정복자 이상이라는 것은 의심할 여지가 없습니다. 주님은 우리의 어떤 문제보다 더 크십니다. 의심이 있을 때는 언제나 고요함 속에서 돌

the night before his crucifixion. "I will be going away," says Jesus. The disciples have spent three years with Jesus doing everything. "Where will you go?" They feel depressed. Jews and Pontius Pilate threaten them. Jesus has something to tell them. Jesus repeats in the beginning and at the end of John 14, "Let not your hearts be troubled. Believe in God; believe also in me. Let not your hearts be troubled."

People guess God is just a little bit better than them, or God is the same with them. They think troubles are more serious than God. So they are always afraid something bad will happen. Jesus confirms, "The Father is greater than I." His statement is interesting. Who is Jesus? He is God. But Jesus says to his disciples that God is greater than him. Jesus emphasizes that God is greater than any other things hurt you. Jesus bestows peace on the disciples. "Peace I leave with you; my peace I give to you. Not as the world gives do I give to you." We should know that peace. God is bigger than all my problems. "And God is able to make all grace abound to you, so that having all sufficiency in all things at all times, you may abound in every good work" (2 Cor 9:8).

Do you see God as strict and not understanding? Do you feel like dying because there is no way God will look at you and want you? Do you cry out to God and ask him why it has to happen to you? Is even questioning God a bit unfamiliar to you? Let a memory verse come to your mind, "If you abide in me, and my words abide in you, ask whatever you wish, and it will be done for you" (Jn 15:7). Wow! Nothing happens instantly, but you will wake up the next day feeling new and fresh and happy as never before.

아오는 대답을 들어보십시오. "우리 자신보다 큰 것. 너는 사랑받고 있다." 아론 아이비의 노래입니다.

실패가 없고 흔들리지 않으시는 하나님
위엄과 크신 능력으로 주님은 통치하십니다
부정할 수 없고, 비할 데 없고, 아낌없는 사랑
생명을 눈뜨게 하시려고 주님은 오셨습니다
주님은 오셨습니다

이제 우리의 길은 확실합니다
주님 안에 있는 우리의 영혼은 안전합니다
모든 고통과 싸움을 통해
주님의 승리는 계속됩니다

하나님의 사랑은 우리가 감히 희망하거나 꿈꾸는 것보다 큽니다
하나님의 보호는 우리가 감히 희망하거나 꿈꾸는 것보다 강합니다

Now whenever you're faced with a challenge, don't sit and cry. No doubt that you're more than a conqueror in Christ. The Lord is much bigger than any of our problems. Whenever you have a question that needs a resolution, listen for the answers that come back to you in the stillness. "Something greater than ourselves. You are loved." This is the song of Aaron Ivey:

God undefeatable, unshakeable
In majesty and power You reign
Love undeniable, matchless and bountiful
To waken us to life You came
You came

And now our way is certain
Our souls in You secure
Through every pain and struggle
Your victory endures

The love of God is greater than we dare to hope or dream
The hold of God is stronger than we dare to hope or dream

예수, 사랑과 분노의

마가복음 14장 32-36절 그들이 겟세마네라 하는 곳에 이르매 예수께서 제자들에게 이르시되 내가 기도할 동안에 너희는 여기 앉아 있으라 하시고 베드로와 야고보와 요한을 데리고 가실새 심히 놀라시며 슬퍼하사 말씀하시되 내 마음이 심히 고민하여 죽게 되었으니 너희는 여기 머물러 깨어 있으라 하시고 조금 나아가사 땅에 엎드리어 될 수 있는 대로 이때가 자기에게서 지나가기를 구하여 이르시되 아빠 아버지여 아버지께는 모든 것이 가능하오니 이 잔을 내게서 옮기시옵소서 그러나 나의 원대로 마시옵고 아버지의 원대로 하옵소서 하시고

프랑스 화가 자크 루이 다비드가 〈소크라테스의 죽음〉을 그렸습니다. 그림에서 한 노인이 흰 가운을 입고 침상에 똑바로 앉아 한 손은 하늘을 가리키고 다른 한 손은 컵을 향해 뻗었습니다. 주전 399년의 어느 날 소크라테스는 자신을 그리스 신화를 부정하고 젊은이들을 타락시킨다고 고소한 아테네 시민 500명의 배심원단 앞에 섰습니다. 그는 70세였습니다. 배심원단은 찬성 280명과 반대 220명으로 유죄를 판결하고 사형을 선고했습니다. 철학자는 냉정하게 동의했습니다. 그를 따르는 사람들이 지켜 보았고 소크라테스는 독이 든 잔을 마시고 죽었습니다. 그리스와 로마인들이 남긴 많은 이야기들에서 죽음에 직면한 리더들과 영웅들은 예외 없이 침착하게 최후를 맞이했습니다. 한국전쟁 기간에

The Grapes of Love and Wrath

Mark 14:32–36 And they went to a place called Gethsemane. And he said to his disciples, "Sit here while I pray." And he took with him Peter and James and John, and began to be greatly distressed and troubled. And he said to them, "My soul is very sorrowful, even to death. Remain here and watch." And going a little farther, he fell on the ground and prayed that, if it were possible, the hour might pass from him. And he said, "Abba, Father, all things are possible for you. Remove this cup from me. Yet not what I will, but what you will."

French painter Jacques Louis David painted *The Death of Socrates* on canvas. In the painting, an old man in a white robe sits upright on a bed, one hand extended over a cup, the other gesturing in the air. On a day in 399 B.C. the philosopher Socrates stood in front of a jury of 500 of his fellow Athenians accused of refusing to worship Greek city-state patron gods and of corrupting the young of Athens. He rejected Greek myth. The trial took place in the heart of the city, the jurors seated on wooden benches surrounded by a crowd of spectators. Socrates was 70 years old. After hearing the arguments of both Socrates and his accusers, the jury was asked to vote on his guilt. Socrates was found guilty by a vote of 280 to 220. The jurors were next

공산당의 핍박을 받은 개신교 순교자들은 뜨거운 피를 흘렸고 두려워하지 않았습니다. 오히려 죽임을 당할 때 하나님을 찬양했습니다. 많은 초대교회 신자들이 맹수에게 던져지고 톱에 잘리고 불에 탔을 때 그들은 예수님보다 차분하게 죽음을 받아들였습니다. 이런 이야기들 중 어느 것도 성경이 묘사하는 죽음 직전의 예수님의 마지막 모습과 닮은 것이 없습니다.

우리 주 예수님은 임박한 자신의 죽음을 심히 고민하셨습니다. 예수님은 십자가를 두고 고투하셨습니다. 예수님은 극도로 고통스러워하셨습니다. 이상하지 않습니까? 예수님이 죽음 자체를 두려워하실 리 없었습니다. 그렇다면 예수님은 도대체 무엇이 두려우셨을까요?

히브리어 성경에서 '잔'은 인간의 악에 대한 하나님의 진노입니다. 은유입니다. 불의에 쏟아진 신성한 정의의 이미지입니다. 지금까지는 예수님이 아버지 하나님을 의지할 때마다 성령이 사랑으로 채우셨기 때문에 기뻐서 가슴이 뛰는 일만 있었습니다. 예수님의 세례와 변화산 사건에서 무슨 일이 있었습니까? 사랑이 깃든 돌보심이었습니다. 그러나 겟세마네 동산에 계신 예수님이 하나님 앞에서 볼 수 있는 것은 진노의 잔 말고는 아무것도 없습니다. 예수님은 사랑이 분노로 변한 현실을 이해하고 받아들이셔야 했습니다. 예수님은 십자가에서 발생할 아버지와의 영적이고 우주적인 단절을 체험하기 시작하셨습니다. 예수님이 두려워하신 것은 잔, 하나님의 진노였습니다.

나는 분노의 하나님은 싫고 사랑의 하나님이 좋다고 말하는 사람이 있습니다. 말이 되지 않습니다. 하나님이 사랑이시고 선하시다면, 하나

asked to determine Socrates' penalty. The jury selected death for him. The philosopher coolly agreed to the death sentence. His followers were watching him, and Socrates drank a cup of poison hemlock and died. The Greeks and Romans have left us many stories of leaders and heroes as they faced death, and without exception these people were calm in their final hours. Protestant martyrs executed by Communists during the Korean War shed their hot blood and were fearless; rather, they praised God as they were killed for their faith. When many early Christian women and men were thrown to wild animals, cut to pieces, and burned at the stake, they faced their deaths more calmly than Jesus did. Nothing in either of these accounts of the deaths of major figures resembles the portrayal that the Bible gives us of Jesus' final hours as he faced his death.

Our Lord Jesus was troubled by the near approach of his own death. Jesus struggled to carry the cross. Jesus was extremely painful. That's strange, isn't it? Jesus would not have been afraid of death itself. Then, what did Jesus fear?

In the Hebrew Scriptures, "the cup" is a metaphor for the wrath of God on human evil. It's an image of divine justice poured out on injustice. So far Jesus' heart has danced with happiness because whenever he turned to the Father, the Spirit flooded him with love. What happened at Jesus' baptism and at his transfiguration? Loving care! But in the Garden of Gethsemane, all he can see before the Father is wrath, the nothingness of the cup. Jesus had to understand and embrace this transition from love to wrath. He began to experience the spiritual, cosmic separation from his Father that would happen on the cross. Jesus feared the cup, the wrath of God.

님은 그가 사랑하시는 사람과 세상을 파괴하는 어떤 것에도 누구에게도 분노하셔야 합니다. 하나님의 진노는 사탄, 죄, 인간의 타락을 벌하려는 열망이었습니다. 예수님은 겟세마네에서 인류의 죄가 흔하기 때문에 깊은 신음 소리를 내며 간절히 기도하셨습니다. 하나님의 공의와 우리의 구원을 위해 기도하실 때 예수님의 땀은 땅에 떨어지는 핏방울 같았습니다. 예수님은 결국 아무도 상상하지 못한 해결책을 생각하셨습니다. 우리가 받을 죄의 형벌을 자신에게 돌리기로 하셨습니다. 이렇게 함으로써 예수님은 하나님의 공의도 지키고 하나님의 사랑도 보여 주셨습니다. 예수님은 십자가에서 통치하시는 하나님의 위엄과 구하시는 아버지의 자비를 한꺼번에 지키셨습니다. 이것을 깊이 생각하십시오. 진노의 하나님을 믿지 않으면 당신의 가치를 알지 못합니다. 진노 없는 하나님은 당신을 구원하시려고 십자가에서 엄청난 고통을 겪고 죽으실 필요가 없습니다.

존 파이퍼 목사님의 말입니다. "십자가는 하나님이 선으로 바꾸신 비극적인 사건이 아니고 선을 위해 계획하신 사랑의 사건이었다." 예수님의 십자가는 왕의 십자가입니다. 당신의 손에는 못 자국이 없습니다. 예수님이 못 박히셨고 당신은 무사합니다. 당신의 머리에는 가시관이 없습니다. 예수님이 가시관을 쓰셨고 당신은 무사합니다. 당신의 옆구리에는 창 자국이 없습니다. 예수님이 찔리셨고 당신은 무사합니다. 세상은 우리를 거짓말쟁이라고 부르지만 우리는 진실합니다. 우리는 무명한 것 같으나 유명합니다. 우리는 죽은 것 같으나 살아 있습니다. 우리는 징계를 받는 것 같으나 여전히 생동적입니다. 우리는 슬픈 것 같으나 항상 기뻐합니다. 우리는 가난한 것 같으나 많은 사람을 부요케 합니다. 우리는 아무것도 없는 것 같으나 실제로는 모든 것을 가지고 있습니다(고후

Here you may say, "I don't like an angry God. I want a loving God." It makes no sense. If God is loving and good, he must be angry enough at evil — anything or anyone that is destroying the people and world he loves. The wrath of God was the desire to punish Satan, sin, and the human fall. Jesus fervently prayed in Gethsemane, giving a deep groan because the sins of mankind were common. His sweat was like drops of blood falling to the ground as he prayed for both God's justice and our salvation. And Jesus was finally aware of a single solution, good for all time. He chose to divert sin's punishment from us to himself. In this way, Jesus not only maintained God's justice but also showed God's love. Jesus, on the cross, maintained the majesty of God's government and the mercy of a saving Father at the same time. Consider this also: If you don't believe in a God of wrath, you have no idea of your value. A God without wrath has no need to go to the cross and suffer incredible agony and die in order to save you.

Pastor John Piper says, "The cross was not a tragic event God turned for good. It was a loving event God planned for good." Jesus' Cross is the King's Cross. You have no nail in your hands. He had the nails, you have the peace. There is no crown of thorns on your head. He had the thorns, you have the peace. There is no spear in your side. He had the spear, you have the peace. The world, people call us liars, but we stand true. We are treated as unknown, but we are well-known. We seem to be dying, but we live on. We seem punished, but we are still alive. We seem sorrowful, but we are always rejoicing. We seem poor, but we are making many people rich. We seem to have nothing, but we really have everything (2 Cor 6:8-10). This is the logic of the cross. We are proud of the cross.

6:8-10). 이것은 십자가의 논리입니다. 우리는 십자가를 자랑합니다.

한때 런던의 시티템플교회에 식당을 경영하는 메틀러라는 교인이 있었습니다. 메틀러 씨는 사역자들에게 음식값을 받지 않았습니다. 한 번은 선교협회 간사 앞에서 계산대 서랍을 여는 일이 있었습니다. 간사는 지폐와 동전 사이에 있는 15.24cm 못을 보고 깜짝 놀랐습니다. "그게 왜 거기에 있습니까?" 메틀러 씨는 설명했습니다. "그리스도께서 저를 구원하기 위해 지불하신 대가와 제가 그분에게 진 빚을 기억하려고 돈하고 이 못을 간직합니다." 그는 예수님의 희생을 기억하면서 교회 직원들에게 아침, 점심, 저녁을 무료로 제공했습니다. 당신은 어떤가요? 십자가에 달리신 예수 그리스도의 모습을 생각해 보십시오. 하나님은 이미 구원하셨습니다. 그리스도는 당신을 위해 죽으셨습니다. 이제는 당신이 움직일 차례입니다.

One time at the City Temple in London, there was in the congregation a restaurant owner named Emil Mettler. Mr. Mettler would never allow a Christian worker to pay for a meal in his restaurant, but once he did happen to open his cash register in the presence of a secretary of the London Missionary Society. The secretary was astonished to see among the bills and coins a six-inch nail. "What was it doing there?" Mr. Mettler explained, "I keep this nail with my money to remind me of the price that Christ paid for my salvation and of what I owe him in return." He freely gave breakfast, lunch, or dinner to the church staff in remembrance of Jesus' sacrifice on the cross. How do you respond? Think of the portrayal of Jesus Christ hanging on the cross. God has already taken the initiative in salvation. Christ died for you. Now, it's your move!

예수, 왕의 귀환이 말해 주는

요한복음 20장 28-31절 도마가 대답하여 이르되 나의 주님이시요 나의 하나님이시니이다 예수께서 이르시되 너는 나를 본 고로 믿느냐 보지 못하고 믿는 자들은 복되도다 하시니라 예수께서 제자들 앞에서 이 책에 기록되지 아니한 다른 표적도 많이 행하셨으나 오직 이것을 기록함은 너희로 예수께서 하나님의 아들 그리스도이심을 믿게 하려 함이요 또 너희로 믿고 그 이름을 힘입어 생명을 얻게 하려 함이니라

　　무신론자 로버트 잉거솔이 기독교 신앙을 공격했습니다. 연설 끝에 호주머니에서 시계를 꺼내고 말했습니다. "성경은 하나님이 신성을 모독한 자들을 치셨다고 말합니다. 나는 하나님을 모독하고 나를 쳐서 죽이시라고 5분을 드리겠습니다." 사람들은 그의 대담한 발언에 숨이 막혔습니다. 1분의 침묵이 있었습니다. 2분쯤에 군중은 불안했습니다. 3분이 지나자 한 여성이 졸도했습니다. 4분에 잉거솔은 비웃었습니다. 5분이 되자 그는 시계를 넣고 말했습니다. "보세요, 하나님은 없습니다. 그렇지 않다면 저를 데려갔을 것입니다." 나중에 이 이야기를 전해들은 영국의 조셉 파커 목사님은 이렇게 말했습니다. "사람들은 잉거솔이 하나님의 인내심을 5분 만에 소진시킬 수 있다고 생각했나?" 무신론자는 하나님께서 목적이 있어서 그를 살려 주셨다는 것을 알지 못했습니다.

The Return of the King

John 20:28–31 Thomas answered him, "My Lord and my God!" Jesus said to him, "Have you believed because you have seen me? Blessed are those who have not seen and yet have believed." Now Jesus did many other signs in the presence of the disciples, which are not written in this book; but these are written so that you may believe that Jesus is the Christ, the Son of God, and that by believing you may have life in his name.

The noted atheist named Robert Ingersoll had delivered his speech attacking the Christian faith. When he was done, he pulled his watch from his pocket and said, "According to the Bible, God has struck men to death for blasphemy. I will blaspheme him and give him five minutes to strike me dead and damn my soul." Many in the crowd gasped at his audacious statement. Then there was silence as one minute went by. By two minutes, the crowd was growing anxious. At three minutes, a woman fainted. At four minutes, Ingersoll had a sneer on his face. At five minutes, he snapped his watch shut, put it in his pocket, and said, "You see, there is no God, or he would have taken me at my word." This story was later told to British Pastor Joseph Parker. "Did people think that Ingersoll could exhaust the patience of God in five minutes?" said Parker. The atheist didn't

하나님이 참으셨습니다. 만일 금방 죽었다면 그가 어떻게 살아 계신 하나님을 증명할 수 있겠습니까? 이미 죽어서 우리는 그의 말을 들을 수 없습니다. 하나님이 잉거솔에게 죽지는 않을 심장마비가 오게 하셨다면 어땠을까요? 무신론을 버리고 하나님을 믿었을까요? 그렇게 생각하지 않습니다.

세상의 모든 증거는 비기독교인의 마음을 바꾸기에 충분하지 않습니다. 기적을 보여 주면 하나님을 믿겠다는 사람들이 있습니다. 예수께서 기적적으로 못 박히신 십자가에서 내려오셨다면 유대 지도자들이 주님을 믿었을까요? 경비병이 지진, 천사, 빈 무덤을 증언했을 때 그들은 무릎 꿇고 믿겠다고 하지 않았습니다. 오히려 아무도 부활을 못 믿게 거짓 소문을 퍼트리라고 뇌물을 주었습니다. 부활은 역사적 사실이지만 그들은 예수 그리스도를 믿지 않았습니다. 자신의 죄를 사랑하는 사람들은 결코 믿지 않습니다.

납득할 만한 증거가 많지만, 성경은 예수님의 부활을 증명하려고 하지 않고 선포합니다. 성경은 부활을 믿으라고 말합니다. 예수님은 도마에게 부활을 믿으라고 말씀하십니다. 부활의 진리는 이해하라고 있는 게 아니고 받아들이라고 있는 것입니다. 부활은 당신이 이해하든 못하든, 사실이라고 생각하든 안 하든, 그것과 상관없이 진리고 사실입니다. 성경은 당신의 동의를 필요로 하지 않습니다. 진리의 기준은 당신이 아니고 예수 그리스도입니다. 예수께서 부활하셨기 때문에 부활은 진리고 사실입니다.

부활이 없다면, 우리는 여전히 죄인이고 믿음은 무가치합니다. 왜 불

know that God spared him for a purpose. God was patient with him. If God struck him down and he died, how can he prove God is living? We cannot hear him because he's already dead. What if God had struck Ingersoll with a heart attack that stunned, but didn't kill him? Do you think that he would have abandoned his atheism and believed in God? I don't think so.

All the evidence in the world is not sufficient to change the minds of non-Christians. Those who do not believe in God will say, "Just show me a miracle and I will believe." Would the Jewish leaders in Jesus' day have believed in him if he had at that moment miraculously freed himself from the nails and come down from the cross? When they heard the testimony of the guards about the earthquake, the angel, and the empty tomb, they did not fall down in fear and say, "Now we believe!" Rather, they paid the guards to spread a false story, so that no one would come to believe the truth of the resurrection. Jesus' resurrection was a historical fact, but they didn't believe in Jesus Christ. Those who love their sin never believe in God.

Even though there are many convincing proofs of Jesus' resurrection, the Bible does not try to prove but proclaims it. The Bible tells us to believe in Christ's resurrection. Jesus tells Thomas to believe in his resurrection. The truth of the resurrection is not to understand, but to accept. The resurrection is truth and reality, regardless of whether you understand it or not, whether you think it is true or not. The Bible doesn't need your consent. The standard of truth is not you, but Jesus Christ. Because Jesus has risen, his resurrection is truth and reality.

Without the risen Lord, you are still in your sins and your faith

교도, 힌두교도, 회교도가 아니고 기독교인입니까? 예수 믿는 집안에서 성장했기 때문인가요? 우리는 그리스도인이 되어야 합니다. 예수 그리스도는 우리를 위해 죽었다가 부활하셨고 하나님 면전에서 심판받기 전에 우리를 건질 유일한 구주시기 때문입니다. 요한은 분명히 말합니다. "오직 이것을 기록함은 너희로 예수께서 그리스도이심을 믿고 생명을 얻게 하려 함이니라." 예수님이 우리의 삶을 더 편안하게 해 주려고 부활하신 게 아닙니다. 예수님은 죄 문제를 해결하기 위해 부활하셨습니다.

성경은 인생의 종말을 어떻게 말할까요? 사람이 죽으면 어떻게 되나요? 그리스도인이 죽으면 육신은 땅에 묻히고 영혼은 즉시 하늘에 계신 주께로 갑니다. 스데반이 죽을 때 "주 예수여 내 영혼을 받으소서"라고 부르짖었습니다. 그리스도가 다시 임하실 때 신자의 몸은 부활해서 완전하게 되고 영혼과 재결합니다. 불신자의 몸도 묻히지만 영혼은 하나님과 분리되고 부활하여 죄에 대한 형벌을 받습니다.

스코틀랜드의 존 패튼은 호주 북동쪽 남태평양에 위치한 현재의 바누아투 식인종들에게 복음을 들고 갔습니다. 1839년에 처음 도착한 선교사들은 그곳 해안에 발을 디딘 지 몇 분 만에 맞아 죽고 잡아먹혔습니다. 1858년에 패튼 신혼부부는 그들의 뒤를 용기 있게 따랐습니다. 떠나기 전에 지인들은 만류했습니다. 글래스고에서 목회하면 넉넉한 생활비와 사택을 제공하겠다고 했습니다. 한 노인 성도는 자주 말했습니다. "식인종이 있어요! 식인종에게 잡아먹힐 거예요." 패튼은 이렇게 대답했습니다. "딕슨 씨, 당신은 지금 나이를 먹었고 곧 벌레들에게 먹힐 무덤에 들어갈 것입니다. 주님만 섬기다가 죽을 수 있다면 식인종에게 먹히든 벌레들에게 먹히든 무슨 차이가 있겠습니까? 마지막 날에는 이 몸

in Christ is worthless. Why be a Christian? Why not be a Buddhist or a Hindu or a Muslim? Did you become a Christian because you were reared in a Christian home? You should be a Christian because Jesus Christ is the only Savior, who died for you, was raised from the dead, and will rescue you from the penalty of your sin before you face God in judgment. So John makes clear, "But these are written so that you may believe that Jesus is the Christ, and that by believing you may have life." Jesus didn't return to life after his death to make your life more comfortable. He rose again to solve the problem of sin.

What does the Bible say about the end of life? What happens when people die? When Christians die, their physical bodies are buried in the earth, but their spirits go immediately into the Lord's presence in heaven. When Stephen was dying, he cried out, "Lord Jesus, receive my spirit." Then at Christ's second coming, when he returns to the earth, believers' bodies will be raised from the dead, made perfect, and reunited with their spirits. When unbelievers die, their bodies also are buried in the earth, but their spirits go immediately to experience separation from God and punishment for their sins.

John Paton, a Scottish man, took the gospel to the cannibals of what is now Vanuatu located in the South Pacific Ocean, east of northern Australia. The first missionaries to land there in 1839 were clubbed to death and eaten minutes after stepping ashore. Paton and his new bride courageously followed them in 1858. Before he left, many tried to dissuade Paton from going. They offered him a nice salary and a manse if he would stay in Glasgow. One old man in his church would often say to Paton, "The cannibals! You will be eaten by cannibals!" Finally, Paton

이 우리를 구속하신 주님의 형상으로 당신만큼 깨끗하게 부활할 것입니다." 패튼을 목숨을 걸어야 하는 야만족에게 인도한 것은 예수님과 자신의 부활에 대한 믿음과 소망이었습니다. 오늘날 바누아투는 주로 기독교를 믿고, 장로교가 가장 큰 교단으로 인구의 3분의 1을 차지합니다. 식인종은 없습니다.

피터 잭슨의 "반지의 제왕" 3부 완결편, "왕의 귀환"에서 아라곤은 죽은 자의 군대와 함께 곤도르에 귀환합니다. 유령들과 돌아온 것입니다. 이것은 판타지 모험 소설입니다. 예수님의 부활은 실화입니다. 부활하신 예수님은 유령이 아닙니다. 육체로 부활하시고 살아 계신 그리스도입니다. 바울은 기독교 신앙 전체가 이 한 가지 사실에 서 있다고 말했습니다. 예수는 부활하셨다! 복음의 절정은 예수님의 부활과 승천입니다. 성경은 부활하신 예수께서 언젠가는 모든 살아 있는 자와 죽은 자를 심판하러 다시 오신다는 것을 확언합니다. 부활 신앙은 우리가 남은 생애를 어떻게 살 것인가와 어디에서 영원히 보낼 것인가를 결정합니다.

replied, "Mr. Dickson, you are advanced in years now, and your own prospect is soon to be laid in the grave, there to be eaten by worms. I confess to you, that if I can but live and die serving and honoring the Lord Jesus, it will make no difference to me whether I am eaten by cannibals or by worms; and in the great day my resurrection body will arise as fair as yours in the likeness of our risen Redeemer." It was Paton's faith in the risen Jesus and his hope in his own resurrection that moved him to risk his life to take the good news to these savage cannibals. Today Christianity is the predominant religion in Vanuatu, and the Presbyterian Church, adhered to by about one-third of the population in Vanuatu, is the largest denomination. There are no cannibals.

Peter Jackson's *The Lord of the Rings* is probably one of your favorite movies. In the third and final part *The Return of the King*, Aragorn returns to Gondor with the army of the dead; he does with ghosts. That story is a fantasy adventure fiction. Jesus' resurrection is, however, the true story. The risen Jesus is not a ghost. He returned to life bodily. He is the living Christ. Paul said that the entire Christian faith stands or falls on this one fact: Jesus is risen! The climax of the gospel story is Jesus' resurrection and ascension. The Bible affirms that this risen Lord Jesus someday will come again to judge all the living and the dead on the basis of their response to him. Our faith in the resurrection of Jesus not only determines how we will live the rest of our life, but also where we will spend eternity.

예수, 버티는 믿음

누가복음 24장 13-20절 그날에 그들 중 둘이 예루살렘에서 이십오 리 되는 엠마오라 하는 마을로 가면서 이 모든 된 일을 서로 이야기하더라 그들이 서로 이야기하며 문의할 때에 예수께서 가까이 이르러 그들과 동행하시나 그들의 눈이 가리어져서 그인 줄 알아보지 못하거늘 예수께서 이르시되 너희가 길 가면서 서로 주고받고 하는 이야기가 무엇이냐 하시니 두 사람이 슬픈 빛을 띠고 머물러 서더라 그 한 사람인 글로바라 하는 자가 대답하여 이르되 당신이 예루살렘에 체류하면서도 요즘 거기서 된 일을 혼자만 알지 못하느냐 이르시되 무슨 일이냐 이르되 나사렛 예수의 일이니 그는 하나님과 모든 백성 앞에서 말과 일에 능하신 선지자이거늘 우리 대제사장들과 관리들이 사형 판결에 넘겨 주어 십자가에 못 박았느니라

믿음이란 무엇입니까? 누군가를 신뢰한다는 것은 무슨 의미입니까? "밴드 오브 브라더스"(*Band of Brothers*)는 감명 깊은 전쟁 영화입니다. 이지중대와 딕 윈터스의 말을 잊지 못합니다. 이름은 '쉬운' 중대라고 하면서 항상 적진 한가운데 떨어뜨려 놓습니다. 제2차 세계 대전의 연합군은 프랑스 북부 해안에서 사상 최대 작전을 개시합니다. D-Day 새벽, 101공수 이지중대는 적 후방 강하를 준비합니다. 독일의 무시무시한 대공포가 불을 뿜습니다. 빨간 섬광이 번쩍입니다. 저 아래 독일군들이 밤

Have an Enduring Faith

Luke 24:13–20 That very day two of them were going to a village named Emmaus, about seven miles from Jerusalem, and they were talking with each other about all these things that had happened. While they were talking and discussing together, Jesus himself drew near and went with them. But their eyes were kept from recognizing him. And he said to them, "What is this conversation that you are holding with each other as you walk?" And they stood still, looking sad. Then one of them, named Cleopas, answered him, "Are you the only visitor to Jerusalem who does not know the things that have happened there in these days?" And he said to them, "What things?" And they said to him, "Concerning Jesus of Nazareth, a man who was a prophet mighty in deed and word before God and all the people, and how our chief priests and rulers delivered him up to be condemned to death, and crucified him.

What is faith? What does trusting someone mean? Band of Brothers is the most impressive war film to my wife and me. I don't forget Easy Company members and Dick Winters' words. The name of the company is Easy, but their mission is to always drop in the midst of hostile territory. The Western Allies of World War II launch the largest amphibious invasion in history, on the northern coast of France. In the very early hours of D-Day, Easy Company of the 101st Airborne Division get ready to land behind enemy lines in Normandy. German antiaircraft artillery fires

하늘을 향해 사격합니다. 죽음의 공포입니다. 연합군 수송기 한 대는 공중에서 폭발합니다. 혼란에 빠진 이지중대는 낙하지점에서 멀리 벗어나 사방으로 흩어집니다. 2년 전 미 육군은 최초로 공수부대를 창설했습니다. 그런데 신병들은 전부 자원자들이었습니다. 그들은 공수부대가 뭔지도, 독일 상공에서 하룻밤 사이 벌어질 일도 모르고 낙하산 보병 연대에 지원했습니다. 곧 있을 침공작전의 예행연습에서 윈터스 중위는 진지하지 못한 신입 캄톤 중위에게 이런 말을 했습니다. "이들은 최악의 상황에서 군이 해야 되는 가장 힘든 훈련을 받았습니다. 그들이 자원한 이유를 압니까? 정말 나쁜 일이 생기면 옆 참호 속에 있는 전우가 최고라고 믿기 때문입니다." 세상에서도 확실한 믿음이 없으면 살아남을 수 없습니다. 믿음은 생명입니다. 사랑한다고 말하면, 그것을 믿어야 합니다.

누가는 성경에서 가장 아름다운 사건들 중 하나로 그의 복음서 결론에 다가갑니다. 그 문학 수준과 긴장감은 탁월합니다. 제자들이 알아보지 못하고 예수님과 동행하고 있다는 착상은 감동적이고 독특하며 황홀합니다. C. S. 루이스는 엠마오 이야기를 '소설 양식의 실화'라고 합니다. 그는 이렇게 말합니다. "2,000년 된 그와 같은 예를 발견한다면, 여러분은 그 이야기가 믿을 수 없을 정도로 사실이라는 것을 이해합니다."

우리는 예루살렘에서 엠마오로 가는 길에 부활하신 예수님을 만난 두 제자의 놀라운 이야기를 듣습니다. 이 일은 언제 있었습니까? 주일 아침이었습니다. 이 제자들은 어디에 있었습니까? 그들은 예루살렘에서 약 11km 떨어진 엠마오라는 작은 마을로 가고 있었습니다. 누가는 이곳이 예수께서 죽으시고 부활하신 예루살렘 부근이라는 점에 주목했습니다. 이 제자들은 누구였습니까? 그들은 예수님을 가까이에서 따른

their dreadful cannons. The red glare flashes. German soldiers below are shooting toward the night sky. Easy paratroopers feel the heavier German presence. They come to fear death. One of the Allied aircrafts explodes in midair. In the chaos of the jump, they are spread far and wide with many landing far from their expected drop zone. Two years ago, the US Army created the first airborne. But, fresh recruits were all volunteers. They dared to apply for the parachute infantry regiment without knowing what the airborne was, what would happen overnight in midair over the German area. When doing the rehearsal for the upcoming invasion, Lieutenant Winters advised Compton, who was not serious and was then transferred to Easy Company. "These men have been through the toughest training the Army has to offer, under the worst possible circumstances," said Winters, "you know why they volunteered? When things got really bad, the man in the foxhole next to them would be the best." We cannot survive even in the world without a certain faith. Faith is life. When I say that I love you, you must believe it.

Luke approaches the end of his Gospel with one of the most beautiful incidents in the Bible. Its literary quality and sense of suspense is exquisite. The idea of the companions walking unknowingly with Jesus is powerful, unique, and fascinating. C. S. Lewis calls this account "a novelettish, realistic narrative." He says, "When you come across such an example which is 2,000 years old then you know that it is incredibly factual."

We hear the wonderful story about two disciples who encounter the risen Jesus on their way from Jerusalem to Emmaus. When did this occur? Sunday morning this incident occurred. Where were these disciples? They were walking to

사람들이었습니다. 그날 아침 여인들이 빈 무덤을 발견했고 천사들을 보았습니다. 베드로와 요한도 동산으로 달려가서 여인들의 말을 확인했습니다. 두 제자는 여인들과 베드로와 요한이 다녀오고 말하는 것을 보고 들었습니다. 그들은 예수님의 핵심 그룹이었을 것입니다. 일부 신약성경 학자들은 글로바의 일행이 다름 아닌 이 복음서의 저자 누가라고 생각합니다. 복음주의 신학자 존 웬함은 그들이 돌아온 빈 집은 누가의 집이었다는 결론을 내리지만 증명할 수는 없습니다.

세상에서 어느 누구보다 사랑하는 이에게 참혹한 일이 벌어졌습니다. 이 비극적인 사건에 직접 관련된 사람들은 비탄과 상실뿐만 아니라 고립을 느낄 수 있습니다. 그들의 인생에서 제일 중요한 분이 사라졌습니다. 꿈은 산산조각 났습니다. 미래는 암울해 보입니다. 그들의 감정은 여러분에게 중요합니다. 이 이야기는 어떻게 해서 사람들은 그리스도인이 되는가를 말합니다.

긴 하루였습니다. 엠마오로 가는 제자들은 슬프고 혼란스럽고 풀이 죽었습니다. 발걸음은 부서진 꿈의 무덤에서 멀어져 갔습니다. 그들은 예수님에게 질문이 많았을 것입니다. 그들의 물음은 우리의 물음이 될 수 있습니다. "우리가 필요로 할 때 예수님은 어디 계십니까? 주님은 어디로 가셨습니까? 주님은 왜 우리를 떠나셨습니까? 왜 무리들이 주님을 죽이도록 내버려 두셨습니까?" 그런데, 사실 그들은 세상이 끝난 것처럼 생각할 필요가 없었습니다. 그들이 알아보지 못했던 낯선 사람은 예수님이었기 때문입니다. 그들은 의기소침했습니다. 왜 그랬을까요? 예수님을 계속해서 다시 볼 것이라고 기대하지 않았기 때문입니다.

a place seven miles from Jerusalem, a small hamlet named Emmaus. Luke noticed this place was in the vicinity of Jerusalem where the Lord Jesus had died and risen. Who were these disciples? They had been Jesus' close followers. That morning the women went to the tomb, found it open and empty, and saw angels. Peter and John also ran to the garden and found it just as the women had said. The two disciples saw and heard the astonishing report of the women, Peter and John. They might be a part of the inner circle. Some New Testaments scholars think the companion of Cleopas was none other than Luke himself, the author of this Gospel. Evangelical theologian John Wenham concludes that the empty house to which they were returning in Emmaus was Luke's home. That is a very happy thought that we want to be true, but no one can prove it so.

The cruelest thing has ever happened to someone they have loved more than anyone else in the world. People directly involved in this tragic event may experience feelings of isolation as well as grief and loss. The one they value most in their life is gone. Their dreams are shattered. The future looks grim. Their feelings are important to you. This is the story of how people become Christians.

It was the longest day. The disciples on the road to Emmaus were saddened, confused, and downcast. Every step took them away from the grave of a broken dream. They would have had a lot of questions for Jesus. Their question could be our question. "Where is Jesus when we need him? Where did he go? Why did he leave us? Why did he let them kill him like that?" But, in fact, they didn't need to feel like the end of the world because the stranger they didn't recognize was Jesus Christ. They were

때때로 우리는 불신앙 때문에 예수님을 즉시 알아차리지 못합니다. 여러분이 예수님을 보지 못한다고 해서 예수님이 계시지 않는 것은 아닙니다. 여러분이 외롭게 느낀다고 해서 예수님이 더 이상 여러분 곁에 계시지 않는 것은 아닙니다. 예수님이 일하시는 모습을 보지 못한다고 해서 예수님이 여러분을 위해 일하시지 않는 것은 아닙니다. 예수님과 그분의 말씀에 민감하십시오. 예수님을 전적으로 신뢰하십시오. 우리는 주님이 필요했고, 오늘도 여전히 이전보다 더욱 필요합니다. 여러분이 예수님을 꼭 필요로 할 때 그분은 어디 계십니까? 예수님은 인생의 거친 풍랑 속에서 여러분과 함께하시고, 인생의 고요함 속에서도 여러분과 함께하십니다. 우리는 느리게 믿습니다. "믿음으로 하지 않는 것은 모두 죄입니다"(롬 14:23). 믿음은 실제적이고, 그리스도 안에서 모든 것을 가능하게 하는 역동적인 힘입니다. 예수님은 나를 부르시고, 나를 지도하시고, 나를 인도하시고, 내 곁에서 걷고 계십니다. 이것을 믿으십시오.

crestfallen. Why? That was because they didn't expect to be seeing him again.

Sometimes we don't immediately recognize Jesus for our unbelief. Just because you don't see Jesus, does not mean he isn't there. Just because you think you are alone, does not mean he is no longer by your side. Just because you don't see Jesus working, does not mean he doesn't take care of you. Be sensitive to Jesus and his words. Trust the Lord Jesus completely. We needed him, and we still do, more today than ever. Where is Jesus when you really need him? He is with you in the heavy storm of life, and he is with you in the still calm of life. Sometimes we are slow to believe. "Everything that does not come from faith is sin" (Rom 14:23, NIV). Faith is practical, a dynamic force to make all things possible in Christ. The Lord Jesus, he is calling me, guiding me, leading me, and walking beside me. Believe this.

예수, 내 안에 정직한 신앙을 깨우시는

시편 51편 7-10절 우슬초로 나를 정결하게 하소서 내가 정하리이다 나의 죄를 씻어 주소서 내가 눈보다 희리이다 내게 즐겁고 기쁜 소리를 들려 주시사 주께서 꺾으신 뼈들도 즐거워하게 하소서 주의 얼굴을 내 죄에서 돌이키시고 내 모든 죄악을 지워 주소서 하나님이여 내 속에 정한 마음을 창조하시고 내 안에 정직한 영을 새롭게 하소서

대학생 4명이 파티에 갔습니다. 하지만 늦잠을 자고 월요일 이른 아침까지 캠퍼스로 돌아오지 못했습니다. 중간고사 시간을 놓쳐서 교수님에게 죄송하다고 말했습니다. 교수님은 왜 늦었냐고 물었습니다. 학생들은 늦게라도 시험을 보려고 해명했습니다. "주말여행을 갔다가 수업시간에 맞춰 돌아올 계획이었습니다. 그런데 오는 길에 타이어가 터졌습니다. 차에 예비 타이어가 들어 있지 않았고 오랫동안 도움을 받을 수없어서 지각했습니다." 교수님은 즉시 시험지를 주기로 결정하고 한 명씩 4개의 다른 방에 배치한 다음 각 방으로 들어가서 질문했습니다. "구멍 난 타이어가 어느 쪽인가?" 첫 번째 학생이 대답했습니다. "오른쪽 앞 타이어입니다." 두 번째 학생이 대답했습니다. "왼쪽 앞 타이어입니다." 세 번째 학생이 대답했습니다. "오른쪽 뒤 타이어입니다." 이제 교

Create in Me a Clean Heart

Psalm 51:7–10 Purge me with hyssop, and I shall be clean; wash me, and I shall be whiter than snow. Let me hear joy and gladness; let the bones that you have broken rejoice. Hide your face from my sins, and blot out all my iniquities. Create in me a clean heart, O God, and renew a right spirit within me.

Four college students went to a party. But they overslept and didn't make it back to campus until early Monday morning. They missed a midterm and said to the professor, "Sorry." He asked why they arrived in school late. Four students wanted a late exam and so, for their excuse, they stated, "We went up on a hillside for the weekend and had planned to come back in time to study, but we had a flat tire on the way back and didn't have a spare and couldn't get help for a long time and so were late getting back to campus." The professor decided to give them midterm questions immediately, so he placed them in four separate rooms and went into each room. The professor asked the first student, "Which tire was flat?" The student said, "Right-front tire." The professor asked the second student, "Which tire was flat?" The student said, "Left-front tire." The professor asked

수님은 알았습니다. 교수님이 네 번째 학생에게 와서는 이렇게 말했습니다. "캠퍼스로 올 때 왼쪽 뒤 타이어가 터졌나, 그렇지?" "예, 어떻게 아셨습니까?"

성경을 읽을 때 가끔 이해가지 않는 장면들이 있습니다. 왜 하나님은 아간의 죄를 아주 엄하게 심판하셨을까요? 왜 아나니아와 삽비라를 죽이셨을까요? 하나님은 이스라엘 백성에게 여리고의 큰 죄 때문에 그 도시 전체를 멸망시키라고 명령하셨습니다. 하나님께서는 군사들이 전리품을 가져갈 수 있는 대부분의 승리와는 달리 여리고 성에서는 아무것도 취하지 말라고 하셨습니다. 이스라엘 백성은 한 명만 제외하고 순종했습니다. 아간만 범죄를 저질렀습니다. 그런데 왜 하나님이 그의 가족까지 벌하셨나요? 왜 이스라엘이 그의 죄 때문에 아이에서 패전했어야 하나요? 사도행전 5장의 아나니아와 삽비라 일은 슬픈 사건입니다. 4장 마지막 부분은 성령 충만하고 한 마음과 한 뜻을 가진 초대교회 이야기로 시작합니다. 신자들은 서로 사랑하고 기꺼이 자기 재산을 나누었습니다. 땅과 집을 판 수익을 사도들에게 주었습니다. 돈의 일부만 가져왔을지라도 아나니아와 삽비라 또한 밭을 팔아서 수입금을 교회에 기부했습니다. 부부가 매각한 전액을 감춘 것은 아니었습니다. 하지만 둘 다 쓰러져 죽었습니다. 아간, 아나니아, 삽비라의 갑작스런 죽음은 신앙 공동체를 정화하고 경고하는 구실을 했습니다. 그들은 단지 사람에게 한 것이 아니고 하나님께 거짓말을 했습니다. 하나님께서 새로운 약속의 땅과 신생 교회에서는 어떤 종류의 거짓말도 용납되지 않음을 분명히 하신 것입니다. 미래의 가식으로부터 교회를 보호하셨습니다.

시편 51편은 하나님이 중심을 보시고 거짓말을 미워하신다는 사실

the third student, "Which tire was flat?" The student said, "Right-back tire." Now the professor got everything. He came to the fourth student and said, "When driving back to campus, the left-back tire was flat, is that right?" "Yes, how did you know?" replied the student.

As we read the Bible, sometimes we don't understand. Why did God judge the sin of Achan so severely? Why did God kill Ananias and Sapphira? God commanded the Israelites to destroy the entire city of Jericho because of its great sin. God further commanded that, unlike most victories when soldiers were allowed to take the spoils, the Israelites were to take nothing from Jericho. The Israelites obeyed, except for one. Only Achan committed a crime. But why, we might ask, did God punish his family as well? Why should Israel be defeated at Ai for his sin? The Ananias and Sapphira incident in Acts 5 is a sad story, indeed. It actually begins at the end of chapter 4 with the description of the early church in Jerusalem, a group of people so filled with the Holy Spirit that they were of one heart and one mind. Believers willingly shared all their possessions with one another because they loved one another. Those who sold land and houses gave of their profits to the apostles. Even though they only laid a part of the money at the apostles' feet, Ananias and his wife Sapphira also had sold a field and donated some proceeds to the church. The whole amount of the sale wasn't kept back by the couple. But both of them fell down and died. The sudden, dramatic deaths of Achan and Ananias and Sapphira served to purify and warn the faith community. They were lying – not just to people but to God. In the New Promised Land and in the church's infancy, God made it plain that lying of any sort was not going to be tolerated, and his judgment helped to guard

을 상기시킵니다. 하나님이 관용하실 수 없는 7가지가 있습니다(잠 6:16-19). 교만한 눈, 거짓말하는 혀, 살인하는 손, 악한 계획을 꾸미는 마음, 빨리 악으로 달려가는 발, 거짓 증인, 형제 사이를 이간하는 자입니다. 이 7가지는 하나로 요약될 수 있습니다. "하나님은 모든 거짓말쟁이를 미워하십니다." 최근에 우리는 정치인과 교육자가 "모릅니다. 기억이 안 납니다"라고 말하는 것을 자주 듣습니다. 다윗은 죄인이지만 "모릅니다. 기억이 안 납니다"라는 말을 결코 하지 않았기 때문에 하나님께서 그를 정말 사랑하셨습니다. 다윗은 진정으로, 정직하게 회개했습니다.

올리버 크롬웰은 영국 역사상 가장 얘깃거리가 많은 인물 중 한 사람입니다. 크롬웰은 회심한 후 독립파 청교도가 되었습니다. 그는 열렬하게 하나님을 믿었습니다. 가톨릭교도의 왕당파와 개신교도의 의회파 사이에 발발한 영국 내전을 경험했습니다. 군사령관 크롬웰은 신형 기병대를 이끌고 의회파 편에서 전쟁에 뛰어 들었습니다. 내전은 의회파의 승리로 끝났습니다. 그는 왕정을 폐지하고 호국경으로 취임했습니다. 자연사했고 웨스트민스터 사원에 묻혔습니다. 존 밀턴은 그를 자유의 영웅이라고 불렀습니다. BBC 조사에서 크롬웰은 영국의 가장 위대한 10인 중 한 사람으로 선정되었습니다. 그는 360년 전 영국 역사의 극적인 시기에 중요한 역할을 수행한 이후 오늘날에도 계속해서 강력한 반응을 불러일으키고 있습니다. 크롬웰은 엄격한 독재자였습니다. 그런데 사람들은 그의 독재를 비판하지 않습니다. 왜 그럴까요? 그는 정직했습니다. 그는 지도자로서 평생 뇌물을 받지 않았습니다. 적은 수입으로 아내와 늘어나는 가족 모두를 부양했습니다. 성실한 사람의 대명사였습니다.

눈치채지 않으면 거짓말해도 된다는 생각을 버려야 합니다. 자기 방

the church against future pretense.

Psalm 51 is a reminder to us today that God sees the heart and that he hates lies. There are seven things that God cannot tolerate (Prov 6:16-19): a proud look, a lying tongue, murdering hands, plotting wicked plans, running rapidly to evil, a false witness, and sowing discord among brothers. These seven things can be summarized in a single statement: "God hates all liars." In recent, we have very often heard politicians and educators say, "I don't know, I don't remember." David was a sinner, yet God really loved him because he never said, "I don't know, I don't remember." David truly and honestly repented.

Oliver Cromwell is one of the most controversial figures in the history of the United Kingdom. Cromwell became an Independent Puritan after undergoing a religious conversion. He fervently believed in God. He saw the outbreak of English Civil Wars between the Royalists of Roman Catholicism and the Parliamentarians of Protestantism. Military commander Cromwell led his Ironsides and entered wars on the parliamentary side against King Charles I. This resulted in the end of the Civil War with a Parliamentary victory. He abolished the English Monarchy and then was appointed Lord Protector of England. Cromwell died from natural causes and was buried in Westminster Abbey. John Milton called him a hero of liberty. In a 2002 BBC poll, Cromwell was selected as one of the ten greatest Britons of all time. Despite his death over 360 years ago, to this day Cromwell continues to provoke a strong reaction following his significant role in a dramatic period of British history. Yes, he was a harsh dictator. But no one criticizes him for his dictatorship. Why? He was honest. He never took bribes in all his years as leader of

어를 목적으로 하는 허위, 작은 거짓말, 큰 거짓말, 필요한 거짓말, 해롭지 않은 거짓말, 진짜 거짓말, 하얀 거짓말 모두 정당화될 수 없습니다. 『거짓말에 관하여』라는 책에서 성 어거스틴은 말합니다. "거짓말은 어떤 상황에서도 언제나 죄이고, 전적으로 악이다. 우리는 선의의 거짓말을 정당화해서는 안 된다." 예수님은 거짓말할 수 없으시고, 하지 않으십니다. 주님을 닮아야 하는 우리는 거짓말에 대해 그분과 같은 생각을 가져야 합니다. 이 말씀보다 더 강력한 것은 없습니다. "마음이 청결한 자는 복이 있나니 그들이 하나님을 볼 것이다"(마 5:8). 청결은 정직입니다. 정직하면 예수님을 만날 수 있습니다. 깨끗한 마음은 기쁨을 가져옵니다. 예수님은 "나는 사람의 뜻과 마음을 살피는 자"라고 말씀하셨습니다(계 2:23). 마음을 깨끗이 하고 새 사람이 되십시오. "하나님이여 내 안에 정한 마음을 창조하시고 정직한 영을 새롭게 하소서."

England. On his small income Cromwell supported both his wife and his ever expanding family. He was a man of integrity.

We don't have to think lying is punished only if it is detected. To protect feelings or reputation, falsehood, little lie, big lie, necessary lie, harmless lie, real lie, white lie — all lies can never be justified. St. Augustine, in his *On Lying*, maintains that lying is always sinful, regardless of the circumstances, totally evil. We must not justify our white lies." Jesus himself cannot and will not lie. Since we are to imitate him, we should feel the same as he does about lying. There is nothing more powerful than this word. "Blessed are the pure in heart, for they shall see God" (Mt 5:8). Purity means honesty. If you are honest, you can see Jesus. A clean heart brings me joy. Jesus tells, "I am he who searches mind and heart" (Rev 2:23). Make a clean heart and be brand new. "Create in me a clean heart, O God, and renew a right spirit within me."

예수, 흔들리거나 성급하지 않으시는

전도서 9장 11-12절 내가 다시 해 아래에서 보니 빠른 경주자들이라고 선착하는 것이 아니며 용사들이라고 전쟁에 승리하는 것이 아니며 지혜자들이라고 음식물을 얻는 것도 아니며 명철자들이라고 재물을 얻는 것도 아니며 지식인들이라고 은총을 입는 것이 아니니 이는 시기와 기회는 그들 모두에게 임함이니라 분명히 사람은 자기의 시기도 알지 못하나니 물고기들이 재난의 그물에 걸리고 새들이 올무에 걸림 같이 인생들도 재앙의 날이 그들에게 홀연히 임하면 거기에 걸리느니라

신학교에서 주는 일자리를 얻어 8개월간 알프레드 마르티네즈라는 사람을 도왔습니다. 은퇴한 백악관 의사였습니다. 하는 일은 내복약을 확인하고, 가정부, 청소부, 정원사를 관리하는 것이었습니다. 매일 아침 문을 열고 자유롭게 들어갈 수 있었습니다. 첫날 알프가 부르더니 낡은 사진 앨범을 보여주었습니다. "이게 누군지 아세요? 레이건 대통령, 포드 대통령, 데이비드 팩커드입니다." 팩커드는 휴렛 팩커드사의 최고 경영자였습니다. 알프는 그들의 친구라는 것이 자랑스러웠습니다. 둘째 날 알프는 다시 똑같은 이야기를 꺼냈습니다. "이게 누군지 아세요?" 셋째 날도 그랬습니다. "예, 누군지 알아요. 레이건, 포드, 팩커드"라고 말해 주었습니다. 알프 집안은 백만장자에 가까웠습니다. 그는 부유한 도시 샌라파엘에 수년간 살았고, 샌프란시스코 시내 한 병원과 샌디에고

The Quiet Wisdom

Ecclesiastes 9:11–12 Again I saw that under the sun the race is not to the swift, nor the battle to the strong, nor bread to the wise, nor riches to the intelligent, nor favor to those with knowledge, but time and chance happen to them all. For man does not know his time. Like fish that are taken in an evil net, and like birds that are caught in a snare, so the children of man are snared at an evil time, when it suddenly falls upon them.

The seminary offered a high-paid job to me four years ago. I helped a gentleman for eight months. His name was Alfred Martinez. Alf was a White House doctor retired. My position was to check up on his medicine and manage his maid, cleaner, and gardener. Every morning I opened the door and was able to go in without interruption. On the first day Alf called me and showed me his old photos. "Do you know who this is?" he asked. "President Ronald Reagan, President Gerald Ford, David Packard." Packard was the CEO of the Hewlett-Packard Company, a world's leading PC manufacturer. Alf was proud of being a friend of theirs. On the second day Alf called me again and asked me the same thing. "Do you know who this is?" So did the third day. "Yeah, I know. Reagan, Ford, Packard," I said. His family was close to a millionaire. He had lived in the rich San Rafael city for

집 한 채와 태평양 연안 멕시코 티후아나에 있는 호화로운 휴양지 별장을 소유하고 있었습니다. 그의 딸은 NBC 방송 뉴스 앵커였습니다. 친구들은 열심히 일하고 있는데, 알프는 50대 후반에 은퇴했습니다. 너무 빨랐습니다. 그는 20년 전부터 쉬기 시작했습니다. 20년 동안 그가 무엇을 했을까요? 오랫동안 일하지 않아서 건강이 약해졌습니다. 운전하다 교통사고로 목이 부러지고 말았습니다. 그의 일과는 지금, 자고 먹고 걷는 것이 전부입니다. 5년째 매일 세 가지만 합니다.

빠른 차선에서의 삶이 항상 좋은 것은 아닙니다. 잘못될 수 있습니다. 전도자는 말합니다. "헛되고 헛되니 모든 것이 헛되도다. 해 아래에서 수고하는 모든 수고가 사람에게 무엇이 유익한가." 우리는 일하고 수고하면서 인생을 보냅니다. 무엇을 위해 그렇게 하는 것입니까? 저자가 비관론자라고 생각하십니까? 그는 낙관주의자입니다. 이 오래된 전도자는 삶의 지혜를 알고 있습니다. 성경을 처음 읽는 사람들이 많이 질문합니다. "어떤 책부터 읽는 것이 좋습니까?" 쉽고 짧은 전도서입니다. 바쁜 독자를 겨냥한 것 같아서 한국 사람들에게 딱 맞습니다. 우리 생활방식은 속도를 늦추기보다는 빠른 차선으로 인도합니다. "빨리 달리는 사람이라고 해서 경주에서 언제나 이기는 것은 아닙니다."

우리 모두는 정신적으로 미친 듯합니다. 예수 믿는 사람들까지 더 행복해지고 더 가지고 싶어 합니다. 행복은 최종 목표가 아닙니다. 할 일이 있고, 가족들의 식사를 준비하고, 사랑하는 사람이 있기 때문에 우리는 충분히 행복합니다. 내가 왜 여기 있습니까? 무엇을 위해 돈을 버나요? 무엇을 위해 공부합니까? 우리는 살아도 주를 위하여 살고 죽어도 주를 위하여 죽습니다. 우리는 살든지 죽든지, 먹든지 마시든지 무엇을

years. He owned a hospital in downtown San Francisco, a house in San Diego, and a luxury holiday house in Tijuana by the sea Pacific, Mexico. His daughter was a NBC TV news anchor. While his friends were still working hard, Alf retired from his job in his late 50s. That was too early. He began to be out of work 20 years ago. What had he done for 20 years? He had been no labor for a long time and thus his health was getting bad. When he was driving, he lost control of his car, so he was involved in a car accident. His neck was broken. His daily work is now sleeping, eating, walking, and that's it. He has been doing only three things every single day for five years.

Life in the fast lane is not always good. That may not be right. The teacher in Ecclesiastes says, "Everything is meaningless, completely meaningless! What do people get for all their hard work?" You spend your life working, laboring. What do you do for? Do you think this philosopher is a pessimist? He is an optimist. This old evangelist knows the wisdom of life. Many people reading the Bible for the first time in their life ask, "Which book is best to read first in the Old and New Testaments?" If they're Korean, my answer is: "Read Ecclesiastes first." The book is really easy and pretty short; you don't need to spend a lot of time. The writer seems to target busy readers, so it is a perfect fit for us, Korean Christians. The Korean lifestyle leads us to life in the fast lane rather than life in the slow lane. "The race is not to the swift."

We are all mentally crazy. Even Christians would like to become happier, get more. Happiness does not have to be the final goal. Not the "happiness driven life." You are happy enough because you have things to do, you are cooking for your family

하든지 주님의 영광을 위하여 합니다. "시기와 기회는 그들 모두에게 임함이니라." 사람은 언제 힘들지, 좋을지 그때를 예측할 수 없습니다. 경건한 삶을 위해 최선을 다하십시오. 그러면 행복과 성공은 따라옵니다.

에스컬레이터를 타면 옆을 스치고 지나가면서 뛰어 올라가는 사람들이 있습니다. 미안하다는 말도 하지 않습니다. 깜박이를 켜지 않고 추월하는 차량이 너무 많습니다. 자주 자동차 경적을 울립니다. 잘 훈련된 매너가 없고 무례합니다. 크리스천이 과속 운전을 즐기나요? 조기교육과 예습은 우등생을 만들지 못합니다. 공부는 반복입니다. 영재들이 학교에서 끝까지 살아남는다는 말을 듣지 못했습니다. 머리가 비상한 사람들은 현실에서 최고가 되지 못합니다. 실제 성과들은 보통이거나 그보다 약간 높은 지성을 가진 사람들에 의해 나타납니다. 랍비 슐로모 리스킨의 말입니다. "당신이 군중보다 한 발 앞서면 당신은 천재입니다. 당신이 두 발짝 앞서면 당신은 머리가 돈 사람입니다." 너무 특별한 사람이 되려고 하지 마세요. 우리는 더 과학적이고 빠른 것이 좋다는 미신을 가지고 있습니다. 겉으로는 시간을 아끼고 다양한 일을 하는 것 같습니다. 그러나 곧 스트레스를 받게 됩니다. 사실 한 번에 많은 과제를 수행하는 것은 쉬운 일이 아닙니다. 우리의 정보문화는 신속한 결정과 즉각적인 삭제의 종교입니다. 인내, 묵상, 헌신이 우리 교회에서 점차 사라지고 있습니다.

우리는 조급하지만 하나님은 천천히 가십니다. 서두르는 삶은 하나님과의 관계를 파괴합니다. 서두르는 삶은 사랑하는 능력을 떨어뜨립니다. 서두르는 삶은 유혹을 증가시킵니다. 서두르는 삶은 율법주의자가 되게 합니다. 서두르는 삶은 여러분의 목적을 흐리게 합니다.

members, and you have the people you love. What on earth am I here for? What do you make money for? What do you study for? If we live, we live to the Lord, and if we die, we die to the Lord. Whether we live or whether we die, whether we eat or drink or whatever we do, we do all to the glory of the Lord. "Time and chance happen to them all." People can't predict when hard times or good times might come. Just do your best for godly living. Happiness and successful life are by-products.

When I am taking an escalator, some people pass me and run up the escalator. I'm surprised; they don't say they're sorry. When I am driving, so many vehicles go past my car without signals. Korean drivers very often sound the car horn. We do not have well-trained manners. Very rude. Christians enjoy over-speed driving? Early education and pre-study do not make good and top students. Learning is repeating; repeating is knowing. We have not heard that the smartest students still survive schools. People with very-high IQ are not the highest achievers in the real world. The real world accomplishments are made by those who are considered to have normal or slightly above normal intelligence. "When you're one step ahead of the crowd you're a genius. When you're two steps ahead you're a crackpot," says Rabbi Shlomo Riskin. Try normal. We have a common superstition that something more scientific and faster is better. Seemingly, we spend less time and do multiple works. But we are soon aware of being stressful. In fact, doing a lot of tasks at a single time is not a run-of-the-mill job. Our informationism is a religion of quick decisions and instant deletes. Korean Christians stop thinking about long-term human needs. They instead focus on short-term interests. Patience, meditation, and devotion gradually disappear in the Korean Christian community.

사람들은 지혜가 조용하기 때문에 지혜의 말씀을 듣지 않습니다. 잘 들어야 합니다. 그렇지 않으면 문제가 생길 것입니다. 한 성읍을 건진 조용하고 가난한 지혜자는 예수님이었기 때문입니다(13-18절). 우리는 페이스를 놓치고 있습니다. 예수님은 하나님의 페이스로 움직이셨습니다. 세상의 요구에 영합하지 않으셨습니다. 아주 짧은 시간에 완수해야 할 엄청난 사명을 가지고 있었지만 삶에 압도되지 않으셨습니다. 예수님은 성급하지 않으셨습니다. 서두르는 것은 사탄의 페이스입니다. 하나님과의 친밀함은 평정심, 집중력, 잠잠함을 요구합니다. 하나님의 관심사는 "내가 무엇을 하느냐"가 아니라 "내가 어떤 사람이 되느냐"입니다. 하나님과 더 가까워지려면 분주한 삶의 고속도로에서 내려와야 합니다. 조금 부족하게, 조금 느리게, 조금 작게.

You are in a hurry. God is however in the slow lane. A hurried life destroys your relationship with God. A hurried life decreases your capacity to love others. A hurried life increases temptation. A hurried life creates legalism. A hurried life clouds your purpose.

People do not listen to the words of the wisdom because the wisdom is quiet. Listen carefully otherwise you will get into trouble. Why? Jesus was a quiet and poor wise man who delivered a little city (9:13-18). Our pace is out of control. Jesus moved at God's pace. He didn't cater to the world's demands. He wasn't overwhelmed by life, even though he had an enormous mission to complete in a very short period of time. Jesus never rushed. Hurry is Satan's pace. The intimacy with God requires stillness, attentiveness, and silence. God is concerned about "who I am becoming," not "what I am doing." We must get off life's busy freeway to grow closer to God. A little poor, a little slow, a little small.

예수, 자녀를 웃게 하시는

에베소서 6장 1-4절 자녀들아 주 안에서 너희 부모에게 순종하라 이것이 옳으니라 네 아버지와 어머니를 공경하라 이것은 약속이 있는 첫 계명이니 이로써 네가 잘되고 땅에서 장수하리라 또 아비들아 너희 자녀를 노엽게 하지 말고 오직 주의 교훈과 훈계로 양육하라

한 아버지가 선생님의 요청으로 아들의 유치원 수업을 참관했습니다. 아들은 3명의 친구들과 둥글게 앉아 대화를 나누고 있었습니다. 친구 A: "우리 아빠는 의사야. 돈 많이 벌어. 우리 집에 수영장도 있어." 친구 B: "우리 아빠는 변호사야. 워싱턴에 가서 대통령하고도 이야기한다." 친구 C: "우리 아빠는 회사 회장이다. 전용 비행기도 있어." 다 듣고 아들이 아버지를 자랑스럽게 보면서 말합니다. "우리 아빠는 여기 있다!" 이 아빠가 최고로 훌륭합니다. 자녀는 그 어떤 물질적 유복함보다 사람들 앞에서 모습을 보여 줄 수 있는 부모인가를 훨씬 더 중요하게 생각합니다. 자녀가 원하는 것은 부자 부모가 아니고 함께 있어 주는 부모입니다. 함께 있는 것은 자녀를 성원하고 사랑하고 있다는 뚜렷한 신호입니다. 자녀와 함께 보내는 시간이 많을수록 많이 사랑하고, 적을수록

Give Your Children Joy

Ephesians 6:1–4 Children, obey your parents in the Lord, for this is right. "Honor your father and mother" (this is the first commandment with a promise), "that it may go well with you and that you may live long in the land." Fathers, do not provoke your children to anger, but bring them up in the discipline and instruction of the Lord.

A father visited his middle son's nursery school class, at the request of his teacher. It so happened that he was sitting and observing a group of boys, including his son, who sat in a circle nearby. Their conversation went like this. Child A: "My daddy is a doctor and he makes a lot of money and we have a swimming pool." Child B: "My daddy is a lawyer and he flies to Washington and talks to the president. Child C: "My daddy owns a company and we have our own airplane." Then his son, with a proud look in his father's direction: "My daddy is here!" This father is the best. Children regard the public presence of their parents as a visible symbol of caring that is far more significant than any material support could ever be. Children don't want rich parents; they really want their parents to be with them. Parental presence gives support to children's achievements. It is a clear sign that

적게 사랑하는 것입니다.

폴 송가스는 유망한 상원 의원이었습니다. 그는 암에 걸려 직장에서 보낸 시간과 아내와 아이들과 보낸 시간을 다시 생각했습니다. 이대로 가면 앞으로도 똑같이 몇 년은 가정에서 드물게 보낼 것이라고 깨달았습니다. 그가 냉정하게 성찰하고 말했습니다. "죽음 앞에서 일하는 데 시간을 더 많이 썼으면 좋았을 것이라고 말하는 사람은 없다." 어린 시절은 금방 지나가고 다시 돌아오지 않습니다. 지금이 자녀를 사랑할 시간입니다. 내일 아이는 요람에 있지도, "이게 뭐야" 하고 묻지도, 과제를 도와 달라고도 하지 않을 것이며, 학교 친구를 집에 데려오지도 않을 것입니다. 내일 십대 자녀는 스스로 중요한 결정을 할 것입니다. 오늘 사랑하십시오. 가족 시간을 더 많이 보내는 것이 자녀에게 가장 큰 유산 중 하나를 남기는 것입니다.

4절에서 바울은 말합니다. "자녀를 노엽게 하지 말라." 현대영어성경(CEV)은 "자녀를 심하게 대하지 말고 알맞게 양육하라"로 번역합니다. 아이들을 키우는 것은 젖은 비누를 잡고 있는 것과 같습니다. 너무 꽉 잡으면 손에서 튕겨 나가고, 너무 느슨하게 잡으면 미끄러져 나갑니다. 부드러우면서도 단단하게 힘을 조절해야 합니다. 많은 부모가 사교육, 학원에 중독되어 있습니다. 성공을 강요하지 마십시오. 진짜 1등에게는 극성 부모가 없습니다. 성경은 적절하게 양육하라고 합니다.

영어 말씀성경(GW)은 이렇게 말합니다. "자녀의 인생을 괴롭게 하지 말고 크리스천 교육으로 양육하라." 보이스성경(Voice)은 다음과 같이 말합니다. "자녀를 미치게 하지 말고 주님의 훈계와 가르침으로 양육하

you care when you take the time to be with your children. More time, more love. Less time, less love.

Paul Tsongas was a rising member of the US Senate. Learning he had cancer made him reevaluate the time he had been spending with his wife and children, compared with the time he spent at work. After spending a rare evening at home with them, he realized that with the schedule he was keeping, the next night like this would probably be several years in the future. After this sobering realization he made this observation: "Nobody on his deathbed ever said, 'I wish I had spent more time on my job.'" A childhood goes by quickly and it doesn't come back! Now is the time to love your children. Tomorrow the baby won't be rocked, the toddler won't be asking why, the schoolboy won't need help with his lesson, nor will he bring his school friends home for some fun. Tomorrow the teenager will have made his major decision. Love today. Spending more family time together is leaving one of the biggest inheritances for your children.

Paul says in verse 4, "Fathers, do not provoke your children to anger." The Contemporary English Version (CEV) reads, "Parents, don't be hard on your children. Raise them properly." Rearing kids is like holding a wet bar of soap – too firm a grasp and it shoots from your hand, too loose a grasp and it slides away. A gentle but firm grasp keeps it in your control. So many parents are addicted to private, after-hours tutoring academies. Don't push your kids to succeed. There are no helicopter parents for the real top student of a school. "Raise them suitably," says Scripture.

The God's Word Translation (GW) reads, "Fathers, don't make

라." 성경은 뭐라고 말합니까? 하나님은 우리가 자녀를 웃게 해 주기를 원하십니다. 동부에 사는 한 가족이 서부 해안으로 가는 1개월 휴가를 계획하고 있었습니다. 마지막에 아빠한테 회사 일이 생겼습니다. 운전하는 엄마가 아이들과 먼저 출발하겠다고 했습니다. 아빠는 지도를 꺼내서 경로와 매일 밤 숙박할 곳을 정했습니다. 한두 주 후 아빠는 추가 업무를 마쳤습니다. 가족을 깜짝 놀라게 해 주려고 연락도 없이 서부로 날아갔습니다. 택시를 타고 그날 늦게 가족이 지나가야 되는 행선지로 가서 도로에 내렸습니다. 거기서 가족 차가 오는 것을 볼 때까지 기다렸다가 무전여행자처럼 엄지를 내밀었습니다. 엄마와 아이들은 스치면서 뒤늦게 놀랐습니다. 한 아이가 말했습니다. "저기 아빠 아니었어?" 엄마는 끽 멈추고 후진해서 아빠와 즐거운 재회를 했습니다. 나중에 신문기자가 왜 그런 일을 생각했냐고 물었습니다. 아빠는 대답했습니다. "내가 죽고 나서 아이들이 아빠는 정말 재미있었다고 말할 수 있기를 원합니다."

하나님께서 우리에게 아버지가 되어 주신 것같이 우리도 자녀에게 부모 노릇을 해야 합니다. 세속적인 아버지와 어머니가 되지 마십시오. 자녀가 신실하게 성장하려면 부모가 예수님을 열렬히 사랑해야 합니다. 자녀에게 성경을 읽고 즐기는 모습을 보여 주어야 합니다. 자녀는 부모를 보면서 그리스도인의 삶은 시련의 한가운데서도 기쁘고 희망으로 가득하다는 것을 배워야 합니다.

어느 날 한 기자가 집이 무너져 내린 화재 현장에 왔습니다. 그는 엄마, 아빠와 함께 서 있는 어린 소년을 보았습니다. 기자는 말했습니다. "애야, 집은 더 이상 없는 것 같다." 소년은 용기 있게 대답했습니다.

your children bitter about life. Instead, bring them up in Christian discipline and instruction." The Voice Bible explains the word "bitter" as follows: "Fathers, do not drive your children mad, but nurture them in the discipline and teaching that come from the Lord." What does the Bible say? God wants you to amuse your children. A family in the East was planning a month's vacation to the West Coast. At the last minute the father's work responsibilities prevented him from going, but Mom insisted that she was capable of driving and that she and the kids would go ahead. Dad got out the maps and planned the route and where the family should stop each night. A couple of weeks later, the father completed his extra work responsibilities. He decided to surprise the family, so he flew to a West Coast city without calling them. Then he took a taxi out into the country on a highway that, according to his travel plan, the family should be driving on later that day. The taxi driver dropped him off on the side of the road. Dad waited there until he saw the family car coming, then stuck out his thumb as a hitchhiker. As Mom and the kids drove past, they did a double take. One of the kids said, "Hey wasn't that Dad?" Mom screeched to a stop, backed up to the hitchhiker and the family had a joyful reunion. Later, when a newspaper reporter asked the man why he would do such a crazy thing, he responded, "After I die, I want my kids to be able to say, "Dad sure was fun, wasn't he?'"

As our heavenly Father relates to us as his children, so we must relate to our children. Don't be a secular father and mother. To raise up godly children, you must have personal reality with Jesus and love him fervently. You have to show your children that you read your Bible and enjoy it. Children should learn by watching you that the Christian life is a joyful life, full of hope,

"우리 가정은 있어요. 단지 들어갈 집이 없을 뿐입니다." 집은 불확실한 내일입니다. 가정은 사랑이 문으로 들어오는 것입니다. 집을 가정으로 만드는 것은 사랑밖에 없습니다. 요셉과 마리아는 사람의 평판보다 하나님을 더 사랑했습니다. 그리고 서로를 사랑했습니다. 소년 예수님은 요셉과 마리아의 사랑을 받았습니다. 예수님은 구주가 되시기까지 사랑이 깃든 가정에서 자라셨습니다. 우리는 악한 시대에 살고 있습니다. 자녀를 어떻게 키울까요? 의무는 아이들을 정시에 잠자리에 들게 하고, 사랑은 덮어 주고 입 맞추고 안아 줍니다. 의무는 음식을 요리하고, 사랑은 식탁을 양초와 담쟁이 화분으로 장식합니다.

크리스천 부모는 주말에 늦잠을 자지 않습니다. 크리스천 부모는 주말에 혼자 골프장에 가지 않습니다. 가족 없이 혼자 즐기는 낚시를 당장 중단하십시오. 예수님의 마지막 말씀은 "내가 너희와 항상 함께 있으리라"였습니다. 이 세상에서 최고로 좋은 아버지와 어머니는 자녀들과 함께 있는 시간을 그 어떤 것에도 양보하지 않습니다. 영성은 자녀들과 함께 있는 시간에 비례합니다.

even in the midst of trials.

A reporter came to a fire one day where a house was steadily burning down to the ground. He noticed that there was a little lad standing by with his mom and dad. The reporter said, "Son, it looks like you don't have a home any more." The little boy answered courageously, "We have a home – we just don't have a house to put it in." A house is like waiting for an uncertain tomorrow. But home is: love comes through the door. Money, of course, can build a charming house, but only love can furnish it with a feeling of home. Joseph and Mary loved God more than their personal reputations. They also loved one another. The boy Jesus received the love of Joseph and Mary. Jesus had a loving family to grow up to be the Savior. We live in evil times. How shall we rear our children? Obligation sends the children to bed on time, but love tucks the covers in around their necks and passes out kisses and hugs. Obligation can cook a meal, but love embellishes the table with a potted ivy trailing around slender candles.

Christian parents do not sleep in on the weekends. Christian parents do not go golfing alone on the weekends. Stop fishing alone, leaving your family at home. Jesus' last words were "I am with you always." The best father and mother in the world never give up spending time with their children. Christian spirituality is proportional to the time you spend with your children.

예수, 부모를 웃게 하시는

잠언 23장 22-25절 너를 낳은 아비에게 청종하고 네 늙은 어미를 경히 여기지 말지니라 진리를 사되 팔지는 말며 지혜와 훈계와 명철도 그리할 지니라 의인의 아비는 크게 즐거울 것이요 지혜로운 자식을 낳은 자는 그로 말미암아 즐거울 것이니라 네 부모를 즐겁게 하며 너를 낳은 어미를 기쁘게 하라

열다섯 살 아들이 집으로 뛰어 들어와서 누워 있는 엄마를 봤습니다. 엄마가 아픈지 물었습니다. 엄마는 몸이 안 좋다고 했습니다. 아들이 말했습니다. "저녁은 조금도 걱정하지 마세요. 엄마가 요리할 수 있게 스토브를 아래층 주방에서 위층 엄마 방으로 옮겨 드릴게요." 어머니날이 었습니다. 저녁식사 후 싱크대에 있는 엄마를 보고 놀란 딸이 소리쳤습니다. "엄마, 어머니날은 설거지 하시면 안 돼요." 그 마음씨에 감동한 엄마는 앞치마를 벗어서 딸에게 주었습니다. 딸이 말했습니다. "설거지는 내일 하세요."

우리는 부모가 되고 나서야 비로소 부모님이 우리를 위해 얼마나 희생하셨는지 이해합니다. 우리는 부모가 되고 나서야 비로소 우리가 순

19

Give Your Father and Mother Joy

Proverbs 23:22–25 Listen to your father who gave you life, and do not despise your mother when she is old. Buy truth, and do not sell it; buy wisdom, instruction, and understanding. The father of the righteous will greatly rejoice; he who fathers a wise son will be glad in him. Let your father and mother be glad; let her who bore you rejoice.

A fifteen-year-old boy came bounding into the house and found his mom in bed. He asked if she were sick or something. Mom replied that, as a matter of fact, she didn't feel too well. The son replied, "Well, don't worry a bit about dinner. I'll be happy to move the stove from the kitchen downstairs here to Mom's bed room upstairs. You may cook." After dinner on Mother's day a mother was washing the dishes when her teenage daughter wandered into the kitchen. Horrified to see her mother at the sink, she exclaimed, "Oh, Mama, you shouldn't have to clean dishes on Mother's Day." The mother was touched by this seeming thoughtfulness and was about to take off her apron and give it to her daughter when the daughter added, "They'll keep till tomorrow." Is this compassion?

종하지 못했을 때 부모님이 얼마나 마음 아파하셨는지 느낄 수 있습니다. 우리는 부모가 되고 나서야 비로소 우리가 성공했을 때 부모님이 얼마나 자랑스러워하셨는지 알게 됩니다. 우리는 부모가 되고 나서야 비로소 부모님이 얼마나 우리를 사랑하셨는지 깨닫습니다. 나이든 부모님에게 자주 연락드리세요. 그러나 가정의 나쁜 일은 전하지 마세요. 부모의 즐거움 중 하나는 자녀들의 재미있는 소식을 듣는 것입니다. 부모님의 필요를 생각하고 노년의 삶을 편안하게 해 드리십시오. 나이든 부모님에게 말하면 안 되는 다섯 가지입니다.

"기억 못하세요?"
"자꾸 같은 말 하세요."
"해 보시면 돼요."
"돌아가실 때 이렇게 할게요."
"우리 부모님은 구식이에요."

자녀는 보살피고 먹이고 사랑하면서 세월을 보내신 부모님의 기쁨이 되어야 합니다. 그러나 부모님은 너무 자주 우리들 때문에 괴로우셨습니다. 어릴 때는 부모의 발을 밟고, 성인이 되면 부모의 마음을 밟습니다. 25절을 눈여겨보세요. "네 부모를 즐겁게 하며 너를 낳은 어미를 기쁘게 하라." 하나님이 주신 사명입니다. 우리는 부모님에게 기쁨을 드려야 할 의무가 있습니다. 그렇게 하면 우리는 분명 부모님의 축복이 되고 부모님은 우리의 축복이 될 것입니다.

어떻게 하면 부모님에게 지속적인 기쁨을 드릴 수 있을까요? 오늘 성경은 말합니다. 우선 첫째로 의를 가져야 합니다. "의인의 아비는 크

Not until we become parents do we understand how much our parents have sacrificed for us. Not until we become parents do we feel how hurt our parents were when we disobeyed. Not until we become parents do we know how proud our parents were when we achieved. Not until we become parents do we realize how much our parents love us. Call your aging mother and father often. But do not call your parents for bad news about your home. One of the joys of parenting is hearing your kids say and do some funny things. Do things that may make their lives comfortable in their old age; by ministering to their necessities. Don't forget 5 things not to say to your aging mother and father:

How can you not remember that?
You already told me that.
You could do that if you really tried.
We'll do this when you die.
My parents are old-fashioned.

We children should be a source of joy to our parents who have spent countless hours caring for us, serving us, and loving us. But too often, parents have had very unpleasant experiences with their children. When children are young, they step on the parents' toes. And when they grow up, they step on the parents' hearts. Take notice of verse 25, "Let your father and mother be glad; let her who bore you rejoice." We have a duty to God to bring joy to our aging parents. If we do so, we will certainly be a blessing to our parents and our parents will also be a blessing to us.

Today's text shows how to bring lasting joy to your parents. First of all, gain righteousness. "The father of the righteous will

게 즐거울 것이요." '의'란 예수님 안에 있는 우리의 신분입니다. 예수님을 구주로 믿을 때만 의롭게 됩니다. 부모님을 즐겁게 해 드리는 최고의 방법 중 하나는 예수께 내 생명을 드리는 것입니다. 확실히 믿음의 자녀는 기쁨이고, 불신앙의 자녀는 슬픔이 될 것입니다. 둘째, 지혜를 얻으십시오. "지혜로운 자식을 낳은 자는 그로 말미암아 즐거울 것이니라." 현명한 자식은 즐거움이고, 어리석은 자식은 쓰라림입니다. 현명한 자녀와 어리석은 자녀의 차이는 무엇일까요? 성경은 진리를 사서 팔지 말라고 합니다. 진리를 간절히 찾는 사람이 현명합니다. 우리는 하나님의 말씀을 배우고 기도함으로써 진리와 지혜를 얻을 수 있습니다. 말씀과 기도에 헌신하고 부모님에게 기쁨을 드리는 지혜로운 아들, 딸이 되십시오. 그다음 부모님의 말씀에 귀 기울이십시오. "아비에게 청종하고 네 늙은 어미를 경히 여기지 말지니라." 우리는 종종 부모님의 말씀을 경청하지 않습니다. 유대인의 잠언입니다. "하나님은 모든 곳에 계실 수 없어서 어머니를 만드셨다." 누가 최고로 내게 관심을 가져 줍니까? 지구에서 그 어떤 사람보다 나를 위하는 사람은 누구입니까? 부모님입니다. 그것이 바로 부모님이 인생에서 올바른 결정을 내리도록 우리를 안내하고 싶어 하는 이유입니다. 그래서 잘못했을 때 바로 잡아 주십니다. 부모님에게서 들으십시오. 다 경험하셨습니다. 우리가 가는 길을 이미 여행하셨습니다. 믿음의 부모님은 경험의 지혜뿐 아니라 말씀의 지혜도 아십니다. 다 아는 것처럼 하는 태도로 부모님의 가르침을 과소평가하지 마세요.

한 사람이 추운 겨울 저녁에 심장마비로 입원했습니다. 그는 간호사에게 딸과 연락할 수 있게 도와 달라고 부탁했습니다. "저는 혼자 살고 딸은 유일한 가족입니다." 간호사가 전화했더니 딸은 몹시 흥분했습니

greatly rejoice." *Righteousness* refers to our standing in Jesus. Only when we trust in Jesus as our Savior do we become right with God. So one of the best things you could do to bring joy to your parents, especially Christian parents, is to give your life to Jesus. Parents will certainly rejoice in a child who has faith. But a child who lives a non-Christian life will be a grief to his parents. Second, get wisdom. "He who fathers a wise son will be glad in him." A wise son makes a glad mother and father. But on the other hand, a foolish son is bitterness to his mother and father. What is a contrast here between a wise child and a foolish child? Scripture says, "Buy truth, and do not sell it." Those who earnestly seek truth are wise children. We can obtain truth and wisdom by learning the Word of God and praying to God. Young lady and man, devote yourselves to the Word and prayer, and be the wise son or daughter who brings joy to your parents. Next, listen to your elderly parents. "Listen to your father, and do not despise your mother when she is old." Too often, we do not listen to our parents. Ancient Jewish Proverb says, "God could not be everywhere and therefore he made mothers." Who is it that has your best interest at heart? Who is it that cares for you more than anyone else on earth? It is your parents. That's why they want to guide you in making the right decisions in life. That's why they correct you when you do wrong. Listen to them. Furthermore, they have many more years of experience. They have already traveled the road you are on. Christian parents not only have the wisdom of experience, but also know the wisdom of God's Word. Don't minimize their teaching with a know-it-all attitude.

On a cold winter evening a man suffered a heart attack and after being admitted to the hospital, asked the nurse to call his

다. "아빠를 돌아가시게 하면 안 돼요! 1년 전 아빠와 심하게 다투었습니다. 그 후로 뵙지 못했습니다. 줄곧 용서를 구하고 싶었습니다. 아빠가 밉다는 말을 한 게 마지막이었어요." 울면서 말했습니다. "가고 있어요. 30분이면 도착합니다." 환자는 위급했고 혼수상태 경고음이 울렸습니다. 간호사는 기도했습니다. "하나님, 이렇게 끝나지 않게 해 주세요." 의료진은 살리지 못했습니다. 딸이 왔습니다. 애수에 찬 표정이었습니다. 간호사는 곁으로 가서 말했습니다. "죄송합니다." 딸은 대답했습니다. "나는 아빠를 미워하지 않았어요. 아빠를 사랑해요. 아빠가 보고 싶어요." 간호사는 그녀를 병실로 데려갔고, 딸은 얼굴을 시트에 묻고 돌아가신 아버지께 작별인사를 드렸습니다. 간호사는 이 슬픈 작별을 보지 않으려고 애쓰다가 침대 탁자 위에 있는 종이쪽지를 발견했습니다. 그것을 집어 들고 읽었습니다. "사랑하는 딸 제니에게, 용서한다. 너 또한 나를 용서해 주기를 기도한다. 네가 나를 사랑하는 줄 안다. 나도 너를 사랑한다. 아빠가."

부모는 기다려 주지 않습니다. 지금 부모님을 사랑하세요. 부모님을 사랑한다면 순종하고 공경하고 존경하십시오. 부모님께 마음을 드리고 사랑을 거두지 마십시오. 세상에서 가장 위대한 칭호 중 하나가 부모이고, 가장 큰 축복 중 하나는 엄마, 아빠라고 부를 수 있는 부모가 있다는 것입니다.

daughter. He explained, "You see, I live alone and she is the only family I have." The nurse went to phone the daughter. The daughter was quite upset and shouted, "You must not let him die! You see, Dad and I had a terrible argument almost a year ago. I haven't seen him since. All these months I've wanted to go to him for forgiveness. The last thing I said to him was 'I hate you.'" She cried and then said, "I'm coming now. I'll be there in thirty minutes." The patient went into cardiac arrest, and code 99 was alerted. The nurse prayed, "O God, his daughter is coming. Don't let it end this way." The efforts of the medical team to revive the patient were fruitless. The daughter arrived. In her face was the pathetic hurt. The nurse took her aside and said, "I'm sorry." The daughter responded, "I never hated him, you know. I loved him, And now I want to go see him." The nurse took her to the room, and the daughter went to the bed and buried her face in the sheets as she said good-bye to her deceased father. The nurse, as she tried not to look at this sad good-bye, noticed a scrap of paper on the bed table. She picked it up and read: "My dearest Janie, I forgive you. I pray you will also forgive me. I know that you love me. I love you, too, Daddy."

Your aging mother and father do not wait for you. Love your mother and father right now. If you love your mother and father, you will obey them, honor them, and respect them. Give them your heart, and do not withhold your love from them. One of the greatest titles in the world is parent, and one of the biggest blessings is to have parents to call mom and dad.

예수, 나를 부르시는

데살로니가전서 1장 2-5절 우리가 너희 모두로 말미암아 항상 하나님께 감사하며 기도할 때에 너희를 기억함은 너희의 믿음의 역사와 사랑의 수고와 우리 주 예수 그리스도에 대한 소망의 인내를 우리 하나님 아버지 앞에서 끊임없이 기억함이니 하나님의 사랑하심을 받은 형제들아 너희를 택하심을 아노라 이는 우리 복음이 너희에게 말로만 이른 것이 아니라 또한 능력과 성령과 큰 확신으로 된 것임이라 우리가 너희 가운데서 너희를 위하여 어떤 사람이 된 것은 너희가 아는 바와 같으니라

　　C. S. 루이스는 생애 대부분을 독신으로 보냈습니다. 그는 옥스포드와 케임브리지 대학교에서 가르쳤습니다. 혼자 있는 자유 시간을 최고의 현대 기독교 변증 작품들을 쓰는 데 사용했습니다. 나이 들어서 정년이 가까웠을 무렵 3년이란 짧은 시간에 열렬히 사랑하게 된 여인을 만나 결혼했습니다. 만일 루이스가 일찍 하나님이 예비하시지 않은 사람과 결혼했다면 세상은 무엇을 놓쳤을까요?

　　인생은 선택입니다. 아침에 우유를 마실까? 점심은 뭐로 할까? 초록색 셔츠가 좋을까? 커피에 설탕을 넣을까? 외국여행을 할까? 모두 선택입니다. 사람들은 우리가 하는 선택이 인생을 결정하고 오래 지속적으로 영향을 미친다고 생각합니다. 미래는 오늘 우리가 하는 선택에 달려

20

This Is My Destiny

1 Thessalonians 1:2–5 We give thanks to God always for all of you, constantly mentioning you in our prayers, remembering before our God and Father your work of faith and labor of love and steadfastness of hope in our Lord Jesus Christ. For we know, brothers loved by God, that he has chosen you, because our gospel came to you not only in word, but also in power and in the Holy Spirit and with full conviction. You know what kind of men we proved to be among you for your sake.

C. S. Lewis was single most of his life. He taught at Oxford and Cambridge Universities and used his free time as a single to write some of the best Christian literature available in the world today. As he grew older and was nearing retirement age, he met and married a woman he came to love intensely in their three short years together. What would the world have missed if Lewis had married earlier someone whom God had not chosen?

Life is full of choices from drinking milk in the morning to looking for lunch ideas, from buying a green shirt instead of a blue shirt to getting your hair colored, from adding an extra spoon of sugar in your coffee to traveling foreign lands. Choices are everywhere. We think the choices we make shape our lives. We think the decisions we take have a long lasting impact on

있다고 생각합니다. 인생의 모든 것이 우리의 선택이라고 믿습니다. 잘 못 선택하고 실수를 깨달으면 후회하기도 합니다. 내가 선택한다고 생각하십니까? 내가 하는 선택은 없습니다. 선택은 하나님만 하십니다. 내가 부모님이나 자녀나 선생님을 선택하지 않았습니다. 주어진 것입니다. 내가 아내나 남편을 선택하지 않았습니다. 하나님께서 배우자를 주신 겁니다. 하나님을 보지 못하지만 우리는 하나님을 믿고 사랑합니다. 그것이 어떻게 가능합니까? 하나님께서 믿고 소망하고 사랑하게 하시기 때문입니다. 하나님은 믿음, 소망, 사랑을 주십니다. 우리가 가진 모든 것은 주어진 것입니다.

바울은 4절에서 말합니다. "하나님의 사랑하심을 받은 형제들아 너희를 택하심을 아노라." 물론 바울은 하나님이 그도 택하셨다는 것을 알고 있습니다. 그는 갈라디아서 1장 15절에서 "내가 태어나기도 전에 하나님께서 나를 택하셨다"라고 합니다. 이것을 바울이 10살이나 20살 때 깨달은 것이 아닙니다. 30세 이후에 알았습니다. 모세는 하나님이 부르신 것을 80세에 감지했습니다. 아브라함은 하나님이 부르신 것을 75세에 깨달았습니다. 우리는 하나님의 은혜와 부르심을 나중에 알게 됩니다. 빨리 깨달을수록 더 좋을 것입니다. 하나님은 우리를 부르고 계십니다.

하나님께서 부르시기 전에 우리는 무언가를 준비하면서 삶을 정돈해야 한다는 미신이 있습니다. 시간이든 돈이든 능력이든 우리의 것이 아닌 것을 어떻게 준비할 수 있다는 말인가요? 하나님의 부르심은 우리가 삶을 정리할 때까지 기다리지 않습니다. 하나님은 보통 아무것도 비축해 둔 것이 없을 때 우리를 부르십니다. 왜 그런가? 시간이 없어야 우리가 하나님의 시간표를 바라봅니다. 가진 것이 없어야 우리가 하나님의

our lives. We think the future depends on the choices we make today. We believe everything in life is all our choice. Sometimes, we make bad choices and regret when we realize our mistake. Do you think the choice is yours? There is no choice I make. Only God chooses! You didn't choose your parents, children, or teachers. They were given. You didn't choose your wife or husband; God gave your spouse. Though we do not see God, we trust and love him. How is that possible? It is because God makes us have faith. Also, God makes us hope and love. God gives faith, hope, and love. Everything you have was given to you.

Paul says in verse 4, "We know, brothers loved by God, that he has chosen you." Paul of course knows that God has chosen him too. Paul states in Galatians Chapter 1, verse 15, "Even before I was born, God chose me." It is not that Paul realized God chose him when he was 10 or 20 years old. He came to understand that after he was 30. Moses was aware that God called him when he was 80. Abraham learned that God called him when he was 75. We later come to know God's grace and calling. The sooner you realize, the better it will be for you. God is calling you.

There is a myth that says we must get our life organized and in order before we follow God's call. How can we spare what we don't have, whether it is time, money, or energy? God's call never waits for us to unclutter our lives. In fact, God usually calls us when we have nothing to spare. Why? When we have no time, we'll look to God's schedule. When we don't have anything to give, we'll look to God's riches. When we feel inadequate, we'll look to God's wisdom. When we feel weak, we'll look to God's strength.

부요를 바라봅니다. 부족함을 느껴야 우리가 하나님의 지혜를 바라봅니다. 연약함을 느껴야 우리가 하나님의 능력을 바라봅니다.

젊은 농부가 밭에 서서 특이한 구름을 관찰하고 있습니다. 구름이 G, P, C 글자 모양입니다. 그는 하나님의 부르심이라고 생각합니다. "G는 Go(가라), P는 Preach(전하라), C는 Christ(그리스도), Go Preach Christ, 가서 그리스도를 전하라는 뜻이다." 농부는 교회 집사님들에게 달려가 하나님이 자신을 설교자로 부르셨다고 말합니다. 교인들은 그의 열성을 존중하고 강단에 초빙합니다. 그 주일의 설교는 길고 지루하고 조리가 닿지 않습니다. 설교가 끝나고 교회 리더들은 할 말을 잃은 채 앉아 있습니다. 나이 많은 집사님이 설교자가 될지도 모르는 그에게 중얼거립니다. "G는 Go(가라), P는 Plant(심으라), C는 Corn(옥수수), 구름이 Go Plant Corn, 가서 옥수수를 심으라고 말한 것 같네요." 실제로 그런 일이 있다면 많은 사역자들이 소명을 혼란스러워할 것입니다. 바울은 자신의 삶과 하나님의 부르심에 대해 혼동하지 않았습니다. 하나님이 나를 부르시는지 어떻게 알 수 있습니까? 하나님에게 선택받았다는 것을 어떻게 알 수 있습니까? 다섯 가지 방법이 있습니다. 첫째, 홀홀 털어 버릴 수 없는 부담감이 있습니다. 둘째, 당신이 알고 있는 사람들 중에 당신의 도움이 필요한 사람이 있습니다. 셋째, 하나님이 누군가를 보내서 당신의 소명을 장려합니다. 넷째, 묵상하는 성경이 믿음을 주고 나가도록 격려합니다. 다섯째, 기도할 때 하나님께서 행동하라고 재촉하시는 느낌을 받습니다.

하나님의 부르심에 어떻게 응답할 수 있을까요? 더 많은 시간, 더 많은 돈, 더 많은 능력이 필요합니까? 그렇지 않습니다. 나는 하나님의 택

A young farmer, standing in his field, observes a peculiar cloud formation. The clouds form the letters G, P, and C, and he thinks them a call from God: Go preach Christ! The farmer rushes to the deacons of his church and insists that he has been called to preach. Respectful of his ardor, they invite him to fill the pulpit. That Sunday, the sermon is long, tedious, virtually incoherent. When it finally ends, the leaders sit in stunned silence. Finally, a wizened deacon mutters to the would-be preacher, "Seems to me the clouds were saying 'Go plant corn.'" If it really happened that way, many would be confused about what it means to be called into ministry. Paul was not confused about his life and God's calling. How do you know what God's calling you to do? How do I know that I am chosen of God? Here are five ways: First, there's a burden on your heart you can't shake. Second, there is a specific person you know of who needs your help. Third, God brings someone into your life to encourage your calling. Fourth, the Scripture passage that you read encourages you to have faith and step out. Fifth, when you pray, you have a sense that God is asking you to act.

How can I respond to God's call? Do we need more time, more money, or more energy? Absolutely not! We must have the full conviction that "I am the elect of God." Jesus had the full assurance that God chose him to die for us and save the world. So he gave us himself. Paul didn't say, "I thank God knowing how you all decided to choose Jesus," but rather, "I thank God knowing his choice of you." God has not shown his love and mercy to everyone in the same way. God chose Isaac, but he refused to choose Abraham's son Ishmael. God chose Jacob, but he rejected Isaac's son Esau. An important biblical theme is, you are chosen by God. God has chosen you from the beginning for

하심을 받았다는 확신을 가져야 합니다. 예수님에게는 하나님께서 우리를 위해 죽고 세상을 구원하도록 자신을 선택하셨다는 강한 확신이 있었습니다. 그래서 예수님 자신을 우리에게 내주셨습니다. 바울은 "너희가 예수님을 선택했음을 하나님께 감사드린다"가 아니고 "하나님께서 너희를 택하심을 감사드린다"라고 말했습니다. 하나님은 사랑과 자비를 모든 사람에게 똑같이 보여 주시지 않습니다. 하나님이 이삭은 택하셨지만 아브라함의 아들 이스마엘은 선택하지 않으셨습니다. 하나님이 야곱은 택하셨지만 이삭의 아들 에서는 거부하셨습니다. 성경의 중요한 주제는 당신이 하나님의 선택을 받았다는 것입니다. 하나님은 처음부터 당신을 그리스도 예수 안에서 구원하려고 선택하셨습니다. 하나님의 선택은 삶을 변화시킵니다. 당신이 무언가를 선택할 수 있다면 두 가지밖에 없습니다. 하나님을 사랑하든지 자신을 사랑하든지 둘 중 하나입니다. 무엇을 선택하시겠습니까?

salvation in Christ Jesus. God's election results in a changed life. If we can choose something, there are only two choices on the shelf: loving God or loving yourself. What will you choose?

예수, 일상에서 느끼는 성령의 숨결

사도행전 19장 1-7절 아볼로가 고린도에 있을 때에 바울이 윗지방으로 다녀 에베소에 와서 어떤 제자들을 만나 이르되 너희가 믿을 때에 성령을 받았느냐 이르되 아니라 우리는 성령이 계심도 듣지 못하였노라 바울이 이르되 그러면 너희가 무슨 세례를 받았느냐 대답하되 요한의 세례니라 바울이 이르되 요한이 회개의 세례를 베풀며 백성에게 말하되 내 뒤에 오시는 이를 믿으라 하였으니 이는 곧 예수라 하거늘 그들이 듣고 주 예수의 이름으로 세례를 받으니 바울이 그들에게 안수하매 성령이 그들에게 임하시므로 방언도 하고 예언도 하니 모두 열두 사람쯤 되니라

우리 시대의 문화는 시각 중심입니다. 글자나 말로 하는 소통보다 시각적 이미지에 더 높은 흥미를 가지는 사람들은 하나님을 믿지 않습니다. 그 이유는 하나님이 보이지 않기 때문입니다. 성령을 이해하는 것은 그들에게 이상할 수 있습니다. 성령은 손으로 만질 수 없습니다. 성령을 말하는 것은 신비합니다.

"보통 사람"(*Ordinary People*)은 중상류층 가정을 다룬 드라마 영화입니다. 원작은 주디스 게스트의 1976년 소설입니다. 작품상과 감독상을 포함한 9개의 아카데미상과 골든글로브상을 수상했습니다. 어느 날

21

Sensing the Spirit's Presence in Daily Life

Acts 19:1–7 And it happened that while Apollos was at Corinth, Paul passed through the inland country and came to Ephesus. There he found some disciples. And he said to them, "Did you receive the Holy Spirit when you believed?" And they said, "No, we have not even heard that there is a Holy Spirit." And he said, "Into what then were you baptized?" They said, "Into John's baptism." And Paul said, "John baptized with the baptism of repentance, telling the people to believe in the one who was to come after him, that is, Jesus." On hearing this, they were baptized in the name of the Lord Jesus. And when Paul had laid his hands on them, the Holy Spirit came on them, and they began speaking in tongues and prophesying. There were about twelve men in all.

We live in a visual world. The visual dimensions of contemporary culture are pervasive. Those who have a higher interest in visual images than printed text and oral communication do not believe in God because God is invisible. Understanding the Holy Spirit can be strange for them. The Spirit is not tangible. Telling the Holy Spirit is mysterious.

Ordinary People is an American drama film. The story is about an upper-middle class family in suburban Chicago. Its screenplay is based on the 1976 novel *Ordinary People* by Judith Guest. This movie won 9 Academy and Golden Globe Awards including Best

주인공 콘라드는 형 벅과 보트를 타러 갑니다. 그런데 사고가 발생합니다. 배가 뒤집히고 벅은 물에 빠져 죽습니다. 그 후 콘라드는 혼자 생존했다는 죄책감 때문에 외상 후 스트레스 장애로 고통을 받습니다. 그는 끔찍한 경험을 잊지 못합니다. 형을 구할 수 있었는데 살리지 못했다고 생각합니다. 상황은 악화됩니다. 콘라드는 마약중독으로 자살을 시도합니다. 다행히도 그는 살아서 정신병원에 입원합니다. 그는 거의 미칠 지경입니다. 왜 이런 일이 자꾸 생기는지 알지 못합니다. 더 이상 참을 수 없어서 정신과 의사를 찾아갑니다. 그는 버거 박사와 깊은 대화를 나누고 도움을 호소합니다. 버거 박사는 의미 있는 말을 합니다. "가끔 사고는 일어난다. 인생은 잘못될 수 있다. 이유는 모른다. 중요한 건 너의 책임이 아니라는 거다. 네게는 선택의 여지가 없었다. 걱정하지 마라. 너는 정상이다." 콘라드는 대꾸합니다. "어떻게 당신의 말을 믿을 수 있습니까?" 버거 박사는 말합니다. "나는 너의 친구다." 이때 비로소 콘라드는 위로를 받고 회복합니다.

콘라드가 겪은 나쁜 일들은 그 자신 때문이 아닙니다. 외부에서 작용하는 제3의 요인, 악이 있습니다. 하나님은 인간을 사랑하시고, 콘라드는 우리들 중 하나이며, 버거 박사는 성령의 역할을 합니다. 성령은 콘라드가 하나님의 사랑에 마음을 열도록 도와주십니다. 콘라드는 결국 성령에 의해 자유하게 됩니다. 영화는 하나님, 예수님, 성령님과 사람이 구원을 위해 함께 일하는 과정을 그리고 있습니다.

이 말씀은 우리가 평생 끊임없이 묻고 대답해야 하는 질문입니다. "너희가 예수 믿을 때에 성령을 받았느냐?" 바울이 에베소에서 몇몇 제자들에게 성령에 대해 물었을 때 그들은 대답했습니다. "우리는 성령이

Picture, Best Director, and Best Actress. One day main character Conrad goes sailing with his older brother, Buck. But an accident happens to them. The sailing boat is overturned, and Buck is dead. After that, Conrad suffers from post-traumatic stress disorder due to survivor's guilt. He does not forget his terrible experience. He gets into a panic. Conrad thinks he was able to save his brother but failed; he believes that his brother was killed for him. The situation becomes worse. Conrad is addicted to drugs and makes a suicide attempt. Fortunately, he is alive and enters a mental hospital. Conrad is almost mad. He doesn't understand why things are happening again and again. He is in pain and not at all at peace. Conrad is no longer patient and seeks Dr. Berger, an empathetic psychiatrist, in order to solve his spiritual pain. He has a deep conversation with Dr. Berger and asks for help. Dr. Berger gives him some sound advice. Dr. Berger says, "Sometimes accidents happen. Life can be wrong. We don't know why. The important thing is the fact that you don't have responsibility. You had no choice for your brother. Don't worry. You are fine." Conrad responds, "How can I trust your words?" "I am your friend," says Dr. Berger. Not until this moment does Conrad receive comfort. He gets back to normal.

The bad accidents that Conrad has undergone are not because of him. There is a sort of evil that exists outside as the third factor. God loves human beings, Conrad finding and meeting Dr. Berger is one of us, and Dr. Berger plays the role of the Holy Spirit. The Holy Spirit helps Conrad open his heart to God's love. He is finally set free by the Holy Spirit. The story demonstrates the process where God, Jesus, the Holy Spirit, and man work together for salvation.

있다는 것도 듣지 못하였노라." 여러분은 어떤가요? 요한복음 14-16장에 의하면, 예수님의 고별설교는 성령 이야기로 끝납니다. 기독교 신앙의 독특한 세 가지 요소는 성육신, 부활, 성령입니다. 그리스도인만 살아 계신 하나님을 믿습니다. 다른 종교인들은 죽은 신을 믿습니다. 우리는 성령으로서 살아 계시는 주님의 현존을 알고 있습니다.

우리는 하나님의 뜻을 혼동합니다. 내 인생은 어디로 가고 있습니까? 성령은 우리에게 하나님의 뜻을 정확히 알 수 있는 매우 강력하고 구체적인 사인을 보여 주십니다. 성령은 '기억나게 하시는 분'입니다. 성령은 새로운 유행을 만드는 분이 아닙니다. 성령은 우리가 들은 것을 기억나게 하십니다. 예수님이 제자들에게 말씀하셨습니다. "성령 그가 너희에게 모든 것을 가르치고 내가 너희에게 말한 모든 것을 생각나게 하리라"(요 14:26). 성령은 나로 하여금 하나님의 사랑, 은혜, 소명, 은사를 다시 생각하게 하십니다. 과거 하나님의 사랑은 현재의 스트레스를 여유롭게 관리하는 최고의 방법입니다. 성령은 '해피 메이커'이십니다. 가장 신실한 그리스도인은 그가 무엇을 하든지 기뻐하는 사람입니다. 우리는 어려움에 직면할 때 성령의 힘으로 미소 지을 수 있습니다. 우리에게는 믿음, 소망, 사랑이 있습니다. 성령은 예수님의 과거 사역이 현재를 위한 것임을 믿게 하십니다. 성령은 하나님의 미래 사역이 현재를 위한 것임을 소망하게 하십니다. 성령은 사랑하는 능력을 주십니다.

성령 충만한 삶을 어떻게 알 수 있습니까? 만일 쇼핑하러 가서 진열장에 있는 다이아몬드 반지를 보고 갖고 싶다는 마음이 간절하다면, 성령 충만한 그리스도인은 아닙니다. 아이쇼핑 하는 것만으로도 좋다면, 성령 충만한 그리스도인입니다. 만일 최고급 자동차를 기필코 사야겠다

This is a long-lasting question, and we should answer the question. "Did you receive the Holy Spirit when you believed?" When Paul asked some disciples in Ephesus about the Spirit, they replied, "No, we have not even heard that there is a Holy Spirit." What about you? According to John chapters 14-16, Jesus' final narrative ends with reference to the Holy Spirit. I believe that there are three unique elements of the Christian faith: incarnation, resurrection, and the Holy Spirit. Only Christians trust in the living God. Other religious people believe in dead gods. We know the presence of the living Lord as the Holy Spirit.

We are confused about God's will. Where is my life going? The Holy Spirit shows us a physical sign as very strong evidence that we can exactly know God's will. The Holy Spirit is a "Reminder." The work of the Holy Spirit does not make fresh things for fashion. The Holy Spirit let us remember what is heard. Jesus said to his disciples, "But the Helper, the Holy Spirit, whom the Father will send in my name, he will teach you all things and bring to your remembrance all that I have said to you" (Jn 14:26). The Holy Spirit makes me rethink of God's love, grace, calling, and gifts. God's past love is the best way to manage present stress with confidence and poise. The Holy Spirit is a "Happy-Maker." The greatest Christian is one who is joyful whatever he or she does. When we are faced with difficulties, we can smile by the Holy Spirit. We have three things: faith, hope, and love. The Holy Spirit makes the past work of Jesus present to faith. The Spirit makes the future work of God present to hope. The Sprit empowers love.

How do you know the Spirit-filled life? When you go market-ing and see a diamond ring on display in the show window,

고 마음먹는다면, 좋은 그리스도인은 아닙니다. 아이쇼핑만 해도 기분 좋다면, 여러분은 성령을 받은 것입니다.

"스타워즈" 감독 조지 루카스는 캘리포니아 샌엔셀모에 살고 있습니다. 샌프란시스코 신학교 기숙사가 그곳에 있습니다. 루카스는 이웃이었습니다. 이 사람이 자신의 시청 옆 건물을 헐고 부지를 주민들에게 기증했습니다. 시는 그 자리에 공원을 만들고, 루카스는 분수대 요다상을 공개했습니다. 그의 "스타워즈" 시리즈에서 요다와 오비완 케노비가 기사단에게 꼭 하는 말이죠. "포스가 너와 항상 함께 하기 바란다." 방문객들에게 명대사를 떠올리게 하는 상징물이었습니다. 사실 예수님이 먼저 제자들에게 하신 말씀이었습니다. "내가 세상 끝날까지 너희와 항상 함께 하리라." 포스가 아닙니다. 성령이 여러분과 항상 함께 하실 것입니다.

성령의 은혜를 구하십시오. 맥스 루케이도 목사님의 말입니다. "오즈의 마법사는 당신의 내면을 보고 자신을 찾으라고 말합니다. 하나님은 당신의 내면을 보고 성령을 찾으라고 말씀하십니다. 전자는 당신을 캔자스로 인도할 것입니다. 후자는 당신을 천국으로 인도할 것입니다. 선택하십시오."

if you say, "I wanna get this. I wanna get this," you are not the Spirit-filled Christian. If you think you're okay to just do eye shopping, you are the Spirit-filled Christian. If you think you must buy a luxury car, you are not a good Christian. If you say, "I'm fine to just do eye shopping," you received the Holy Spirit.

Star Wars filmmaker George Lucas is a longtime resident of the small Marin County town of San Anselmo. My family lived on campus in San Anselmo for more than four years. Lucas was my neighbor. He owned a commercial building next to the town hall. He tore down it and donated the property to the town. The town built a public park on the ground. The new public park opened in 2013, and Lucas unveiled a bronze statue of Yoda in the midst of a fountain. In all the Star Wars Saga series, Yoda and Obi-Wan Kenobi say to Luke Skywalker or other characters, "May the Force be with you, always!" I got it. Jesus fist said to his disciples, "I am with you always, to the end of the age." Not Force. May the Holy Spirit be with you, always!

Pray for the grace of the Holy Spirit. To quote Max Lucado, "The wizard of Oz says look inside yourself and find self. God says look inside yourself and find the Holy Spirit. The first will get you to Kansas. The latter will get you to heaven. Take your pick." End quote.

예수, 윤리가 대체 불가능한

빌레몬서 1장 16-19절 이 후로는 종과 같이 대하지 아니하고 종 이상
으로 곧 사랑 받는 형제로 둘 자라 내게 특별히 그러하거든 하물며 육신
과 주 안에서 상관된 네게랴 그러므로 네가 나를 동역자로 알진대 그를 영
접하기를 내게 하듯 하고 그가 만일 네게 불의를 하였거나 네게 빚진 것이
있으면 그것을 내 앞으로 계산하라 나 바울이 친필로 쓰노니 내가 갚으려
니와 네가 이 외에 네 자신이 내게 빚진 것은 내가 말하지 아니하노라

어떤 사람들은 쾌락생활을 합니다. 어떤 사람들은 도덕생활을 합니
다. 어떤 사람들은 종교생활을 합니다. 어떤 사람들은 믿음생활을 합니
다. 어느 것이 최고입니까? 각각의 삶은 어떤 결과를 가져올까요? 그리
스도인이 복음으로 산다는 것은 어떻게 한다는 말입니까? 복음은 어떤
것입니까?

하나님께서 이삭을 바치라고 하셨을 때 어쩌면 아브라함은 이같이
물어 볼 수도 있었습니다. "하나님이 어린아이를 죽이라고 하십니까?
하나님이 어떻게 이교도 같으십니까?" 이것은 도덕에 관한 질문입니다.
이렇게 접근하면 순종 못합니다. 아브라함은 아들을 희생시키기 전에
하나님께서 그만두게 하실 줄 몰랐습니다. 만일 그가 납득할 만한 근거

22

More Than Stories of Morality

Philemon 1:16–19 … no longer as a bondservant but more than a bondservant, as a beloved brother — especially to me, but how much more to you, both in the flesh and in the Lord. So if you consider me your partner, receive him as you would receive me. If he has wronged you at all, or owes you anything, charge that to my account. I, Paul, write this with my own hand: I will repay it — to say nothing of your owing me even your own self.

Some people live for pleasure. Some people live according to moral principles. Some people live a religious life. Some people live by faith. Which one is best? What are the consequences of living each sort of life? What is the gospel like?

When God commanded Abraham to sacrifice his son Isaac, maybe he could ask, "How can God kill a child? How is God like pagans?" The question is about morals. This approach drives away obedience. Abraham didn't know that God would stop him before his deed had done. If Abraham had tried to find an explanation, he would have been in a state of temptation, and in that case he would have never sacrificed Isaac. How could he accept God's demand? Abraham didn't have trouble with the ethical but the gospel: "I don't understand his command, but I

를 찾으려고 했다면 시험에 빠져서 이삭을 드리지 못했을 것입니다. 아브라함은 어떻게 해서 하나님의 요구를 받아들일 수 있었을까? 아브라함은 윤리를 고민하지 않았습니다. 그는 이 문제에 복음으로 접근했습니다. "명령은 이해할 수 없지만 하나님은 나를 사랑하신다. 나를 사랑하시는 하나님이 내게 해로운 일을 하실 리 없다. 그러므로 하나님의 뜻을 따르자." 아브라함은 하나님과 자신의 절대적 관계만 생각했습니다. 하나님의 사랑을 믿었습니다. 그래서 순종할 수 있었습니다. 윤리를 뛰어 넘었습니다.

야곱은 형과 아버지를 속였습니다. 윤리는 "하나님이 왜 약삭빠른 야곱을 축복하셨나?"라고 물을 것입니다. 그러나 복음은 말합니다. "야곱은 끊임없이 하나님을 찾았고 적어도 용서와 사랑은 받았다."

장성한 모세는 한 애굽 사람이 자기 형제 히브리 사람을 치는 것을 목격했습니다. 모세는 그 애굽 사람을 죽이고 미디안으로 탈출했습니다. 윤리는 "모세가 도주했습니다. 그가 어떻게 위대한 지도자가 될 수 있습니까?"라고 물을 것입니다. 그러나 복음은 말합니다. "하나님께서 세상의 약한 것들을 택하사 강한 것들을 부끄럽게 하시나니 내게 능력 주시는 자 안에서 내가 모든 것을 할 수 있느니라."

헷 사람 우리아는 다윗의 군인이었습니다. 그는 밧세바의 남편이었고 다윗의 명령으로 살해되었습니다. 윤리는 "다윗은 살인자입니다. 그러고도 계속해서 이스라엘 왕으로 있습니까?"라고 물을 것입니다. 그러나 복음은 말합니다. "다윗은 회개하면서 누구를 원망하지 않았기 때문에 하나님이 그를 용서하고 사랑하셨다." 다윗은 하나님의 승인을 받고

know he loves me. The God who loves me can't do anything harmful to me and therefore I will follow his will." Abraham considered only an absolute relation to God. He trusted in God's love, so he could follow God's will. In his action Abraham transcended the ethical.

Jacob cheated his brother Esau and his father Isaac. The ethical may ask, "Why did God bless Jacob when he was a deceiver?" But the gospel says, "Jacob was constantly seeking God and at last he was forgiven and loved."

When Moses had grown up, one day he saw an Egyptian beating one of his fellow Hebrews. Moses killed the Egyptian and escaped to Midian. The ethical may ask, "Moses fled. How can he become a great leader?" But the gospel says, "God chose what is weak in the world to shame the strong. I can do all things through him who strengthens me."

Uriah the Hittite was a soldier in King David's army. He was the husband of Bathsheba and was murdered by order of King David. The ethical may ask, "David is a murderer. How can he continue to be king over Israel?" But the gospel says, "David didn't take his grumbles to anyone while repenting, so God forgave and loved him." With the sanction of God, David had done his job well.

Those who brought a woman caught in adultery went away, and Jesus was left alone with the woman. Then Jesus said to her, "Woman, where are your accusers? Has no one condemned you?" She said, "No one, Lord." The ethical may shout, "Stone her!" But the gospel says, "Neither did Jesus condemn her. God deals with

책임을 다했습니다.

간음 중에 잡힌 여자를 끌고 온 사람들은 떠났습니다. 예수님과 여자
만 남았습니다. 그때 예수님은 말씀하셨습니다. "너를 고발하던 그들이
어디 있느냐? 너를 죄인 취급한 사람은 없느냐?" 여자는 대답했습니다.
"주님, 없습니다." 윤리는 "돌로 치라" 하고 소리칠 것입니다. 그러나 복
음은 말합니다. "예수님도 그녀를 정죄하지 않으셨다. 하나님은 죄인을
사랑과 은혜로 다루신다."

탕자는 집을 떠났다가 돌아왔습니다. 윤리는 "그가 방탕한 생활로 돈
을 낭비했습니다. 아버지가 왜 달려 나가서 아무 말도 하지 않고 환영합
니까?"라고 물을 것입니다. 그러나 복음은 말합니다. "아들이 탕자면 아
버지도 탕부다. 그러니까 아버지는 아들을 사랑한다. 과거 없는 사람 없
고, 미래 없는 은혜 없다."

바울은 스데반의 죽음을 마땅히 여겼습니다. 집집마다 돌아다니며
남녀를 가리지 않고 믿는 사람들을 끌어내 가두어 버렸습니다. 윤리는
"바울이 좋은 사람은 아니었습니다. 그가 어떻게 사도가 될 수 있습니
까?"라고 물을 것입니다. 그러나 복음은 말합니다. "그렇다. 바울은 박
해자고 폭력자였다. 하지만 하나님이 그를 바꾸셨다."

빌레몬서는 바울의 가장 사적인 편지입니다. 로마에 처음 수감되었
을 때 쓴 것입니다. 빌레몬의 노예 중 하나가 오네시모였습니다. 그는
주인의 것을 훔치고 도망쳤습니다. 수백 마일을 여행해서 대도시 로마
로 갔습니다. 거기서 바울을 만났습니다. 이 짧은 편지에서 바울은 친

such sinners on the basis of love and grace."

What is the meaning of the Parable of the Prodigal Son? The younger son left and returned home. The ethical may ask, "He wasted all his money in wild living. Why does his father run to greet him and welcome him home with no speeches?" But the gospel says, "The father is the father of the prodigal son, the prodigal father. So, the father loves the son. There is no person without a past and no grace without a future."

You may be forgetting what Paul was like before he met Christ. When the Jews stoned the innocent Stephen, Paul watched this shocking spectacle in hearty agreement. He was ravaging the church, and entering house after house, he dragged out both men and women to throw them into prison. The ethical may ask, "He wasn't a nice man! How can he be an apostle?" But the gospel says, "Yes, he was a persecutor and a violent aggressor, but God changed his character."

The Book of Philemon is Paul's most personal letter, written during his first imprisonment in Rome. One of Philemon's slaves was named Onesimus. He had stolen from his master and run away. He traveled hundreds of miles to a large city, Rome, where he happened to meet Paul. This short letter is Paul's appeal to his friend, Philemon to welcome back this runaway slave, as a beloved brother in Christ. Is brotherly love possible between the slave's master and the escaped slave? One can do it with the gospel. Paul wanted Philemon not to make scrutiny of the ethical – Onesimus' stealing. The gospel says, "He can also be a man of God." Please try not to disapprove of moral and personal failings often. Consider whether God changes one's character or not. We

구 빌레몬에게 다시 그를 그리스도 안에서 사랑하는 형제로 받아 달라고 호소합니다. 노예의 주인과 도망친 노예 사이에 형제애가 가능한가? 복음으로는 할 수 있습니다. 바울은 빌레몬이 윤리를 따지지 않기를 바랐습니다. 복음은 말합니다. "그 또한 하나님의 사람이 될 수 있다." 자주 윤리를 비난하지 않도록 하십시오. 하나님이 그 사람을 바꾸시는지 아닌지 깊이 생각하십시오. 과거를 가지고 사람을 판단하면 안 됩니다. 하나님은 오네시모의 사람됨과 그의 인간관계를 바꾸셨습니다. 루터는 "우리가 모두 주님의 오네시모다"라고 했습니다. 교부 안디옥의 이그나티우스는 주후 110년경에 에베소 감독 오네시모를 언급했습니다. 아마 당신도 예수님을 만나기 전에는 좋은 사람이 아니었을 것입니다. 하나님은 당신을 바꾸십니다.

철학자들이 모르는 것이 있습니다. 삶의 궁극적 현실은 윤리가 아니고 복음의 문제입니다. 예수님의 사랑과 은혜로 우리가 여기에 있습니다. 예수의 보혈이 우리를 덮었습니다. 복음은 윤리가 아닙니다. 복음은 윤리를 딛고 넘습니다. 복음은 이것입니다. "하나님은 사랑이시다." 하나님의 사랑은 가장 높고 비교 대상이 없습니다. 사랑은 도덕 너머에 있습니다. 그리스도인의 소명과 사명은 어떻게 성취하나요? 윤리가 아니고 주님의 용서하시는 사랑, 주님의 이해하시는 사랑으로 하는 것입니다. 예수의 복음은 은혜와 진리입니다.

don't have to judge one on his past. God changed Onesimus' character and his relationships with others. Martin Luther put, "We are all the Lord's Onesimi." Ignatius of Antioch, one of the Apostolic Fathers, writing sometime around 110 AD, referred to the bishop in Ephesus, Onesimus. Maybe before you met Jesus, you were not a nice person. God changes your character.

Philosophers go wrong when they discuss ethics. The final reality of life is not the ethical but the question of the gospel. Here we are by Jesus' love and grace. We are covered by Jesus' blood. The gospel is not the ethical. The gospel oversteps the ethical. The gospel is, "God is love." The love of God is the highest and nothing incommensurable is left over. Beyond morality is love. How can we fulfill our calling to be a servant of God? Not by the ethical but by his forgiving love, his understanding love. The gospel of Jesus shows grace and truth.

예수, 그의 은혜 안에 거하라

요한복음 15장 1-4절 나는 참포도나무요 내 아버지는 농부라 무릇 내게 붙어 있어 열매를 맺지 아니하는 가지는 아버지께서 그것을 제거해 버리시고 무릇 열매를 맺는 가지는 더 열매를 맺게 하려 하여 그것을 깨끗하게 하시느니라 너희는 내가 일러준 말로 이미 깨끗하여졌으니 내 안에 거하라 나도 너희 안에 거하리라 가지가 포도나무에 붙어 있지 아니하면 스스로 열매를 맺을 수 없음 같이 너희도 내 안에 있지 아니하면 그러하리라

인생은 공중 그네 쇼와 같습니다. 긴장의 연속이고 위험한 일이 있습니다. 공중 그네는 아슬아슬합니다. 밑에는 그물이 있습니다. 실수로 떨어지면 다시 그네로 튀어 오를 수 있습니다. 우리는 그리스도 안에서 그네 위에 사는 것입니다. 미끄러지면 어떻게 되나요? 틀림없이 그물이 있습니다. 우리 주님이 부상을 입지 않고 땅에 떨어지지 않게 보호하십니다. 안전망과 공중 그네에 머물 수 있는 능력은 하나님의 은혜입니다. 우리는 매일 은혜로, 은혜 안에서 사는 것입니다. 은혜 아니면 우리는 한 순간도, 하루도 생존할 수 없습니다.

예수님은 은혜라는 말을 한 번도 사용하신 적 없습니다. 하지만 은혜를 가르치셨고 예수님의 삶은 시종일관 은혜의 모델이었습니다. 성경은

Abide in My Grace

John 15:1–4 "I am the true vine, and my Father is the vinedresser. Every branch in me that does not bear fruit he takes away, and every branch that does bear fruit he prunes, that it may bear more fruit. Already you are clean because of the word that I have spoken to you. Abide in me, and I in you. As the branch cannot bear fruit by itself, unless it abides in the vine, neither can you, unless you abide in me.

Life is like a trapeze show. There are successive tensions and risky things. Watching a trapeze show is breathtaking. We gasp at near-misses. In most cases, there is a net underneath. When the performers fall, they jump up and bounce back to the trapeze. Look how we live. In Christ, we live on the trapeze. What happens when we slip? The net is surely there. Our Lord has been protecting us from injury. He does not let us hit the ground. Both the safety net and the ability to stay on the trapeze are works of God's grace. We live daily by his grace, in his grace. Without his grace, we cannot survive even one moment, even one day.

You be surprised to learn that Jesus never used the word *grace*, but he did teach it and most of all he lived it! The life of

은혜 이야기로 가득 차 있습니다. 간음한 여인, 탕자, 선한 사마리아인, 세리의 기도, 나사로, 모두 은혜에 관한 말씀입니다. 성경은 은혜를 한 문장으로 정의합니다. 은혜란 과분한 것입니다. 만일 받을 만해서 받는 것이라면 그것은 은혜가 아닙니다. 은혜는 무가치하거나 결코 그것을 벌어들일 수 없는 자에게 주어지는 것입니다. 거저 받는 것입니다. 청구서나 상환하라는 요청을 받지 않습니다.

요한복음 15장 1-2절은 애송할 뿐만 아니라 오용하는 말씀이기도 합니다. 예수님은 열매 맺는 것과 맺지 못하는 것, 두 종류의 포도나무 가지를 말씀하십니다. 대부분의 번역은 2절의 헬라어 '아이로'(αἴρω)를 '제거하다'로 해석합니다. 그러나 이 해석은 원문의 참뜻을 놓치고 있습니다. '아이로'에는 네 가지 뜻이 있습니다. 맨 먼저는 '낮은 데서 높은 데로 들어 올린다'입니다. 다음은 '목소리를 높이다'입니다. 그 다음은 '분위기를 고양시키다'입니다. 마지막은 '제거하다'입니다. 첫 번째가 본래 의미고 네 번째는 의역입니다. 따라서 본문은 헬라어 원문에 가장 알맞은 의미로 "내게 붙어 있어 열매를 맺지 아니하는 가지는 들어 올리신다"라고 읽어야 할 것입니다. 농부가 제대로 자랄 수 있는 기회도 주지 않고 즉시 잘라 버리는 것은 이상합니다. 포도나무는 나무가 아니고 넝쿨입니다. 땅바닥에 내버려 두면 죽습니다. 좋은 농부는 늘어진 가지를 땅에 끌리지 않게 집어 올려서 공기와 햇볕을 쏘이고 살려 놓습니다. 울타리에 잘 매여 있는 가지는 벌레를 청소하고 성장이 고르게 가지치기합니다. 예수님 시대 팔레스타인에서는 봄철에 아래로 처진 가지를 올려놓고 보호하는 일이 일반적이었습니다. 포도나무 비유는 약한 가지는 들어 올리고 튼튼한 가지는 깨끗하게 정리해 주신다는 말씀입니다. 처벌이 아닌 은혜를 말씀합니다. 예수께서 잡히시던 밤에 제자들이 열매

Jesus consistently modeled grace, and the Bible is full of stories about grace: the woman caught in adultery, the prodigal son, the Good Samaritan, the tax collector's prayer, the death of Lazarus, and so on. The Bible gives a one-statement definition of it. Grace is undeserved! If it is deserved then it is not grace. To show grace is to extend favor to one who doesn't deserve it and can never earn it. Grace is free. You'll never get a bill or be asked to repay it.

John 15:1-2 is not only one of the most popular Bible verses, but also one of the most commonly misused Bible verses. Jesus talks about two kinds of branches in the vine, fruiting and non-fruiting. Most translations have read the Greek word *αἴρω* (airo) in verse two as "take away." But this interpretation has missed the true meaning of the term. The original word *αἴρω* has four basic meanings: 1) to lift up from a lower to higher level, 2) to lift up one's voice, 3) to lift up one's mood, and 4) to remove. The first is primary, and the last is figurative. Thus, the best and most general definition of *αἴρω* is "lift up." In that case the sentence would read, "Every branch in me that does not bear fruit he lifts up." In at least eight out of its twenty-four uses in John, this same term is used with the sense of lifting. It would be strange that the vinedresser immediately cuts off such a branch without even giving it a chance to develop properly. The vine is not a tree but a climbing plant. If he leaves it on the floor, it's gonna die. The wise vinedresser keeps it from trailing on the ground, raising it to the air and sun. When it is well tied to the trellis, he prunes away the unproductive elements, cleaning up bugs which otherwise would hinder the growth of the plant. It was common to the vineyard culture of Jesus' time that during the spring, fallen vines in Palestine were lifted with meticulous care and allowed to heal.

맺은 사람들이었습니까? 아닙니다. 그럼에도 불구하고 예수님은 그들을 끝까지 사랑하셨습니다. 주님의 은혜는 끝이 없습니다.

외딴 스위스 마을에 아름다운 교회가 있었습니다. 교회는 그 지방에서 가장 아름다운 파이프 오르간을 가지고 있었습니다. 사람들은 오르간 소리를 듣기 위해 먼 곳에서 찾아오곤 했습니다. 그런데 오르간에 문제가 생겼습니다. 섬뜩한 소리가 들렸습니다. 마을에는 더 이상 오르간의 장엄한 선율이 울려 퍼지지 않았습니다. 세계 여기저기서 온 음악가와 전문가들이 수리해 보았습니다. 매번 새로운 사람이 시도할 때마다 주민들은 불협화음을 들었습니다. 지독한 소음공해였습니다. 어느 날 한 노인이 교회 문 앞에 나타났습니다. 그는 관리인과 대화를 나누었고 잠시 후 관리인은 마지못해 오르간을 수리해 보라고 했습니다. 이틀간 노인은 조용히 일했습니다. 관리인은 초조했습니다. 그러고 나서 셋째 날 정오에 마을은 다시 한 번 영광스런 음악으로 가득했습니다. 사람들은 하던 일을 멈추고 교회로 향했습니다. 산 위의 풀과 나무들조차 찬란한 음악에 반응하는 듯했습니다. 노인이 연주를 마친 후 한 사람이 세계적인 전문가도 고치지 못하는 이 훌륭한 악기를 어떻게 복구할 수 있었는지 물었습니다. 노인은 내막을 잘 아는 사람이 할 수 있는 일이라고 말했습니다. "50년 전에 이 오르간을 만든 사람이 바로 저입니다. 내가 만든 것이니까 내가 고친 것입니다." 하나님은 이런 분이십니다. 하나님은 여러분을 만드신 분입니다. 그래서 하나님은 여러분이 잘못되면 회복시키실 수 있고 그렇게 하실 분입니다.

여러분은 자신을 열매 맺지 못하거나 좋은 열매 맺는 사람이 아니라고 생각할 수 있습니다. 그러나 염려하지 마십시오. 예수님은 열매 맺지

The story of the vine describes the farmer lifting up unsound branches while cleansing sound branches. It is about grace, not about a judgmental way. Would the disciples be considered fruit-bearers on the night Jesus was betrayed? No. Nevertheless, Jesus loved them to the very end. His grace does not come to an end.

A beautiful church stood in a remote Swiss village. The church had the most beautiful pipe organ in the whole region. People would come from miles away from — far off lands — to hear the lovely tones of this organ. But something went wrong with the pipe organ. There was an eerie sound. The mountain valley no longer echoed the glorious fine-tuned music of the pipe organ. Musicians and experts from around the world had tried to repair it. Every time a new person would try to fix it the villagers were subjected to sounds of disharmony — awful penetrating noises which polluted the air. One day an old man appeared at the church door. He spoke with the sexton and after a time the sexton reluctantly agreed to let the old man try his hand at repairing the organ. For two days the old man worked in almost total silence. The sexton was, in fact, getting a bit nervous. Then on the third day — at high noon — the mountain valley once again was filled with glorious music. Farmers dropped their plows, merchants closed their stores — everyone in town stopped what they were doing and headed for the church. Even the bushes and trees of the mountain tops seemed to respond as the glorious music echoed from ridge to ridge. After the old man finished his playing, a brave soul asked him how he could have fixed the organ, how could he restore this magnificent instrument when even the world's experts could not. The old man merely said it was an inside job. "It was I who built this organ fifty years ago. I created it — and now I have restored it." That is what God

않는 모든 가지를 잘라 내지 않으십니다. 주님은 여러분을 들어 올려서 열매 맺게 하실 것입니다. 죽은 가지는 버리십니다. 여러분은 죽은 가지가 아닙니다. 예수님은 분명히 말씀하셨습니다. "너희는 이미 깨끗하여졌으니 내가 너희를 택한 것이요 가서 열매를 맺고 열매가 항상 있게 하려는 것이다"(3, 16절). 열매는 여러분이 맺는 게 아닙니다. 열매는 예수님이 맺게 하실 것입니다. 그저 예수님과 동행하십시오. 하나님은 모두 돌보십니다. 비록 지금은 열매 없는 사람들일지라도 그들은 하나님에게 여전히 중요하고 장차 은혜 받을 사람들입니다. 또한 열매 맺을 준비가 된 사람들에게는 하나님이 더 큰 결실을 보장하실 것입니다.

맥스 루케이도 목사님의 멋진 말입니다. "은혜는 하나님의 베스트 아이디어다." 은혜는 우리를 깨웁니다. 은혜는 우리를 변화시킵니다. 은혜는 우리를 담대하게 합니다. 은혜는 우리를 강하게 합니다. 그 어떤 것도 은혜보다 우리를 변화시킬 수 있는 힘은 없습니다. 진리는 우리 모두 은혜가 필요하다는 것입니다.

is like. It is he who made you, and it is he who can, and will, and is in the process of restoring you.

You may now think you are a non-fruit bearer, or you are not a good-fruit bearer. But don't worry. Thankfully, Jesus does not cut off all non-fruiting branches. He will raise you from the ground to bear your fruit. Dead branches are taken away. You are not a dead branch. Jesus surely says to you, "You are already clean. I chose you. I appointed you to go and produce lovely fruit always" (vv. 3, 16). It is not for you to bear fruit. Jesus will let you bear fruit. Just stay with him, walk with him. God cares for both groups of believers. Though they are not fruitful now, they are still important to him and recipients of his grace. He also cares for the ones who are now ready to bear fruit; he will insure their greater fruitfulness.

"Grace is God's best idea," explains Max Lucado. Grace awakens us. Grace changes us. Grace shapes us. Grace emboldens us. Grace strengthens us. There is nothing that has the power to change us like grace. The truth is that we all need grace.

예수, 떠나고 싶은가?

요한복음 6장 66-69절 그때부터 그의 제자 중에서 많은 사람이 떠나가고 다시 그와 함께 다니지 아니하더라 예수께서 열두 제자에게 이르시되 너희도 가려느냐 시몬 베드로가 대답하되 주여 영생의 말씀이 주께 있사오니 우리가 누구에게로 가오리이까 우리가 주는 하나님의 거룩하신 자이신 줄 믿고 알았사옵나이다

사람들은 조언을 구하고도 자신들이 처음에 듣고 싶었던 말을 들을 때까지는 듣지 않습니다. 17살 딸이 주말에 친구들과 어울립니다. 어머니는 질문 공세를 펼칩니다. "어디서 놀아?" "집에 부모님은 계시니?" "누구랑 가?" "12시 30분까지 와라." 그런데 새벽 1시에 들어옵니다. "너, 12시 30분까지 오기로 했잖아." "아, 미안. 못 들었어. 1시 30분일 줄 알았어." 사람들은 듣고 싶은 것만 듣고, 듣고 싶은 것만 믿는 경향이 있습니다. 진실은 상관없습니다.

바울은 개인적으로 이야기합니다. "데마는 이 세상을 사랑하여 나를 버리고 데살로니가로 갔고 그레스게는 갈라디아로, 디도는 달마디아로 갔고 누가만 나와 함께 있다." 많은 사람이 바울을 떠났습니다. 예수님

Are You Leaving, Too?

John 6:66–69 After this many of his disciples turned back and no longer walked with him. So Jesus said to the twelve, "Do you want to go away as well?" Simon Peter answered him, "Lord, to whom shall we go? You have the words of eternal life, and we have believed, and have come to know, that you are the Holy One of God."

People ask for advice but never consider it until they actually hear what they wanted in the first place. A 17-year-old daughter is going out with friends on the weekend. The mother puts her through the battery of questions. "Where is the party? Are the parents home? Who are you going with? Be home at 12:30." But she comes through the door at 1:00 and her mother says, "You were supposed to be home at 12:30." She replies, "Oh I'm sorry. I didn't hear that. I thought you said 1:30." People tend to listen to, and believe what they want to hear. The truth, to them, is irrelevant.

Bible readers have long been familiar with Paul's final words, his personal instructions: "Demas, in love with this present world, has gone to Thessalonica. Crescens has gone to Galatia,

의 사역을 보세요. 복음을 전하기 시작하셨을 때 회당에서 가르치고 온 갖 질병을 고치면서 갈릴리 전역을 다니셨습니다. 예수님의 소문이 온 수리아에 퍼졌습니다. 많은 무리가 따랐습니다. 예수님은 70명의 제자를 파송하셨습니다. 사람들은 예수님의 가르침에 놀랐습니다. 이런 까닭에 많은 사람이 제자가 되려고 예수님을 따랐을 것이라고 생각할 수 있습니다. 그렇지 않았습니다. 우리는 이사야 30장을 통해 그들의 생각을 알 수 있습니다. 여호와께서 이사야에게 책에 써서 후세에 영원히 남기라고 말씀하셨습니다. "이는 패역한 백성이요 거짓말 하는 자식들이요 여호와의 법을 듣기 싫어하는 자식들이라 그들이 선견자들에게 이르기를 선견하지 말라 선지자들에게 이르기를 우리에게 바른 것을 보이지 말라 우리에게 부드러운 말을 하라 거짓된 것을 보이라 너희는 바른 길을 버리며 첩경에서 돌이키라 이스라엘의 거룩하신 이를 우리 앞에서 떠나시게 하라 하는도다." 예수님 시대에 대다수는 듣고 싶은 것만 듣기를 원했습니다. 예수님은 그들이 원하는 말을 하시지 않았습니다. 그래서 성경은 말합니다. "그때부터 그의 제자 중에서 많은 사람이 떠나가고 다시 그와 함께 다니지 아니하더라." 사실 꽤 많은 사람이 예수님을 떠났습니다.

60절에서 제자들이 말합니다. "이 말씀은 어렵도다." 탈무드에 자주 나오는 표현입니다. '어렵다'는 말은 '거슬리다, 마음에 들지 않다'는 의미입니다. '이해하기 어렵다'는 것이 아니고 '시도하기 어렵다'는 뜻입니다. 예수님의 가르침은 그들의 신앙에 걸림돌과 같았습니다. 예수님의 제안은 자신들의 편견과 반대였고, 어리석어 보였고, 그래서 그들은 거절했습니다. 많은 제자가 떠났습니다. 좋은 말을 듣고 싶었으나 예수님은 그런 말씀을 하시지 않았고, 세상 사람들처럼 되고 싶었으나 예수님

Titus to Dalmatia. Luke alone is with me." Many of Paul' men left him. Let's turn our attention to Jesus' ministry. When Jesus began to tell his gospel, he went all over Galilee, teaching in the synagogues and healing every kind of disease and every kind of sickness. The news about Jesus spread throughout Syria. Large crowds followed Jesus. They came from Galilee, the ten towns called the Decapolis, Jerusalem, Judea, and from across the Jordan River. Jesus chose seventy other disciples and sent them out to spread the gospel. People were amazed at Jesus' teaching. For these reasons, you may think so many people voluntarily followed Jesus to become his disciples. But it didn't happen that way. We can see what was in their mind through Isaiah chapter 30. The Lord says to Isaiah, "And now, go, write it . . . that it may be for the time to come as a witness forever. For they are a rebellious people, lying children, children unwilling to hear the instruction of the Lord; who say to the seers, 'Do not see,' and to the prophets, 'Do not prophesy to us what is right; speak to us smooth things, prophesy illusions, leave the way, turn aside from the path, let us hear no more about the Holy One of Israel.'" Most people in Jesus' day liked to hear what they wanted to hear. Jesus didn't talk about what they wanted to hear. So the Bible says, "After this many of his disciples turned back and no longer walked with him." In fact, quite a few people left Jesus.

In verse 60, Jesus' disciples say, "This is a hard saying." This is the expression often used in the Talmudic writings. The word *hard* here means "offensive, disagreeable." This meaning is not "hard to be understood" but "difficult to be tried." Jesus' teaching was like a stumbling-block in the way of their faith. His suggestion was opposed to their prejudices; it seemed to be absurd, and they therefore rejected it. Many of Jesus' disciples

은 세상의 행위와 유행을 따르지 말라고 하셨기 때문입니다.

예수님과 결별하기로 한 사람들은 예전 생활을 좋아했습니다. 예수님의 말씀을 무시하고 속임수에 의존했습니다. 그들은 예수님에게 조용하시라고 했습니다. 우리 역시 설령 거짓이라도 듣고 싶은 것만 듣지 않습니까? 부드러운 설교만 하라고, 거짓말하라고, 진리에서 벗어나라고 하지 않습니까? 현재 대다수 교인들은 듣고 싶은 것만 듣고, 보고 싶은 것만 봅니다. 예수께 조용하시라고 합니다. 이것이 얼마나 위험한 일인지 아십니까?

예수님은 열두 제자에게 "너희도 가려느냐?" 하고 물으셨습니다. 시몬 베드로는 대답했습니다. "주님, 우리가 누구에게로 가겠습니까? 주님께 영원한 생명의 말씀이 있습니다. 우리는 주님이 하나님의 거룩하신 자이신 것을 믿고 알게 되었습니다." 결단할 시간입니다 – 믿음이냐, 불신앙이냐. 예수님은 우리의 자유를 존중하십니다. 생명을 선택하라며 우리를 부르십니다. 우리 자신을 주님께 넘겨드리라는 말입니다. 우리의 선택은 예수님이어야 합니다. 세상의 대부분은 예수님에게서 돌아설 것입니다. 하나님의 은혜가 길을 준비했을지라도 그 길은 너무 좁고 대다수 사람에게 어렵습니다. 사람들은 자기 권리를 포기하는 것을 원하지 않습니다. 대다수는 길들이고 조정하고 종으로 부릴 구세주를 원합니다. 그래서 외면하시겠습니까? 우리도 떠날까요? 예수께만 생명의 말씀이 있습니다.

예수님을 처음 믿었을 때를 되돌아보세요. 어떻게 해야 합니까? 하나님의 음성을 듣고 일상생활에서 예수님의 삶을 실천하려고 갈망하십

left him grumbling that his words were very hard because they wanted to hear nice things, but Jesus did not say so, and because they wanted to be like others in this world, but Jesus said, "Do not copy their behaviors and customs."

Those who chose to leave Jesus loved their old ways of living. They ignored what Jesus told them and relied on deceit. They told Jesus to keep quiet. Don't you only hear what you would like to hear, even if it's false? Don't you ask the preacher to say only smooth things? Don't you ask the preacher to tell lies? Don't you ask the preacher to get out of the true way? Most current churchgoers only listen to the things they want to hear and only see the things they want to see. Today they ask Jesus to keep quiet. Do you not know how dangerous only saying what you want to hear is?

Jesus asked the twelve apostles, "Do you want to go away as well?" Simon Peter replied, "Lord, to whom shall we go? You have the words of eternal life. We believe, and we know you are the Holy One of God." It is decision time — faith or unbelief. Jesus respects your freedom. He is calling on you to choose life. "Choose life!" he says. Life means giving yourselves over to his way of life. Jesus must be your choice. We come to many crucial decision points in our lives. None is more important than this one. Most of the world will turn away from Jesus. Even though God's grace has prepared the way, the path is too narrow and the demand is too difficult for most people. Most do not want to have to give up control. Most want a savior whom they can tame and manipulate and make into their servant. So will you turn away? Will we leave? No, only Jesus has the words of life.

시오. 예수님은 우리에게 돈 대신 생명을, 승진 대신 정직을, 경쟁 대신 만족을, 가지는 것 대신 주는 것을, 교회 건물 대신 주님을 위해 살라고 말씀하십니다. 교회 내부의 불의와 타협하지 마십시오.

하시딕 유대인의 이야기입니다. 친구들과 숨바꼭질 하는 어린 소년이 있었습니다. 그가 숨어 있는 동안 왠지 모르지만 친구들이 놀이를 중단했습니다. 그래서 울기 시작했습니다. 뭐가 잘못 됐나 해서 할아버지가 나와 보셨습니다. 무슨 일인지 알고 할아버지는 말했습니다. "너를 찾지 않는다고 울지 마라. 아마 이 실망에서 교훈을 얻을 것이다. 사는 것은 모두 하나님과 우리 사이의 게임과 같다. 우리가 게임을 공정하게 하지 않기 때문에 하나님도 혼자 울고 계신다. 하나님께서는 그분을 찾으라고 기다리시는데 많은 사람이 다른 것을 찾으러 가 버린다." 우리도 매한가지입니다. 예수님은 우리와 게임하고 발견되기를 바라고 기다리시는데 많은 그리스도인이 예수께서 말씀하시지 않은 것을 찾으러 사라집니다. 공정하게 게임을 하십시오. 우리는 그리스도를 위해 세상과 싸워야 합니다.

Think back on that time when you first came to faith in Jesus. What should you do with Jesus? Desire to hear God's voice and practice the way of Jesus in your daily life. Jesus tells you to live for life instead of money, for honesty instead of elevation, for contentment instead of competition, for giving instead of getting, and for him instead of the church building. Do not compromise with injustice within the church.

A Hasidic story tells of a little boy playing hide-and-seek with his friends. For some unknown reason they stopped playing while he was hiding. He began to cry. His old grandfather came out of the house to see what was troubling him. After learning what had happened, the grandfather said, "Do not weep, my child, because the boys did not come to find you. Perhaps you can learn a lesson from this disappointment. All of life is like a game between God and us. Only it is God who is weeping, for we are not playing the game fairly. God is waiting to be found, but many have gone in search of other things." And so it is with our situation. Jesus is playing with us and he is waiting to be found, but many of Christians have gone to look for other things Jesus never said. Play the game fairly. We must stand for Christ against the world.

예수, 고난의 후주를 연주하시는

창세기 50장 15-21절 요셉의 형제들이 그들의 아버지가 죽었음을 보고 말하되 요셉이 혹시 우리를 미워하여 우리가 그에게 행한 모든 악을 다 갚지나 아니할까 하고 요셉에게 말을 전하여 이르되 당신의 아버지가 돌아가시기 전에 명령하여 이르시기를 너희는 이같이 요셉에게 이르라 네 형들이 네게 악을 행하였을지라도 이제 바라건대 그들의 허물과 죄를 용서하라 하셨나니 당신 아버지의 하나님의 종들인 우리 죄를 이제 용서하소서 하매 요셉이 그들이 그에게 하는 말을 들을 때에 울었더라 그의 형들이 또 친히 와서 요셉의 앞에 엎드려 이르되 우리는 당신의 종들이니이다 요셉이 그들에게 이르되 두려워하지 마소서 내가 하나님을 대신하리이까 당신들은 나를 해하려 하였으나 하나님은 그것을 선으로 바꾸사 오늘과 같이 많은 백성의 생명을 구원하게 하시려 하셨나니 당신들은 두려워하지 마소서 내가 당신들과 당신들의 자녀를 기르리이다 하고 그들을 간곡한 말로 위로하였더라

한 세일즈맨이 아침에 늦게 일어났습니다. 서둘러서 옷을 입고, 커피를 내리고, 토스터기에 빵을 넣었습니다. 그리고 욕실에 가서 면도를 하는데 피가 나서 멈추게 하려고 했습니다. 그 사이 빵은 까맣게 타 버렸습니다. 커피를 마시면서 넥타이를 매려다 부주의해서 커피를 바지에 쏟았습니다. 설상가상으로 급하게 달려 나가는데 옆집 개가 도둑인

25

From Suffering to Glory

Genesis 50:15–21 When Joseph's brothers saw that their father was dead, they said, "It may be that Joseph will hate us and pay us back for all the evil that we did to him." So they sent a message to Joseph, saying, "Your father gave this command before he died: 'Say to Joseph, "Please forgive the transgression of your brothers and their sin, because they did evil to you."' And now, please forgive the transgression of the servants of the God of your father." Joseph wept when they spoke to him. His brothers also came and fell down before him and said, "Behold, we are your servants." But Joseph said to them, "Do not fear, for am I in the place of God? As for you, you meant evil against me, but God meant it for good, to bring it about that many people should be kept alive, as they are today. So do not fear; I will provide for you and your little ones." Thus he comforted them and spoke kindly to them.

A salesman woke up late in the morning. He hurried to dress, brew coffee, and put a slice of white bread into the slot of the toaster. And he went to the bathroom and found a razor. While shaving, he cut his right cheek with the blade and tried to stop bleeding somehow. In the meantime, the bread in the toaster was burnt black. Drinking hot coffee, he tied his necktie, but he

줄 알고 쫓아와서 바지를 물었습니다. 그래서 바지가 찢어졌습니다. 그는 허둥지둥 차에 탔습니다. 그런데 자동차 키가 보이지 않았습니다. 여기저기 찾았습니다. 서류가방을 다 뒤지고 나서 그 맨 밑에 열쇠가 있는 것을 발견했습니다. 시동을 걸었지만 시동이 걸리지 않았습니다. 그는 하늘을 쳐다보고 말했습니다. "어제 내가 뭘 잘못했나?" 이 이야기는 코미디입니다. 힘든 일이 있으면 이런 생각을 하게 됩니다. "내 잘못인가, 아니면 누구 때문이지?"

리즈 머레이를 아십니까? 머레이는 뉴욕 브롱크스의 매우 가난한 가정에서 태어났습니다. 부모는 자포자기 상태의 마약 중독자였습니다. 그녀는 9살에 식료품점과 주유소에서 일을 시작했습니다. 겨우 십대였을 때 부모가 둘 다 에이즈로 사망했습니다. 머레이는 15살 되던 해에 노숙자가 되었습니다. 이보다 더 나쁠 수는 없습니다. 그녀는 극도로 어려운 환경에 맞서 싸워야 했습니다. 거리에서 생활하고 음식 쓰레기를 먹으면서 대부분의 학생들보다 늦게 시작한 고등학교를 2년 만에 졸업했습니다. 뉴욕 타임스가 주는 장학금을 받고 하버드에 입학했습니다. 거기서 박사과정도 공부했습니다. 머레이는 자신의 삶을 바꿀 수 있었습니다. 그녀는 성인들을 돕는 임상센터 설립자이고 결혼해서 두 자녀가 있습니다. "노숙자에서 하버드로." 리즈 머레이의 회고록 『브레이킹 나이트』는 세계적인 베스트셀러가 되었습니다.

일간 신문이나 뉴스 앵커들은 폭력범죄를 보도할 때마다 이들 범죄 행위가 반복되는 이유를 궁금해 합니다. 심리학자들은 사회구조를 비판하고 깨진 가정이 청소년 비행의 주요 원인이라는 말을 하기 좋아합니다. 그들은 다른 사람, 나쁜 이웃, 사회 탓을 합니다. 하지만 리즈 머레이

was careless and the coffee spilled all over his pants. To make things worse, when he rushed out into the street, taking his briefcase, a dog next door thought he is a thief, chased him, and bit his suit pants. So one pant leg was torn. He hastily got into his car. But the car key was out of sight. "Where is my key?" He searched here and there. After digging through his briefcase, he got the lost key at the bottom of that. He started his car, but the car didn't start. He saw the sky and said to himself, "Yesterday did I do anything wrong?" This story is a comedy. When we meet some difficulties, this question comes to mind: "Is it my own fault or somebody's fault?"

Do you know Mrs. Liz Murray? She is an American inspirational speaker. Murray was born into a very poor family in the Bronx, New York. Her parents were desperate drug addicts. At age 9, she started bagging groceries and pumping gas. When she was barely a teenager, both parents died of AIDS. Murray became homeless just after she turned 15. There is no worse situation than this. She had to fight against incredibly difficult circumstances. Nevertheless, she supported herself and her old sister. Living on the streets and eating from dumpsters, she started later than most students and graduated from high school in two years. She was granted a New York Times scholarship. She won acceptance to Harvard University in 2000 and began taking the doctoral course in 2009. Murray was finally able to turn her life. She is the founder of a clinical center helping adults, is married, and has two children. "Homeless to Harvard." Liz Murray's New York Times (US) and Sunday Times (UK) bestselling memoir *Breaking Night* was released in 2010.

Every time daily newspapers or TV news anchors report

는 그런 열악한 가정환경에서 나왔습니다.

우리 삶의 대부분의 문제는 나 때문도 아니고 다른 사람 때문도 아닙니다. 인생은 문제와 기회의 연속입니다. 문제는 그것에 어떻게 반응하느냐에 따라 우리를 패배시키기도 하고 발전시키기도 할 것입니다. 대다수의 사람들은 하나님께서 얼마나 그들의 삶에서 선을 위해 문제를 사용하기 원하시는지 잘 모릅니다. 그들은 잠깐 멈추고 문제가 가져올 수 있는 유익을 생각하기보다는 문제에 어리석게 대응하고 분개합니다. 하나님은 문제를 통해 우리를 인도하십니다. 하나님은 움직이게 하려고 우리 밑에 불을 피우십니다. 문제는 종종 우리에게 새로운 방향을 제시하고 변화의 동기를 부여합니다. 우리의 방식을 바꾸는 것은 때로 고통입니다. 하나님은 우리를 온전하게 하려고 문제를 사용하십니다. 올바르게 반응하면 문제는 우리의 성품을 키워 주는 것입니다. 하나님은 나의 안일보다는 나의 성품에 훨씬 더 관심이 있습니다.

총리 요셉을 보지 말고 그의 과거, 고난에 초점을 맞추어 보세요. 요셉은 간밤에 꿈을 꾸었다고 해서 바로 다음날 이집트의 총리가 되지 않았습니다. 그는 엄청난 고난의 세월을 견디어야 했습니다. 형제들에게 배신당하고, 노예로 팔리고, 이집트로 끌려가서 감옥에 있었습니다. 그러나 요셉은 자살을 생각하지 않았습니다. 그는 하나님께 등을 돌리지 않았습니다. 오히려 하나님을 신뢰하면서 13년을 침착하게 기다렸습니다. "당신들은 나를 해하려 하였으나 하나님은 그것을 선으로 바꾸셨습니다." 요셉은 문제를 문제로 보지 않았습니다. 요셉이 되고 싶다면 그의 인생을 살아야 합니다. 하지만 많은 그리스도인들이 요셉의 행복한 결말은 좋아하고 그의 고통스러운 과정은 싫어합니다. 본회퍼 목사님이

violent crimes, they're wondering why these criminal offences take place over and again. Professional psychologists love to criticize the social structure and say broken homes are a causative factor in juvenile delinquency. They blame others, bad neighborhoods, or an entire community. Liz Murray, however, came from such a bad family.

Most problems in our life are neither because of me nor because of others. Life is a series of problem-solving opportunities. The problems you face will either defeat you or develop you – depending on how you respond to them. Unfortunately, most people fail to see how God wants to use problems for good in their lives. They react foolishly and resent their problems rather than pausing to consider what benefit they might bring. God uses problems to direct you. God lights a fire under you to get you moving. Problems often point us in a new direction and motivate us to change. Sometimes it takes a painful situation to make us change our ways. God uses problems to perfect you. Problems, when responded to correctly, are character builders. God is far more interested in your character than your comfort. God is at work in your life even when you do not recognize it or understand it.

Don't look at Prime Minister Joseph. Please focus on his past, suffering. Go back to the Bible. Joseph did not become Prime Minister of Egypt in the very next day because he had had a dream last night. He had to endure a tremendous time of suffering. He was betrayed by his brothers, was sold as a slave, was taken down to Egypt, and was in jail. But Joseph did not choose suicide. He did not turn against God. Rather he waited calmly for 13 years, trusting God. "You intended to harm me,

충고한 값싼 은혜와 값 비싼 은혜의 차이점은 무엇입니까? 대가가 없으면 은혜도 없습니다. 대가가 없으면 그리스도인도 없습니다.

당신은 하나님 앞에 홀로 서 있습니다. 있을 것인지 말 것인지는 당신이 결정합니다. 그다음은 당신 책임입니다. 세상도 제 갈 길을 아는 사람에게 길을 열어 줍니다. 기쁠 때와 슬플 때 모두 주님이 당신의 길을 어떻게 예비하셨는지 알 수 있겠습니까? 주님이 당신의 삶에서 그분의 목적을 성취하기 위해 어떻게 환경을 사용하셨는지 알 수 있겠습니까? 날 때부터 맹인 된 사람을 보고 제자들이 예수님께 물었습니다. "누구의 죄로 이 사람이 맹인으로 태어났습니까? 자기 죄입니까, 아니면 부모의 죄입니까?" 예수님은 대답하셨습니다. "이 사람의 죄도 부모의 죄도 아니다. 이런 일이 일어나게 된 것은 이 사람에게서 하나님의 일이 나타나기 위해서다." 그리스도 안에서 문제는 문제가 아닙니다. 칼빈은 이 말씀을 암송하면서 생을 마감했습니다. "생각하건대 현재의 고난은 장차 우리에게 나타날 영광과 비교할 수 없도다"(롬 8:18).

but God intended it all for good" (v. 20, NLT). Joseph didn't see problems as stop signs. If you want to be Joseph, you must experience his life. But many Christians like Joseph's happy ending and don't like his painful process. As Dietrich Bonhoeffer once advised, what are the difference between cheap grace and costly grace? No cost, no grace. No cost, no Christian.

You alone are before God. You choose, "To be or not to be." Then you have the responsibility. Even the world opens the way for those who know their ways. As you look at your life in both good and bad times, can you see how the Lord has prepared you for certain tasks, how he has used circumstances to accomplish his purposes in your life? As Jesus passed by, he saw a man born blind. His disciples asked, "Whose sin caused him to be born blind? Was it his own or his parents' sin?" Jesus answered, "It was not that this man sinned, or his parents, but that the works of God might be displayed in him." In Christ, problems are not problems. With this verse on his lips Calvin died, "For I consider that the sufferings of this present time are not worth comparing with the glory that is to be revealed to us" (Rom 8:18).

예수, 나보다 나를 더 사랑하시는 하나님

호세아 6장 1–3절 오라 우리가 여호와께로 돌아가자 여호와께서 우리를 찢으셨으나 도로 낫게 하실 것이요 우리를 치셨으나 싸매어 주실 것임이라 여호와께서 이틀 후에 우리를 살리시며 셋째 날에 우리를 일으키시리니 우리가 그의 앞에서 살리라 그러므로 우리가 여호와를 알자 힘써 여호와를 알자 그의 나타나심은 새벽 빛 같이 어김없나니 비와 같이, 땅을 적시는 늦은 비와 같이 우리에게 임하시리라 하니라

어느 날 십대 소년이 거리에서 레이첼이라는 소녀를 만났습니다. 첫눈에 반해 그녀와 친구가 되었습니다. 소녀도 그를 좋아했습니다. 그들은 가까워졌고 매일 일몰 시간에 만났습니다. 데이트 장소는 항상 그의 집 근처 모퉁이에 있는 빨간 소화전 앞이었습니다. 둘은 저녁에 레이첼이 걸어오면 만나고 헤어질 때도 배웅하지 않기로 약속했습니다. 그는 그녀가 왜 그러는지 몰랐습니다. 밤마다 창가에 서서 레이첼을 생각했습니다. 그는 좋은 부모와 좋은 집에서 살았습니다. 오늘 오후도 레이첼을 기다리고 있었습니다. 그런데 밖에서 갑자기 요란한 소리가 났습니다. 무슨 일인가 궁금해서 나가 봤습니다. 구급차가 왔고 구조대원들이 서둘러 얇은 호스를 어떤 소녀의 입으로 집어넣었습니다. 위장을 깨끗하게 청소하려고 했습니다. 그녀의 얼굴이 창백하고, 눈은 흐리고, 입

26

Let's Get to Know God's Love

Hosea 6:1–3 "Come, let us return to the Lord; for he has torn us, that he may heal us; he has struck us down, and he will bind us up. After two days he will revive us; on the third day he will raise us up, that we may live before him. Let us know; let us press on to know the Lord; his going out is sure as the dawn; he will come to us as the showers, as the spring rains that water the earth."

One day a teen boy ran into a girl named Rachel on the street. He fell in love at first sight and made a friend with her. She liked him too. They became closer and met every day during sunset hours. The date place was always in front of a red hydrant at the corner near his house. Both made a promise to meet when Rachel walked down the street every evening. Whenever he said to Rachel "See you again," she did not allow him to see her off at the corner. He didn't know why she did so. Every night he stood at the window thinking of Rachel. He lived in a luxury home with two nice parents. He was waiting for Rachel this afternoon. But there was a sudden, loud noise outside. He went out to see what's going on. An emergency vehicle came and rescuers hurried to insert a thin plastic tube into the mouth of a certain girl. They tried to empty toxic substances in the stomach. Her

술은 탔습니다. 뭔가를 말하고 싶은 것 같은데 아무도 들을 수 없었습니다. 얼굴에 눈물이 흘러내렸습니다. 그러고는 소녀가 죽었습니다. 레이첼이었습니다. 그는 울부짖었지만 너무 늦었습니다. 레이첼은 오기 전에 배가 고파서 쓰레기를 뒤지고 있었습니다. 심각한 식중독이었습니다. 레이첼은 노숙자였고 남자 친구에게 좋은 모습만 보이고 싶었습니다. 그는 레이첼이 어떻게 지냈는지 몰랐습니다. 어디에 살았는지, 가족, 학교, 친구도 모르고 있었습니다. 그런 것들을 물어본 적이 없었습니다. 레이첼이라는 이름 외에 그녀에 대해 아는 것이 아무것도 없었습니다. 그가 진정 그녀를 좋아했습니까? 사랑했습니까? 그게 사랑인가요?

아는 만큼 사랑하고 사랑하는 만큼 아는 것입니다. 하나님을 사랑한다고 말할 수 있습니까? 그렇다면 하나님을 얼마나 아십니까? "우리가 힘써 여호와를 알자." 유진 피터슨의 메시지 성경은 "힘써 하나님을 공부하자"라고 강조합니다. 무엇을 공부하라는 것입니까? 우리는 하나님의 사랑을 알아야합니다. 하나님을 아는 것은 그분의 사랑을 아는 것이고, 그 사랑을 경험하는 것입니다. 영성은 하나님을 아는 것과 사랑하는 것입니다. 우리는 하나님의 본질이 무엇인지는 모르고 속성만 알 수 있습니다. 그것은 하나님이 우리를 위해 하신 일들로 표현되고 모두 사랑과 관련 있습니다. 하나님의 사랑을 아는 빛 안에서 우리는 먼저 하나님을 사랑하고, 다음에 우리 자신을 사랑하고, 그다음에 다른 사람을 사랑하게 됩니다.

클레르보의 버나드는 중세 수도원을 개혁했고 루터와 칼빈이 존경한 인물이었습니다. 하나님의 사랑을 묵상하며 일생을 보냈습니다. 하나님

face became pale; eyes dim; lips burnt. She seemed to want to say something. But nobody could hear anything. Some people just saw tears rolling down her face. Then she died. The girl was Rachel. The boy cried, but it was too late. She was digging through trash for hunger before coming. She had severe food poisoning. Rachel was homeless. She only wanted to be a good looking girl to him. He didn't know how she had been. He didn't know where she had lived, and neither her family, school, nor friends. He never asked her those. He didn't know anything about her except her name Rachel. Did he truly like her, love her? Is that love?

We love as much as we know; we know as much as we love. Can you say "I love God"? If so, how much do you know God? "Let us try to know God." The Message Version written by Eugene Peterson emphasizes, "Let us press on to study God." What does Scripture command us to study? We should know the love of God. To know God is to know His love, to experience His love. The components of Christian spiritual formation are knowing and loving God. It is true God exists. But we don't know what the essence of God is. We can study and learn only what the nature of God is. His nature is expressed as the things God has done for us. All the things are relevant to love. In the light of knowing God's love, we come to love God first, then to love ourselves, and then to love others. God is first. His love is first.

Bernard of Clairvaux had a profound influence on Christians in medieval times. Bernard raised the Monastic Reform through his preaching and writing. He was a favored person among early Protestants, including Martin Luther and John Calvin. St. Bernard spent all his life in meditations on God's love. I highly

사랑을 주제로 쓴 글 중 교회사에서 가장 아름다운 고전인 『하나님을 사랑하는 것에 관하여』에서 버나드는 사랑의 네 가지 단계를 말했습니다.

첫 번째 단계에서 인간은 자신만을 위해 자기를 사랑합니다. 이것은 자기애입니다. 두 번째 단계에서 인간은 자신의 축복을 위해 하나님을 사랑합니다. 그에게 하나님은 풍요로운 공급자입니다. 여전히 이기적입니다. 세 번째 단계가 되면 인간은 하나님 그 자체 때문에 하나님을 사랑합니다. 예배와 말씀과 기도를 배우면서 비로소 하나님을 하나님으로 사랑하기 시작합니다. 그는 하나님의 은혜를 맛봅니다. 네 번째 완전한 사랑에 도달하는 자는 복이 있습니다. 그것은 인간이 하나님 때문에 자신을 사랑하는 것입니다. 오직 하나님 안에서 자신을 사랑하고, 하나님 외에는 심지어 자신조차 사랑하지 않습니다.

하나님의 사랑은 측량할 수 없습니다. 우리는 하나님을 사랑해야 합니다. 그보다 더 합리적인 것이 없고, 더 유익한 것은 없기 때문입니다. 하나님은 우리에게 처음 창조에서 우리 자신을 주셨고, 또 하나의 창조에서 십자가를 통해 예수님을 주셨습니다. 우리는 두 번 빚진 자들입니다. 하나님을 사랑하면 진정한 위로와 만족이 있습니다. 하나님의 인애는 끝이 없습니다. 비록 우리가 그를 무시하고, 거절하고, 불순종하더라도 그분은 변하지 않습니다. 하나님은 우리가 실패하면 덜 사랑하고, 성공하면 더 사랑하는 분이 아닙니다.

성경을 읽어 보면, 습관적으로 상처받았다고 말하는 교인들은 위험합니다. 오히려 상처받은 교인들이 다른 착한 교인들을 많이 공격합니다. 그들은 약하지 않고 강합니다. 내가 상처받았다고 말하는 것은 아직

recommend you to read his *On Loving God*. This is a classic, which is the most beautiful work on loving God ever written in church history. As his lifelong wish, Bernard, in his book, described four levels of love as follows:

In the first degree of love man loves self for self's sake. This is self-love. In the second degree of love man loves God for self's sake. He loves God as something necessary to his own welfare. God is merely the plentiful giver to him. It is still selfish. The third degree of love means man loves God for God's sake. When he is ready to learn how to worship God, how to read God's Word, and how to pray to God, man begins loving God as God. He tastes how gracious God is. Blessed is he who reaches the fourth and perfect degree of love, wherein man loves self solely for God's sake. He loves self only in God and does not even love self save for God.

God's love is immeasurable. We should love God because nothing is more reasonable, nothing more profitable. God gave us ourselves in the first creation and then gave us Himself, the Lord Jesus, in the second creation through the cross; we owe God twice. What shall I gain by loving God? We can find real comfort and get the final satisfaction in the recollection of God. God's steadfast love never ceases. Although we ignore him, reject him, and disobey him, He will not change. God doesn't love us less if we fail or more if we succeed.

Watch hurt people. According to the Bible, church members who like to say "I'm hurt" are dangerous. Rather hurt church members often attack other good members. They are stronger members rather than weaker members. They are proud. The

하나님의 사랑을 체험하지 못했기 때문입니다. 이미 하나님의 사랑을 경험한 그리스도인은 그런 말을 하지 않습니다. 배신당하고, 거절당하고, 십자가에 못 박히셨어도 예수님은 상처받았다는 말을 하지 않으셨습니다. 그 습관은 버리세요. 모든 교인이 하나님의 사랑을 체험하는 것은 아닙니다. 그 사랑을 체험하지 않았다면 하나님을 안다고 말할 수 없습니다.

인생이 끝날 무렵까지 우리는 신호등에서 6개월, 잡동사니 우편물을 개봉하는 데 8개월, 잃어버린 물건을 찾는 데 1년 6개월, 줄을 서서 5년을 보낼 것입니다. 예수님처럼 매 순간을 하나님과의 교제가 가능한 시간으로 생각하십시오. 하나님은 사랑이시기 때문에 하나님이 제일 먼저입니다. 예수님은 이웃을 먼저 사랑하라고 하지 않으셨습니다. 하나님을 먼저 사랑하라고 하셨습니다. 요한일서 4장 설교에서 성 어거스틴은 말합니다. "하나님을 사랑하고 원하는 대로 하라."

reason of saying "I'm hurt" is because you have not experienced God's love yet. Christians who have already experienced God' love do not say "I'm hurt." Though Jesus was betrayed, rejected, and crucified by people, He never said "I'm hurt." Kick the habit out of your life. In recent, our reputation is getting low, churches are becoming powerless, and we Christians are losing our leadership in our social communities. The reason is that we do not experience God's love and so we do not know His love. Not every church member experiences God's love. You cannot say you know God unless you have experienced God's love.

By the time your life is over, you will have spent six months at stoplights, eight months opening junk mail, a year and a half looking for lost stuff, and five years standing in lines. Just like Jesus, consider every moment as a potential time of communion with God. God is first because God is love. Jesus did not say to love your neighbors first; Jesus said to love God first. In his Seventh Homily on 1 John 4:4-12, St. Augustine says, "Love God and do whatever you please."

예수, 예수 광인의 불꽃

사도행전 26장 24−26절 바울이 이같이 변명하매 베스도가 크게 소리 내어 이르되 바울아 네가 미쳤도다 네 많은 학문이 너를 미치게 한다 하니 바울이 이르되 베스도 각하여 내가 미친 것이 아니요 참되고 온전한 말을 하나이다 왕께서는 이 일을 아시기로 내가 왕께 담대히 말하노니 이 일에 하나라도 아시지 못함이 없는 줄 믿나이다 이 일은 한쪽 구석에서 행한 것이 아니니이다

"다크 나이트"가 개봉되었을 때 두 주인공은 큰 이야깃거리였습니다. 히스 레저는 조커 피에로 배역을 맡았고, 크리스천 베일은 배트맨 브루스 웨인 역할을 했습니다. 그들의 연기는 완벽했습니다. 화면에서 레저는 배우라고 하기보다는 실제 조커에 가까웠습니다. 베일 또한 어렸을 때 부모를 잃은 진짜 웨인처럼 진지하고 어두웠습니다. 관객들은 진짜 미친 조커와 우울한 웨인을 보는 것 같았습니다. 호주 출신의 이민자 레저는 죽기 몇 달 전에 "다크 나이트"의 조커 촬영을 끝냈습니다. 그는 정신장애가 있었습니다. 정신병원에서 나와 촬영을 마치고 "다크 나이트"를 편집하던 중 사망했습니다. 그가 조커를 그냥 연기한 것이 아니었습니다. 실제로 미친 사람이 조커를 연기했습니다. 그래서 관객이 영화 속 조커를 생생하게 기억하는 것입니다. 베일은 배트맨 역으로

I Am Not Insane

Acts 26:24–26 And as he was saying these things in his defense, Festus said with a loud voice, "Paul, you are out of your mind; your great learning is driving you out of your mind." But Paul said, "I am not out of my mind, most excellent Festus, but I am speaking true and rational words. For the king knows about these things, and to him I speak boldly. For I am persuaded that none of these things has escaped his notice, for this has not been done in a corner.

When *The Dark Knight* was released, it provided a great sensation for two main characters. Heath Ledger played the role of Joker Pierrot, and Christian Bale did the role of Bruce Wayne, Batman. Their performances were perfect. Ledger, on the screen, was closer to the real Joker rather than the actor. Bale was also serious and dark as if he was truly Wayne who lost his parents when he was a child. Audiences felt like to meet the real crazy Joker and the true gloomy Wayne. After performing roles in Australian television and film during the 1990s, Ledger left for the United States in 1998 to develop his film career. A few months before his death, he had finished filming his performance as the Joker in *The Dark Knight*. He had a mental health disorder. He was out of the mental hospital and shot the film and then died while editing of *The Dark Knight*, January 22, 2008. He didn't just

연기력을 인정받았습니다. 부모가 이혼하면서 어머니는 영국에 머물고 17세 베일은 아버지와 캘리포니아로 이사했습니다. 그는 어머니와의 심한 갈등으로 불행한 유년시절과 십대를 보냈습니다. 이것이 베일은 암울한 고담 시티의 배트맨에게 적격인 이유입니다. 레저와 베일의 모습은 가짜가 아니고 진짜였기 때문에 "다크 나이트"는 성공했습니다.

모든 그리스도인이 같은 것은 아닙니다. 어떤 그리스도인은 진짜고 어떤 그리스도인은 아닙니다. 진짜는 가짜와 다릅니다. 가짜는 진짜를 흉내 내지 못합니다. 당신은 누구입니까? 당신은 가짜입니까, 진짜입니까?

누가는 베스도와 아그립바 앞에 선 바울의 진술과 재판 결과를 서술합니다(행 25-26장). 아그립바와 버니게는 위엄을 갖추고 로마 군대 지휘관들과 도시의 저명한 사람들과 함께 법정에 들어섰습니다. 경비대는 사슬에 묶인 작은 유대인 바울을 데려왔습니다. 베스도 총독은 아그립바 왕에게 사건을 소개했습니다. 재판이 아니고 오락과 비슷했습니다. 아그립바는 헤롯 가문의 마지막 왕이었습니다. 버니게는 그의 누이였습니다. 유대 역사가 플라비우스 요세푸스에 따르면, 버니게와 동생 드루실라(행 24:24)는 로마 역사상 가장 사악한 두 여성이었습니다. 버니게는 여섯 번 결혼했거나 불륜관계를 가졌습니다. 그녀는 처음에 마르쿠스와, 얼마 후에는 숙부 헤롯과 결혼했고, 다음에 친오빠 아그립바의 배우자로 나타나는 추문이 있었고, 다시 실리시아 왕 프톨레미와 결혼했다가, 또 로마황제 베스파시아누스와 그의 아들 티투스와도 결혼했습니다. 티투스는 황제가 되자 그녀를 내보냈습니다. 누가 미쳤나요? 바울입니까, 아니면 버니게입니까? 변론 도중 한계에 도달한 베스도는 크게

play the role of Joker; he was actually mad and played his role. That's why people vividly remember the Joker in the film. Bale received greater commercial recognition for his performance as Batman. His parents divorced in 1991, and while his mother stayed in England, Bale moved with his father to Los Angeles, California at age seventeen. Since he had a serious trouble with his mother, his childhood was unhappy. When he was a teenager, he was always gloomy. That's why Bale becomes a perfect fit for the shadowy Batman in the dark Gotham City. Because Ledger and Bale, their actions were not fake but real, *The Dark Knight* was successful.

Not every Christian is the same. It's true: some Christians are real, some Christians are not. The real is different from the unreal. Con man doesn't imitate the real. Who are you? Are you fake or real?

Luke describes Paul's defense before Festus and Agrippa and the outcome of those hearings (Acts 25-26). Agrippa and Bernice entered the auditorium amid considerable pomp, accompanied by military officers and prominent men of the city. The guards brought a little Jewish man in chains, Paul. Procurator of Judea Festus presented the case to King Agrippa II. It was not a trial per se, but more like entertainment. Agrippa II was the last king from the Herodian dynasty. Bernice was his younger sister. According to Jewish historian Flavius Josephus, Bernice and her sister Drusilla (Acts 24:24) were two of the most corrupt and wicked women of their time in Roman history. Bernice married or had evil relationships six times. She was first married to Marcus. After a while she married her Uncle Herod, then was suspected of evil relations with her own brother Agrippa, with whom she always

소리쳤습니다. "바울아, 네가 미쳤다." 바울은 차분하게 대응했습니다. "베스도 각하, 나는 미치지 않았습니다. 맑은 정신으로 말하고 있습니다. 이 일은 한쪽 구석에서 된 일이 아닙니다."

누가 미쳤습니까? 예수 그리스도를 따르려고 세상이 제공하는 모든 것을 포기하는 바울이 미친 것입니까? 아니면 세상이 제공하는 모든 것을 위해 살면서 죄를 회개하지 않고 죽는 베스도, 아그립바, 버니게가 미친 것입니까? 제정신과 광기의 차이가 무엇입니까? 크리스토퍼 무어는 조언합니다. "만일 누군가를 제정신이라고 생각한다면, 당신은 그에 대해 충분히 알지 못하는 것이다." 바울은 예수에게 미쳤고 세상에 미치지 않았습니다. 베스도, 아그립바, 버니게는 예수에게 미치지 않았고 세상에 미쳤습니다. 예수님에게 미치는 것은 정상입니다. 세상에 미치는 것은 비정상입니다. 누가 미친 사람인가요? 현재의 세상에 집중하는 사람입니다. 누가 제정신인가요? 예수님을 사랑하고 그분의 말씀, 영원의 빛 속에서 사는 사람입니다.

재판이 끝날 무렵 아그립바는 베스도에게 말했습니다. "황제에게 상소하지 않았더라면 석방될 수 있었을 텐데." 그들은 바울이 무죄고 유대인이 그를 미워했든 안 했든, 유대인이 예수를 거절했든 안 했든 그는 진정한 그리스도인이었다는 것을 알았습니다. 바울은 결코 물러서지 않고 많은 군중에 맞서 예수님에 대해 증언했습니다. 바울은 자신의 정체성을 보여주었습니다. 참된 그리스도인은 예수님을 위해 사는 것에 미칩니다. 당신이 참된 그리스도인이라는 것을 어떻게 알 수 있습니까? 만일 당신이 예수님을 바로 눈앞에 있는 것처럼 느낀다면, 혼자 있을 때 예수님을 생각한다면, 힘들 때 염려하지 않는다면, 사람이 아닌 하나님

appeared as his consort, then married King of Cilicia Ptolemy, then married Roman Emperor Vespasian, and then married Titus, son of Vespasian. When Titus became emperor, he cast her aside. Who's crazy? Paul or Bernice? In the middle of the proceedings, Festus reached his limit. He said with a loud voice, "Paul, you are out of your mind!" Paul calmly replied, "I am not out of my mind, most excellent Festus, but I am speaking true and rational words … this has not been done in a corner."

Who's crazy? Is Paul crazy to give up all that this world offers to follow Jesus Christ? Or, are Festus, Agrippa, and Bernice — those who live for all that this world offers — crazy, who die without repenting of their sins? What is the difference between sanity and insanity? Christopher Moore gives a piece of advice, "If you think anyone is sane, you just don't know enough about them." Paul was insane to live for Jesus, but he wasn't insane to concentrate on the world. Festus, Agrippa, and Bernice were not insane to trust Jesus, but they were insane to live for the world. The insanity of Jesus is sanity. The insanity of the world is not sanity. Who are the crazy ones? Those who live for this present world and all it offers. Who are the sane people? Those who love Jesus and live in the light of his words, in the light of eternity.

At the end of the trial, Agrippa said to Festus, "This man could have been set free if he had not appealed to Caesar." They knew Paul was not guilty, and he was a real Christian whether Jews hated him or not, whether Jews rejected Jesus or not. Paul never retreated and dared speak of Jesus in front of large groups of people. Paul showed his true identity. A real Christian is insane to live for Jesus. How do you know you are a real Christian? You're Christ's one, if you feel Jesus as if he is before your very

의 인정을 받으려고 한다면, 사람들이 당신을 예수님과 함께 만난다면, 돈보다 예수님을 더 좋아한다면, 예수님을 교회보다 더 사랑한다면, 당신은 그리스도의 사람입니다.

한 여성이 오피스 빌딩 엘리베이터를 탔습니다. 안에는 잘 생긴 남자 한 명뿐이었습니다. 그녀는 버튼을 누르다가 우연히 그 남자를 바라보는 순간에 깜짝 놀랐습니다. 꼭 유명 배우 레오나르도 디카프리오 같았습니다. 그녀의 눈길은 무의식중에 그에게로 갔습니다. 결국 무심코 말했습니다. "진짜 레오나르도 디카프리오세요?" 그는 웃으면서 대답했습니다. "혼자 있을 때만요." 사람들이 당신을 어떻게 생각합니까? 당신을 가정주부나 샐러리맨이라고 생각합니까? 인위적인 세상에서 진짜가 되십시오. 진정한 그리스도인은 짧은 시간에도 다른 사람을 그리스도인이 되게 합니다.

eyes, if you think about Jesus when you are alone, if you don't worry when you're going through tough times, if you're not trying to win the approval of people, but of God, if people meet you together with Jesus, if you like Jesus more than money, and if you love Jesus more than the church.

A woman got on an elevator in a tall office building. There was just one other person in the elevator, a handsome man. She pushed the button for her floor and then casually looked over at the man and suddenly had one of those moments of recognition shock. Could it be? The man looked exactly like Leonardo Dicaprio, the movie star. Her gaze was almost involuntarily riveted on him. Finally, she blurted out, "Are you the real Leonardo Dicaprio?" He smiled and said, "Only when I am alone!" What do people think of you? Do they think you are a housewife or a salaryman? Keep it real. Be real in this artificial world. Real Christians make others Christians even in a short time.

예수, 실수해도 후회하지 않게 하시는

시편 19편 12-14절 자기 허물을 능히 깨달을 자 누구리요 나를 숨은 허물에서 벗어나게 하소서 또 주의 종에게 고의로 죄를 짓지 말게 하사 그 죄가 나를 주장하지 못하게 하소서 그리하면 내가 정직하여 큰 죄과에서 벗어나겠나이다 나의 반석이시요 나의 구속자이신 여호와여 내 입의 말과 마음의 묵상이 주님 앞에 열납되기를 원하나이다

동네 식료품점 문에 두 개의 경고 사인이 있습니다. 문은 하나입니다. 위에는 둥근 빨간색 바탕에 흰색 글자로 "들어오지 마시오"라고 쓰여 있습니다. 아래는 직선 모양의 빨간색 바탕에 흰색 글자로 "들어가시오"라고 쓰여 있습니다. 우리가 어떻게 해야 할까요? 스포츠, 특히 야구에서 실책 없이 시즌을 마치는 팀은 없습니다. 이제까지 그런 팀은 한 번도 없었습니다. 모든 메이저리그 팀은 한 해 평균 90개 이상의 실책을 기록합니다. 그러고도 그들 중 어떤 팀이 월드시리즈 우승을 차지합니다. 인생에서 실수는 항상 있습니다. 실수는 사람의 일부입니다.

우리는 가끔 자신의 삶을 되돌아보면서 과거의 실수를 생각하고 후회합니다. 그러나 하나님은 우리가 한 일이나 하고 있는 일에 결코 놀라

Mistakes Help You Not to Regret

Psalm 19:12–14 Who can discern his errors? Declare me innocent from hidden faults. Keep back your servant also from presumptuous sins; let them not have dominion over me! Then I shall be blameless, and innocent of great transgression. Let the words of my mouth and the meditation of my heart be acceptable in your sight, O Lord, my rock and my redeemer.

Two warning signs are put on the door of a local grocery store. This is not a double door. The first, upper sign, with white letters on a red circle background, says, "DO NOT ENTER." The next, lower sign, with white letters on a red linear background, says, "ENTER ONLY." What do we have to do? In sports, especially baseball, there is not, nor has there ever been a team that played a season without committing any errors. The average errors per game for all teams during the 2020 MLB season was 0.579. Every MLB team has an average of more than 90 errors per year. Nevertheless, some of them win the World Series Championship. There are always errors in life. Mistakes are a part of being human.

지 않으십니다. "과거 없는 성자 없고, 미래 없는 죄인 없다"라는 옛말이 있습니다. 실수하지 않으려고 애쓰는 사람들은 건강하지 않습니다. 그들은 항상 긴장합니다. 어떤 사람들은 잘 훈련받고 완전히 준비된 다음에 자신들의 일을 시작할 수 있다고 착각합니다. 완벽하게 준비해서 무엇을 하겠다는 사람은 죽을 때까지 아무것도 못합니다. 완벽한 사람은 세상에 없기 때문입니다. 인간은 처음부터 완전하게 만들어지지 않았습니다. 하나님은 완전한 사람이 필요하지 않습니다. 하나님은 깨지고 불완전한 그릇을 사용하십니다. 깨진 향수병에서 풍겨나는 향기가 진하고 잘 퍼집니다. 부족해도 시작해야 합니다. 오히려 많은 사람이 잘 준비하고 실패합니다. 세상이 평온하고 모든 것이 잘될 멋진 순간을 기다리지 마십시오. 그 시간은 오지 않습니다. 적절한 시기는 지금입니다. 하나님은 완전한 사람을 찾지 않으십니다. 하나님은 당신을 포함해서 누구든지 사용하실 수 있습니다.

"자기 허물을 깨달을 자 누구인가? 나를 미처 깨닫지 못한 숨은 허물에서 벗어나게 하소서"라고 시편 기자는 말합니다. 그리스도인의 삶은 실수가 없는 것이 아니고 하나님과 동행하면서 이전보다 실수가 적어지는 것입니다. 실수하는 것을 두려워하지 마십시오. 가장 큰 실수는 실수하지 않는 것입니다. 조지 버나드 쇼의 말입니다. "실수하면서 산 인생이 아무것도 하지 않고 산 인생보다 명예롭고 쓸모 있다."

첫째, 실수는 내가 누구인지 알게 합니다. 실수를 통해 우리 자신, 우리의 한계, 우리의 능력, 우리가 할 수 있는 것과 할 수 없는 것을 많이 깨닫습니다. 둘째, 실수는 겸손하게 합니다. 믿거나 말거나, 안전하게 가면 교만이 찾아옵니다. 인생은 실수를 피하는 것이 아니고 모두가 실

Sometimes, we look back on our own lives and see past mistakes and regrets. But God is never surprised by what we have done or what we're doing. There is an old saying, "There is no saint without a past and no sinner without a future." Those who try not to mistake are not healthy. They feel tension all the time. Some people misunderstand that they can start their work after they are well trained and completely prepared. Those who want to do anything after a complete preparation do nothing to the end of life because nobody is perfect. Man was not made perfect from the beginning. God doesn't need perfect people. He uses broken, imperfect vessels. It is the broken alabaster box that gives forth perfume. Even though you are lack of ability, you just have to start your work. Rather many people fail after preparing so well. Don't wait for the wonderful moment when the world will be calm and all will be well. That moment is unlikely to ever happen. The right time is now! God is not looking for perfect people. God can use anyone, including you.

"Who can discern his errors? Declare me innocent from hidden faults," says the Psalmist. The Christian life is not a life without errors, but to truly win in walking with God, and in doing so, we come to the place where we make fewer and fewer errors. Do not be afraid of making mistakes. The biggest mistake is not making mistakes. "A life spent making mistakes is not only more honorable but more useful than a life spent doing nothing," says George Bernard Shaw.

First, mistakes help you discover who you truly are. With every mistake that we make we discover more and more about ourselves, about our limits, about our capabilities, about what we can and cannot do. Second, mistakes help you be humble.

수한다는 사실을 받아들이는 것입니다. 셋째, 실수는 관용하게 합니다. 용서하는 법을 가르쳐 주는 것입니다. 실수할 때마다 자신과 주변 사람을 용서하는 것이 얼마나 중요한지 알게 됩니다. 내가 완벽하지 않고 실제로 완전한 사람은 없으며 사람은 최선을 다하는 것뿐이라는 사실을 이해합니다. 넷째, 실수는 성장하게 합니다. 실수하지 않는다면 어떻게 소중한 인생의 교훈을 얻을 수 있겠습니까? 실수에서 배울 수 있는 것이 아주 많고, 이때 우리는 실수를 교훈으로 생각합니다. 실수할 때 새로운 것을 배울 수 있습니다. 다섯째, 후회하지 않게 합니다. 새로운 실수를 할 때마다 경험을 얻고 조만간 좋아하는 일을 잘 하게 됩니다. 토머스 에디슨은 전구 발명에 1만 번 이상 실패하고 나서 마침내 성공했습니다. 은퇴한 마이클 조던은 NBA 시카고 불스와 워싱턴 위저즈에서 15시즌을 뛰었습니다. 조던은 역대 최고의 농구 선수입니다. 그는 말했습니다. "나는 내 인생에서 계속 실패하고 또 실패했습니다. 그것이 내가 성공한 이유입니다."

다윗 왕의 셋째 아들 압살롬은 아버지를 배신했습니다. 아들은 늙은 아버지 다윗과 전쟁을 벌였습니다. 그는 요압에게 살해당했습니다. 솔로몬의 아들 르호보암은 이스라엘 통일 왕국을 잃었습니다. 다윗의 가족사가 좋았습니까? 아닙니다. 야곱은 아버지와 형을 속였습니다. 어머니 리브가도 남편 이삭과 아들 에서를 속였습니다. 아름다운 가정입니까? 당연히 아닙니다. 사도행전 11장 24절은 다음과 같이 소개합니다. "바나바는 착한 사람이요 성령과 믿음이 충만한 사람이라." 하지만 그는 바울과 갈등을 빚었고 두 사람은 더 이상 동역하지 않기로 했습니다. 왜 성경에 좋지 않은 이야기들이 있나요? 하나님은 그런 사람들을 통해서도 일하신다는 것을 보여 주는 것입니다.

Believe it or not, if you play it safe, pride will come. Life isn't about avoiding mistakes but rather embracing the idea that everyone makes mistakes. Third, mistakes help you tolerate. Mistakes teach you how to forgive. With every mistake that you'll make, you will learn how important it is to forgive yourself and many of the people around you. You will understand that you are not perfect and that perfection doesn't really exist, only our intentions of doing our best. Fourth, mistakes help you grow. How can you get valuable life lessons if you don't make mistakes? There is so much we can all learn from our mistakes, and the moment we see them as lessons rather than mistakes. When we allow ourselves to make mistakes, we can expect to learn anything new. Fifth, mistakes help you not to regret. You gain experience every time you make a new mistake, and in time you will get better and better at the things you love to do. Thomas Edison failed more than 10,000 times while working on the light bulb and in the end, he succeeded. Retired from American professional basketball, Michael Jeffrey Jordan had played 15 seasons in the NBA (National Basketball Association) for the Chicago Bulls and Washington Wizards. Michael Jordan is the greatest basketball player of all time. "I've failed over and over and over again in my life and that is why I succeed," said Jordan.

King David's third son Absalom betrayed his father. The son went to war against his aging father David. He was killed by Joab. Solomon's son, Rehoboam, lost the united Kingdom of Israel. Did David have a good family history? Absolutely not! Jacob tricked his father and brother. His mother Rebecca also deceived her husband Isaac and her son Esau. Is this a beautiful family history? Of course not! Acts 11:24 introduces: "Barnabas was a good man, full of the Holy Spirit and of faith." But he

예수님은 계속 불완전한 이들을 찾아 다니셨습니다. 예수님은 그분에게 기꺼이 교정 받을 준비가 되어 있는 불완전한 제자들을 선택하셨습니다. 그리스도인의 삶이란 불완전한 사람들이 완전한 주님을 섬기는 것입니다. 주님이 불완전한 사람을 완전한 사람으로 만드십니다. 주님은 결코 우리를 포기하지 않으십니다. 예수께서 완전하시기 때문에 우리가 불완전한 것은 괜찮습니다. 예수님의 능력은 우리의 제한된 능력을 보완하거나 무엇이든 되게 하는 데 충분합니다.

내 실수에도 불구하고
내 입의 말과 마음의 묵상이
주님 앞에 열납되기를 원하나이다. 아멘.

conflicted with Paul, so they decided not to work together anymore. Why does the Bible include such stories? This shows that God works even through those people.

Jesus continued to seek out those who were less than perfect. He chose imperfect disciples who were willing and ready to be molded and used by him and for him. The Christian life is that we imperfect people serve the perfect Lord. He will make imperfect people perfect. He will never give up on us. It's okay that we are imperfect, for Jesus Christ is perfect. His abilities are sufficient to supplement our limited abilities to do or be whatever he wants.

In spite of my mistakes,
Let the words of my mouth and the meditation of my heart
Be acceptable in your sight, O Lord, Amen.

예수, 단 하나만을 바라는 것

마태복음 6장 24-26절 한 사람이 두 주인을 섬기지 못할 것이니 혹 이를 미워하고 저를 사랑하거나 혹 이를 중히 여기고 저를 경히 여김이라 너희가 하나님과 재물을 겸하여 섬기지 못하느니라 그러므로 내가 너희에게 이르노니 목숨을 위하여 무엇을 먹을까 무엇을 마실까 몸을 위하여 무엇을 입을까 염려하지 말라 목숨이 음식보다 중하지 아니하며 몸이 의복보다 중하지 아니하냐 공중의 새를 보라 심지도 않고 거두지도 않고 창고에 모아들이지도 아니하되 너희 하늘 아버지께서 기르시나니 너희는 이것들보다 귀하지 아니하냐

2006년 여름 어느 날, 할리우드 남서쪽 비벌리힐스의 길고 좁은 길을 운전했습니다. 배우 샤론 스톤의 집에 도착하자 커다란 회색 철문이 열렸습니다. 샤론은 이곳저곳 여행하면서 값비싼 물건을 수집했습니다. 예전에 미술을 가르친 적 있다고 들은 그녀는 고가 예술품을 옮겨 달라고 부탁했습니다. 집은 아프리카, 아마존, 인도, 뉴질랜드 등 전 세계의 귀한 골동품으로 가득 찼습니다. 궁금해서 그녀의 친구에게 말을 건넸습니다. "실제로 이 그림들이 얼마나 값어치가 있는지 샤론이 압니까?" 그녀는 미술을 공부하지 않았기 때문에 그림에 대해 아는 것이 별로 없었습니다. 그런데 왜 그 비싼 물건을 수집했는지 생각해 보았습니다. 부에 대한 욕구가 지나쳐서 생기는 일종의 과대망상증이었습니다. 부자는

Undivided Loyalty

Matthew 6:24–26 "No one can serve two masters, for either he will hate the one and love the other, or he will be devoted to the one and despise the other. You cannot serve God and money. "Therefore I tell you, do not be anxious about your life, what you will eat or what you will drink, nor about your body, what you will put on. Is not life more than food, and the body more than clothing? Look at the birds of the air: they neither sow nor reap nor gather into barns, and yet your heavenly Father feeds them. Are you not of more value than they?

One day in summer, 2006, I drove up a long narrow street in Beverly Hills southwest of downtown Hollywood. I reached Actress Sharon Stone's house, and a big grey iron gate was opened. Traveling everywhere, Sharon had collected costly stuff. She heard I used to teach prospective art students, so she asked to move expensive artworks. The house was full of priceless antiques from around the world: Africa, Amazon, India, New Zealand, etc. I had a question and said to her friend, "Do you think Sharon knows how much these paintings are actually valuable?" She didn't know much about paintings because she had never been trained in the fine arts school. I thought why she had collected those expensive things. That was sort

자신이 가난한 사람보다 인격적으로, 도덕적으로, 지적으로, 미적으로 더 낫다고 생각합니다. 돈 있으면 배우지 않고도 저절로 다 알게 되는 줄 착각합니다. 그래서 전혀 모르는데 전문가처럼 행동합니다. 문화 전반에 걸쳐 부를 추구하는 사람들에게서 볼 수 있는 증상입니다.

돈에 대한 우리의 생각은 확실히 잘못되어 있습니다. 로스앤젤레스 210번 도로는 항상 금요일부터 주일까지 3일간 교통체증이 심합니다. 210번은 교인들도 끼여서 한인 운전자들이 많기로 소문났습니다. 매주 금요일 저녁 라스베이거스로 떠나는 사람들입니다. 카지노에 가서 슬롯머신 앞에 앉아 기도합니다. "주여, 한 번 당겨서 돈을 따기만 하면 우리 교회 건축헌금 많이 내겠습니다. 아멘!" 이건 아닙니다.

마태는 왜 복음서를 썼을까요? 마태의 청중은 교회를 오래 다닌 사람들과 통합니다. 마태는 참된 제자도를 논합니다. 그는 3년 동안 곁에서 예수님을 바라보았습니다. 그는 예수께서 강조하신 것을 꽤 잘 알 수 있었습니다. 4복음서에 기초한 예수님의 생애 이야기는 역사적 사건, 설교, 가르침, 비유, 담화, 기적, 축사, 논쟁, 묵시를 담고 있습니다. 예수님의 교훈은 42개, 비유는 35개, 기적은 32개입니다. 총 109가지 내용입니다. 예수님은 무엇을 제일 많이 말씀하셨을까요? 예수님은 이웃 사랑, 선행, 부도덕보다 부와 가난에 대해 더 많이 말씀하셨습니다. 3번 중 2번은 말하시고 비유의 40%가 돈에 관한 이야기입니다. 하나님 나라를 제외하고는 무엇보다 많이 말하셨습니다. 기도와 믿음에 관한 성경구절은 500개 정도지만 돈에 대해서는 2,000개가 훨씬 넘습니다. 돈은 중요한 문제입니다. 영적 삶과 돈을 어떻게 생각하느냐는 상관있습니다. 진정한 그리스도인은 어떻게 돈을 다루는지 압니다.

of megalomania caused by the desire for wealth. Rich people think they're personally, morally, intellectually, and aesthetically better than poor people. Rich people think they come to know everything by itself without learning because they have a lot of money. So they actually have no idea but act like an expert. We can see such symptoms throughout our culture: in those around us who have wealth; in those who are pursuing wealth.

Our orientation to money is definitely wrong. For three days, Friday to Sunday, there is always heavy traffic on 210 East Freeway in Los Angeles County. 210 is famous for massive traffic jams due to a large number of Korean-American drivers including churchgoers. They leave for Las Vegas every Friday evening. Some people go to casinos, sit before the slot machines, and pray, "Lord, if I once pull the handle and get money, I will donate a bunch of dollars for my church building construction. Amen!" Oh No!

Why did Matthew write his Gospel? What audience was he writing to? Matthew's audience has a special appeal to old church members. Matthew discusses Christian discipleship: how to be a true disciple of Jesus. Matthew had been watching Jesus by his side for three years. He could quite catch what Jesus had emphasized. The accounts of Jesus' life based on four Gospels contain historical events, sermons, teachings, parables, dialogues, miracles, exorcisms, controversies, and apocalyptic signs. Jesus' lessons are 42; illustrations, 35; miracles, 32. Here are 109 stories. What is the most popular topic in Jesus' sayings? Jesus talked about riches and poverty more than he did loving others, good works, and immoral cases. 2 of every 3 words in Jesus' sayings speak of money. Approximately 40 percent of Jesus' parables

처음에 하나님은 생각하셨습니다. "내가 옷을 허락하면 주머니를 요구할 것이고, 주머니를 허락하면 돈을 요구할 것이고, 돈을 허락하면 그것으로 틀림없이 죄 짓고 불행할 것이다." 하나님은 옷을 제공하지 않기로 하셨습니다. 그때 사탄이 와서 아담과 이브를 유혹했습니다. "너희 스스로 만들어라. 옷을 금하신 이유는 주머니의 돈과 능력으로 하나님처럼 되기 때문이다." 그래서 하나님은 허락하지 않으셨는데 아담과 이브가 옷을 입고 동전을 만들었습니다. 나중에 그들은 하나님보다 돈을 더 사랑했습니다. 세월이 흘러서 아담과 이브의 후손들은 두 주인을 섬기느라 바쁘게 되었다는 재미있는 이야기입니다.

강철왕 앤드루 카네기는 생애 마지막에 약 3억 5천만 달러, 전 재산의 90%를 자선 단체, 재단, 대학에 기부했습니다. 카네기는 「부의 복음」이라는 글에서 이렇게 말했습니다. "돈으로 결코 행복할 수 없다." 행복과 돈은 얼굴을 마주치지 않습니다. 천국 가는 표가 있고, 배우자와 자녀가 있고, 오늘 밤 잠을 잘 곳이 있다면 여러분은 정말 부자입니다. 돈 하면 대다수의 사람들은 '가지는 것'만 생각합니다. '주는 것'은 생각하지 않습니다. "주는 것이 받는 것보다 복이 있다 하심을 기억하여야 할지니라"(행 20:35). 주는 것이 사는 것이고, 주고 사는 것이 사랑하는 것입니다. 우리는 가지려는 것이 아니고 주려고 돈을 버는 것입니다. 성경은 우리 돈의 대부분을 주라고 말합니다.

캔자스 한 주류 판매점에 어떤 사내가 들어왔습니다. 그는 여직원을 위협하고 현금을 요구했습니다. 뚱뚱하고 힘센 흑인 여자 점원이 그 남자를 치고 옷을 벗겨 버렸습니다. 그러니까 알몸으로 달아났습니다. 그 사람이 훔친 건 단돈 3달러였습니다. 내 인격이나 자존감을 돈과 바꾸지

deal with money. Jesus talked about money more than anything else except the kingdom of God. The Old and New Testaments contain roughly 500 verses on prayer and faith, but well over 2,000 verses on money. Practically speaking, money matters to God and to Christians. There is a fundamental connection between our spiritual life and how we think about money. Real Christians understand how to handle money.

In the beginning time God thought, "If I allow clothing, they will ask for a pocket, next if I allow the pocket, they will request money, and then if I allow money, they will surely commit sins with the money and lose their happiness." God decided not to provide clothes. Just then Satan came and tempted Adam and Eve, "Make it yourselves. The reason God forbids you from dressing is that when you take it, you will be like God through money and power in your pockets." So, even though God didn't allow, Adam and Eve designed their dresses and continued to produce coins. Later on they loved money more than God. Time and tide fleeted from generation to generation. People after Adam and Eve came to suffer from being busy serving two masters. It's kind of a funny story.

During the last 18 years of his life, Andrew Carnegie, the Steel King of the world, gave away to charities, foundations, and universities about $350 million – almost 90 percent of his fortune. Carnegie wrote the article "The Gospel of Wealth." He put, "It can never be happy by money." Happiness and money have never seen each other face to face. If you have a ticket to heaven, have your spouse and children, and have a place to sleep tonight, you are really rich. When it comes to money most people only think about "getting it." Most think very little about

마세요.

먼저 하나님의 나라와 그의 의를 구하라는 것은 말씀대로 하라는 뜻입니다. 예수께서 두 주인을 섬길 수 없다고 하셨는데, 그래도 하려고 하십니까? 둘 중 하나를 선택해야 합니다. 우리 인생의 유일한 목적은 돈이 아니고 예수입니다. 예수님은 우리를 위해 모든 것을 하실 수 있습니다. 인생을 허비하지 마세요. 더 많은 돈을 쫓고, 더 좋은 집을 마련하느라 낭비하기에는 우리네 인생이 너무 아깝습니다. 우리 인생은 귀합니다. 돈은 여러분의 종입니까? 그렇지 않다면 여전히 분주할 것입니다. 예수만 나의 주인이실 때 바쁜 하루에서 벗어날 것입니다. 선물이 아니라 그 선물을 주시는 예수님을 사랑하십시오. 그러면 돈 때문에 실망하는 일은 없을 것입니다.

"giving it." "Remember the words of the Lord Jesus, how he himself said, 'It is more blessed to give than to receive'" (Acts 20:35). Giving is living, giving and living is loving. We make money to give it, not to take it. The Bible asks us to give a majority of our money away.

Oct 26, 2006, a guy came into a liquor store in Kansas City. He threatened the girl cashier and demanded cash. The cashier was black female and fat. She was stronger than the guy, so she fought against him. She stroke and stripped off his clothes. The guy ran away naked. He took just three dollars. Don't trade my personality or self-esteem for some money.

Seeking first God's kingdom and his righteousness is doing in God's steps. "No one can serve two masters," said Jesus, yet do you try? You have to choose one of the two. The sole purpose of our life is not to earn more money but to trust Jesus. Stop wasting your life. Your life is too valuable to waste chasing more money. Your life is too important to waste buying a better house. Is money your servant? If not, you will still be busy. When Jesus alone is your master, you will be out of your busy day. Love Jesus the Giver, not the gift, and you won't be disappointed about money.

예수, 악한 자의 가면을 벗기시는

데살로니가전서 5장 19-22절 성령을 소멸하지 말며 예언을 멸시하지
말고 범사에 헤아려 좋은 것을 취하고 악은 어떤 모양이라도 버리라

생활 속의 여섯 가지 격언입니다. 첫째, 머피의 법칙입니다. 평소 아
끼는 넥타이를 매면 커피를 엎지릅니다. 세차를 하고 나면 비가 옵니
다. 둘째, 코박의 법칙입니다. 전화를 잘못 걸었다고 생각하는 순간, 이
럴 때는 예외 없이 "여보세요?" 하고 상대가 전화를 받습니다. 셋째, 검
퍼슨의 법칙입니다. 제발 일어나지 않았으면 하는 일이 있지요? 그런 일은
잘 일어납니다. 넷째, 마케트의 법칙입니다. 찾지 못하고 잃어버린 물건
은 새것을 사면 눈에 띕니다. 다섯째, 미용실의 법칙입니다. 내일 미용
실에 가려고 하면 꼭 오늘 친구가 머리 스타일이 예쁘다고 칭찬합니다.
그래서 계속 못 가고 머리가 엉망입니다. 여섯째, 쇼핑백의 법칙입니다.
서점에 가서 책을 고를 때 앞에서부터 보면 내가 찾는 책은 항상 맨 끝
에 있습니다. 시간 낭비하지 말고 책은 끝에서부터 찾으세요. 과거에 실

30

Indicators of an Evil Heart

1 Thessalonians 5:19–22 Do not quench the Spirit. Do not despise prophecies, but test everything; hold fast what is good. Abstain from every form of evil.

We are told six funny epigrams. Murphy's law explains: a clean tie attracts the coffee of the day; a clean car attracts rain. Cobak's law says: when you push wrong numbers, you hope no one will be available to take your call, but almost without exception somebody says, "Who's calling?" Gumperson's law is stated as: when you wouldn't want something to happen, the thing certainly happens to you. Marquette's law is about a lost item. Your lost item is always found as soon as you buy the same new one. The fifth rule is the beauty salon law. You're going to the beauty shop tomorrow. But today your friend says, "Your hair style is so beautiful. I like that." So you cancel your plan. That's why so far you haven't been to a beauty parlor, and thus your hair style is still crazy and terrible. Surely stop by the beauty shop. The sixth rule is the shopping bag law. You go

패했다면 이번에는 다르게 하면 어떨까요? 두 가지 선택 사항 중 지금까지 해보지 않은 선택을 하면 어떨까요? 사람들은 좀처럼 그렇게 하지 않습니다. 그리고 나중에 후회합니다. 우리는 같은 실수를 반복합니다. 악이란 무엇인가? 길들여지는 것입니다. 알면서 속습니다.

사탄은 6,000년 이상 우리를 속여 왔습니다. 마귀는 우리 주변에 있습니다. 마귀가 우는 것을 보십니까? 사탄과 귀신이 지옥에 산다는 생각은 오해입니다. 사탄은 지옥을 다스리지 않습니다. 하나님이 주관하십니다. 예수께서 그 영역을 절대적으로 통치하십니다(계 1:18). 지금 사탄과 그의 악한 영들은 여기에 있습니다. 예수님의 제자들이 최후의 만찬을 준비할 때 마귀는 집 밖에 있지 않았습니다. 마귀는 이미 다락방에 있었고 예수님과 제자들을 기다리고 있었습니다. 악은 정교하게 우리를 속입니다. 드라큘라는 호주 멜버른의 유명한 극장식 식당입니다. 레스토랑은 밤에 문을 열고 무서운 영화를 상영합니다. 웨이터는 프랑켄슈타인, 웨이트리스는 드라큘라 연인 같습니다. 악이 언제나 그런 것은 아닙니다. 사탄이 "캐빈 인 더 우즈"를 제일 좋아하는 것은 아닙니다. 마귀는 할로윈 데이에 바쁘지 않습니다. 오히려 크리스마스 이브를 훔칩니다. 악을 쉽게 생각하지도, 미화하지도 말아야 합니다. 『악의 꽃』에서 보들레르는 말했습니다. "악마가 부린 가장 위대한 속임수는 세상 사람들이 그가 존재하지 않는다고 믿게 한 것이다."

사탄은 우리로 하여금 첫 번째로 좋은 일, 최선을 선택하지 못하게 합니다. 하나님이 에덴 동쪽에 동산을 만드시고 갖가지 나무가 자라게 하셨습니다. 동산 중앙에는 생명나무와 선악을 알게 하는 나무도 있었습니다. 생명나무는 영원한 생명을 주는 나무입니다. 선악을 알게 하는

to the bookstore. The book you really want is not on display on the front table. That book is always placed at the end of a row of tables in the bookstore. Don't waste your time and go to the back side first. If you've failed before, how about doing something different this time? Between two options, what if we pick the one we never tried before? People seldom do so, then repent. We keep on repeating the same mistakes. What is evil? It is being accustomed. We are deceived knowing facts.

Satan has been deceiving us for more than 6,000 years. The devil is all around us. Do you see the devil crying? There is a common misconception that Satan and his demons live in hell. Satan is not the ruler of hell. God is in charge. Jesus has absolute control over the domain (Rev 1:18). Now Satan and his demons are not in hell but here. When Jesus' disciples had prepared the last supper, the devil was not out of the upstairs room of the house. The devil already was in the upper room and waited for Jesus and his disciples. Evil is sophisticated to delude us. Dracula is a famous dinner theatre franchise in Melbourne, Australia. The restaurant opens at night time and shows scary movies. Waiters dress like Frankenstein, and waitresses are close to Dracula's lovers. Not every time evil is like that. *The Cabin in the Woods* is not Satan's favorite. The devil is not busy on Halloween Day. Rather he steals Christmas Eve. Let no man think lightly of evil or beautify it. Charles Baudelaire, in his *The Flowers of Evil*, said, "The greatest trick the devil has committed is to make the world believe he doesn't exist."

Satan drives us not to choose the first and best choice. God planted a garden in Eden, in the east. God made all sorts of trees grow from the ground. The tree of life was in the middle

나무는 그렇지 않습니다. 어느 것이 낫습니까? 두말할 필요 없이 생명나무가 훨씬 더 좋습니다. 더욱이 하나님은 아담과 하와에게 생명나무 열매를 허락하셨습니다. 그러나 뱀은 하와에게 금지된 나무의 열매를 먹으라고 유혹했습니다. 하와는 첫 번째로 좋은 나무가 아닌 두 번째로 좋은 나무를 선택했습니다. 아담도 마찬가지였습니다. 마귀는 신자들에게 최선이 아닌 차선을 선택하는 동기를 부여합니다. 예를 들면, 주일 아침에 친구 결혼식에 가서 예배를 드리지 않습니다. 두 가지 일을 할 수도 있습니다. 결혼식도 중요합니다. 하지만 결혼식이 우선순위가 될 수는 없습니다. 첫 번째로 좋은 것을 놓치면 모든 것을 잃게 될 것입니다.

사탄은 우리를 성경으로 속이려고 합니다. 마귀는 다윗은 살인자였고, 성난 모세는 십계명 돌판을 깨뜨렸고, 야곱은 탐욕스러웠고, 베드로는 예수님을 부인했고, 요한은 성급했다고 속삭입니다. "죄 지어도 괜찮아. 좋아. 문제없다." 마귀는 복음을 잘못 이해하는 길로 이끌어 갑니다. 마귀는 참 성경적인 것처럼 속입니다.

사탄은 우리가 하나님을 불신하게끔 하려고 끊임없이 노력합니다. 하나님은 사랑이십니다. 그러나 마귀는 어떻게 해서든지 우리가 하나님을 화난 분처럼 느끼게 하고 싶어 합니다. 마귀는 우리의 끔찍한 죄를 생각나게 하고 그 속에서 허우적거리게 합니다. 하나님은 어떤 조건에서도 우리를 사랑하십니다. 하나님은 모든 상황 속에서 우리를 사랑하십니다. 마귀의 주요 전략은 사람들의 평판을 강조하는 것입니다. 하나님께 귀 기울이십시오. 하나님의 의견이 중요합니다. 마귀는 하나님이 여러분을 기억하지 않으신다고 합니다. 그러나 하나님은 여러분을 알고 계신다는 것을 상기시켜 주십니다.

of the garden, also the tree of the knowledge of good and evil. The tree of life gives eternal life; the tree of the knowledge of good and evil doesn't. Which one is better? Needless to say, the tree of life is much better than the tree of the knowledge of good and evil. The first tree is superior to the second tree. Furthermore, God allowed Adam and Eve to have the fruit of the tree of life. The serpent, however, tempted Eve to eat fruit from the forbidden tree. Eve chose the second tree rather than the first tree, and so did Adam. The devil motivates Christians to choose the second best, not the best. Some churchgoers do not attend worship service going to their friend's wedding ceremony Sunday morning. We may do both jobs. The wedding is also important. Yet the Sunday wedding cannot be the first option. If you miss the best, you will lose everything.

Satan attempts to cheat us with the Bible. The devil whispers: King David was a murder; Moses was furious and smashed stone tablets of the Ten Commandments; Jacob had a keen desire for blessings; even Peter denied Jesus; and John hurry-scurried. "It's OK to commit sin. You're fine. No problem." He leads you to wrongly understand the implications of the gospel. The devil uses his trick as if it is truly biblical.

Satan constantly labors to make us distrust God. God is love. The devil, however, wants you to feel like God is somehow angry. The devil brings to mind our most horrible sins and causes us to focus on them. God loves you on any internal or external conditions. God loves you in all circumstances. The devil's main strategy is to emphasize people's reputations. Listen to God. Only God's opinion matters. The devil insists God does not remember you. But God reminds you that he knows you.

아인슈타인은 이렇게 말했습니다. "세상은 살기 위험한 곳이다. 악한 사람들 때문이 아니라 그것에 대해 아무것도 하지 않는 사람들 때문이다." 성경은 말합니다. "악에게 지지 말고 선으로 악을 이기라"(롬 12:21). 마귀는 결코 게으르지 않습니다. 우리는 마귀가 영이므로 우리보다 강하다는 것을 알고 있습니다. 하지만 걱정하지 마십시오. 예수님은 일상에서 마귀를 이기는 법을 가르쳐 주셨습니다. 그리스도인은 "우리를 시험에 빠지지 않게 하시고 악에서 구하소서"라고 기도할 수 있습니다. 그리스도 안에 있으면 우리는 악을 물리칠 것입니다. 모든 것을 자세히 살피고, 시험해 보고, 좋은 것은 취하고, 악은 어떤 모양이라도 버리십시오. 악한 영, 악한 세력, 악한 생각을 거절하십시오.

"The world is a dangerous place to live, not because of the people who are evil, but because of the people who don't do anything about it," says Albert Einstein. "Do not be overcome by evil, but overcome evil with good" (Rom 12:21). The devil is never lazy. We know that the devil is spirit and therefore is stronger than us. But don't worry. Jesus taught us how to have victory over the devil in everyday life. We can pray, "And lead us not into temptation, but deliver us from evil. Our position in Christ will defeat evil. Take a close look at everything, test it, hold fast what is good, and put away every form of evil. Reject evil spirits, evil forces, and evil thoughts.

예수, 작은 믿음도 충분하게 만드시는

마태복음 17장 18-20절 이에 예수께서 꾸짖으시니 귀신이 나가고 아이
가 그때부터 나으니라 이때에 제자들이 조용히 예수께 나아와 이르되 우
리는 어찌하여 쫓아내지 못하였나이까 이르시되 너희 믿음이 작은 까닭이
니라 진실로 너희에게 이르노니 만일 너희에게 믿음이 겨자씨 한 알 만큼
만 있어도 이 산을 명하여 여기서 저기로 옮겨지라 하면 옮겨질 것이요 또
너희가 못할 것이 없으리라

사모님이 작은 아들에게 더러운 곳에는 세균이 있으니까 손을 씻으
라고 했습니다. 목사님의 아들은 씻기 싫다며 불평입니다. "세균, 예
수님! 세균, 예수님! 우리 집에서 항상 듣는 말인데, 본 적이 없어요."
12살 소년이 사경회에서 예수님을 영접했습니다. 학교에서 친구들이 체
험을 했는지 물어 보았습니다. "환상 봤니?" "하나님이 하시는 말 들었
어?" 어린 학생은 모두 아니라고 했습니다. "그러면 네가 구원받았다는
걸 어떻게 알아?" 소년은 곰곰이 생각하다가 대답했습니다. "물고기를
보거나 소리를 듣고 낚시하는 사람은 없다. 낚시 줄을 잡아당기면 물고
기인 줄 아는 거하고 똑같다. 나는 그냥 하나님이 내 마음을 잡아당기시
는 걸 느꼈다."

31

Your Little Faith Is Enough

Matthew 17:18–20 And Jesus rebuked the demon, and it came out of him, and the boy was healed instantly. Then the disciples came to Jesus privately and said, "Why could we not cast it out?" He said to them, "Because of your little faith. For truly, I say to you, if you have faith like a grain of mustard seed, you will say to this mountain, 'Move from here to there,' and it will move, and nothing will be impossible for you."

It seems the pastor's small son was told by his mother that he should wash his hands because there were germs living in all that dirt. He refused and complained: "Germs and Jesus! Germs and Jesus! That's all I ever hear around this house and I've never seen either one." A twelve-year-old boy became a Christian during a revival. The next week at school his friends questioned him about the experience. "Did you see a vision?" asked one friend. "Did you hear God speak?" asked another. The youngster answered no to all these questions. "Well, how did you know you were saved?" they asked. The boy searched for an answer and finally he said: "It's like when you catch a fish, you can't see the fish or hear the fish; you just feel him tugging on your line. I just felt God tugging on my heart."

한 아버지가 귀신 들린 아들을 제자들에게 데려왔으나 고치지 못했습니다. 제자들은 예수께 와서 왜 귀신을 쫓아낼 수 없었는지 여쭈었습니다. 대답은 "너희 믿음이 작기 때문이다"였습니다. 이어서 예수님은 말씀하셨습니다. "만일 너희에게 믿음이 겨자씨 한 알 만큼만 있어도 이 산을 명하여 여기서 저기로 옮겨지라 하면 옮겨질 것이요 또 너희가 못 할 것이 없으리라." 누가는 뽕나무를 바다로 옮길 수 있다고 말씀하신 것으로 기록합니다. 이상하지 않습니까? 예수님은 처음에 제자들의 작은 믿음을 지적하셨고 나중에는 아주 작은 겨자씨를 예로 드셨습니다. 겨자씨만 한 작은 믿음이 산을 움직일 수 있다면 어째서 제자들의 믿음은 문제가 되는 것입니까? 그들도 작은 믿음은 가지고 있습니다. 똑같이 작고 겨자씨는 가장 작기까지 한데, 왜 제자들의 작은 믿음은 안 되고 겨자씨만큼의 작은 믿음은 되는 것입니까? 정말 겨자씨만 한 믿음이 있으면 산이나 뽕나무를 옮길 수 있다고 생각하십니까? 그렇게 믿습니까? 아무리 기도해도 산이나 뽕나무가 바다로 가는 일은 생기지 않습니다. 그러면 왜 예수님은 이 이야기를 하셨나요?

20절의 '작은 믿음'이 해석의 열쇠입니다. 대부분의 헬라어 사본에는 '불신앙'으로 되어 있습니다. 본래 용어는 '작은 믿음'이라기보다는 '불신앙'입니다. 예수님이 제자들에게 하신 말씀은 "너희 불신이 매우 크기 때문이다"라고 생각합니다. 믿음은 양이나 크기의 문제가 아니라 질의 문제입니다. 제자들은 실제로 작은 믿음을 가졌던 것이 아니고 예수님을 신뢰하지 않았습니다. 그것이 문제였습니다.

믿음은 하나님을 신뢰하는 것입니다. 하나님이 다스리시고 우리가 구하거나 생각하는 모든 것에 더 넘치도록 능히 하신다는 확신입니다.

The father had brought his son with a demon to Jesus' disciples and they were unable to help the boy. The disciples came to Jesus and inquired why they were unable to cast the demon out. The answer was: "Because of your little faith." Then Jesus told them, "If you have faith as a grain of mustard seed, you can move a mountain into the sea. Nothing shall be impossible to you." Luke's Gospel records Jesus saying you can move a mulberry tree to the sea. It doesn't make sense. Jesus first pointed out the disciples' small faith and later discussed the faith with an example of the size of a mustard seed, which was very, very small. If faith as small as a mustard seed can move a mountain, why is the disciples' faith problematic? They also have a small faith. Both are equally small, and a mustard seed is even the smallest, but why doesn't the disciples' small faith work and a mustard seed works? Indeed, if you have faith the size of a mustard seed, do you think that you can move a mountain or a mulberry tree? Do you believe so? No matter how hard you pray, in reality it never, never happens that a mountain or a mulberry tree moves to the sea. Then, why did Jesus say this story?

"Little faith" in verse 20 is the key to interpretation. A majority of the Greek manuscripts read "unbelief." The original term is "unbelief" rather than a "small amount of faith." I think that what Jesus said to his disciples is this – "Your unbelief is very great." Faith is about quality, not about amount or size. The disciples actually did not have little faith but distrust Jesus. That's problematic.

Faith is trusting in God. It is the confidence that comes from knowing that God is in control, and is able to do far more abundantly than all that we ask or think. It is thus resting in

따라서 하나님의 사랑과 능력 안에서 쉼을 얻는 것입니다. 걱정, 두려움, 불안, 초조함은 모두 불신앙의 징후입니다. 관계는 신뢰가 기본입니다. 하나님과 우리의 관계는 우리가 그분을 신뢰하는 것에 기초합니다. 믿음은 하나님으로 말미암아 전적으로 변화된 생각과 감정을 가지고 처신하는 것입니다.

우리는 '산을 움직이는 믿음'과 '하나님을 향한 기본적인 신뢰'를 구분하곤 합니다. 이러한 경향은 전자는 초자연적인 힘을 조정하는 것이고 후자는 하나님의 권위에 복종하는 것이라는 그릇된 가정에 뿌리를 두고 있습니다. 그래서 충분한 믿음만 있으면 어떤 난관도 없을 것이고 믿음은 개인적인 부와 권세를 얻는 길이라고 믿는 큰 실수를 범합니다. 작은 플라스틱 반지를 사서 하나님께 기도한다고 그 반지가 큰 다이아몬드 반지로 변하지 않습니다. 그런 일은 결코 일어나지 않습니다. 믿음이 있다고 해서 다니엘이 사자 굴에 던져지지 않은 것은 아닙니다. 사자 굴에는 들어갔습니다. 그러나 무사했습니다. 믿음은 다니엘의 세 친구가 격렬한 풀무불을 피해갈 수 있게 하지 않고 그 안에서 안전하게 해 주었습니다. 믿음이 항상 탈출구를 제공하지는 않습니다. 용기 있게 현실을 받아들이게 합니다. 믿음은 나의 뜻을 이루는 도구가 아니고 하나님의 뜻을 이루는 도구입니다. 하나님과 그분의 타이밍을 신뢰할 수 있다면 하나님은 우리와 함께하시고 우리 편이시기 때문에 문제될 것이 없습니다.

예수님은 작은 믿음과 큰 믿음을 말씀하시지 않았습니다. 겨자씨 믿음과 코코넛씨 믿음을 비교하시지 않았습니다. 작은 믿음은 나쁘고, 큰 믿음은 좋은 것입니까? 하나님께 샐러리맨이 되게 해 달라고 기도하면

the love and ability of God. Worry, fear, anxiety, fretting are all indications of lack of faith. Relationships are built on trust. Our relationship with God is built on trust, or faith in him. Faith is having one's thoughts, feelings, and actions wholly transformed by God.

We often distinguish "mountain-moving faith" from "basic trust in God." Our tendency to distinguish these two types of faith tends to be rooted in the false assumption that the former has to do with manipulating some kind of supernatural power, and the latter has to do with submitting to the divine authority. We make a great mistake when we think that if we just had enough faith we would not have any problems, when we think faith is a way to gain personal riches and power. Remember when you buy a small plastic ring and pray to God, the ring does not turn into a big diamond ring. Such thing never happens to you. Faith did not keep Daniel from the den of lions, but it did sustain him in the den that they did not harm him. Faith did not keep Daniel's friends from the fiery furnace, but it preserved them in the furnace. Faith may not always provide an escape, but it will provide acceptance. Faith is not an instrument to get my will done, but to get God's will done. If you can trust God and his timing, then you will find nothing troublesome because he is with you, he is your side.

Jesus didn't say about a small faith and a big faith. He didn't compare a mustard seed faith with a coconut seed faith. Is a little faith bad? And is a big faith good? Asking God to be a salaryman is a little faith? Asking God to be a CEO is a good faith? Asking for 10 dollars is a little faith? Asking for one million dollars is a much bigger faith? Jesus has never told the size of faith. We act

작은 믿음이고, CEO가 되겠다고 하면 큰 믿음입니까? 만 원을 구하면 작은 믿음이고, 10억을 구하면 더 큰 믿음입니까? 예수님은 믿음의 크기를 문자적으로 말씀하신 적 없습니다. 우리는 예수께서 크고 성취할 만한 것을 말씀하신 것처럼 행동합니다. 오히려 작은 믿음으로도 우리 앞에 놓인 큰 장애물을 극복할 수 있고, 그래서 믿음이 얼마나 대단한 것인지를 말씀하셨습니다. 믿음이 더 필요하다는 말씀이 아니고 이미 가지고 있는 믿음도 충분하다는 말씀입니다. 예수님은 우리가 가진 작은 믿음도 주님을 따르기에 충분하다고 말씀하시는 중입니다.

믿음에 관한 좋은 소식은 우리 믿음이 충분하다는 것입니다. 산을 움직이는 믿음을 과시하려고 하지 마십시오. 하나님을 섬기는 영적인 스타 교인이 되려고 하면 안 됩니다. 우리 믿음은 충분합니다. 단지 예수님과 그분의 타이밍과 방식을 신뢰하십시오. 걱정을 중단하고 내 안에서 일하시는 예수님을 신뢰하기 시작하십시오. 믿음은 아직 어두울 때 태양이 떠오르는 것을 느끼고 새벽을 맞이하기 위해 노래하는 새입니다.

like Jesus is saying something that is big and achievable, but of course, he doesn't mean it literally. Rather, Jesus means that even a little faith can overcome great obstacles that might be in our way, how powerful faith is. Maybe Jesus wasn't telling his disciples they needed more faith, maybe he was telling them they already had enough to do what they needed to do. Jesus is telling you, "You already have enough faith to be faithful." In other words, he is saying, "The little bit of faith you have is enough for you to do what I've called you to do."

The good news about faith is, we have enough faith to be faithful. We don't have to demonstrate mountain-moving faith. We don't have to be a spiritual superhero to serve God. We have all the faith we need to be faithful and therefore just trust Jesus, his timing, and his way. Stop worrying, and start trusting Jesus to work in you. Faith is the bird that feels the light and sings to greet the dawn while it is still dark.

예수, 자존심에 둔감하면 살게 하시는

요한복음 12장 24-26절 내가 진실로 진실로 너희에게 이르노니 한 알의 밀이 땅에 떨어져 죽지 아니하면 한 알 그대로 있고 죽으면 많은 열매를 맺느니라 자기의 생명을 사랑하는 자는 잃어버릴 것이요 이 세상에서 자기의 생명을 미워하는 자는 영생하도록 보전하리라 사람이 나를 섬기려면 나를 따르라 나 있는 곳에 나를 섬기는 자도 거기 있으리니 사람이 나를 섬기면 내 아버지께서 그를 귀히 여기시리라

애틀랜타 시에 있는 목사님 한 분이 전화번호부 레스토랑 목록에서 '하나님의교회그릴'을 발견했습니다. 호기심에 전화를 걸었더니 힘찬 목소리로 받았습니다. "네, 하나님의교회그릴입니다!" 식당 이름이 왜 그렇게 별스럽냐고 물었습니다. 직원은 사연을 들려주었습니다. "우리 교회가 이 아래서 작은 사업을 했습니다. 교회 관리비를 내려고 주일예배 후에 저녁식사로 치킨을 팔기 시작했습니다. 장사가 너무 잘되어서 교인들이 예배를 줄이고 봉사했습니다. 얼마 후에는 교회를 폐쇄하고 우리 모두 치킨 장사에 헌신했습니다. 식당 이름은 처음 교회를 생각하고 '하나님의교회그릴'로 한 것입니다." 교인이 자기 교회 문을 닫았습니다. 많은 사람이 인생에서 실패합니다. 능력, 머리, 용기가 부족해서가 아닙니다. 최종적인 골인지점에 에너지를 쏟지 않았기 때문입니다.

Why You Should Hate Your Life

John 12:24–26 Truly, truly, I say to you, unless a grain of wheat falls into the earth and dies, it remains alone; but if it dies, it bears much fruit. Whoever loves his life loses it, and whoever hates his life in this world will keep it for eternal life. If anyone serves me, he must follow me; and where I am, there will my servant be also. If anyone serves me, the Father will honor him.

A preacher was in Atlanta, several years ago, and noticed in the restaurants section of the Yellow Pages, an entry for a place called Church of God Grill. The peculiar name aroused his curiosity and he dialed the number. A man answered with a cheery, "Hello! Church of God Grill!" The preacher asked how that restaurant had been given such an unusual name, and the man said: "Well, we had a little mission down here, and we started selling chicken dinners after church on Sunday to help pay the bills. Well, people liked the chicken, and we did such a good business, that eventually we cut back on the church service. After a while we just closed down the church altogether and kept on serving chicken dinners. We kept the name we started with, and that's Church of God Grill." It's funny; the church member shut down the church. Many people fail in life, not for lack of

목적을 아는 것이 더 중요합니다. 목적을 잊지 마세요.

유명한 오픈도어교회는 무디 선생의 친구로서 대각성운동을 이끌었던 루벤 아처 토레이 목사님이 시작했습니다. 교회 설교단에는 나무로 만든 요한복음 12장 21절 말씀 액자가 항상 걸려 있었습니다. "선생이여 우리가 예수를 보기 원합니다." 매 주일 아침 우리는 사람을 보러 오지 않습니다. 우리는 예수를 보기 원합니다. 우리의 목적은 예수님을 더욱더 많이 보는 것입니다. 지금 어떻게 하면 예수님을 볼 수 있을까요? 예수님을 뵙기 원했던 헬라인들에게 예수께서 말씀하십니다. "때가 왔도다 … 한 알의 밀이 땅에 떨어져 죽지 아니하면 한 알 그대로 있고 죽으면 많은 열매를 맺느니라." 이것은 예수님 자신을 두고 하신 말씀입니다. 때는 십자가의 시간입니다. 예수는 많은 열매를 맺으려고 땅에 떨어져 죽는 한 알의 밀입니다. 십자가는 사람이 그리스도께로 와야 구원받는다는 메시지입니다. 예수를 보고, 예수를 알고, 예수를 이해할 수 있는 길은 하나밖에 없습니다. 그것은 십자가를 통한 길입니다. 예수님을 보려면 십자가를 바라보세요. 예수님은 이 가르침을 우리에게도 적용하십니다. 예수님을 따르는 자는 예수께서 십자가에서 죽으신 것과 같이 자기 생명을 내놓아야 합니다.

우리는 자존감을 쌓는 것이 신앙생활의 주요 목표 중 하나라고 생각합니다. 그렇지 않습니까? 그런데 예수님은 우리의 생명을 미워하라고 말씀하십니다. 여기에 역설이 있습니다. 당신의 생명을 미워하면 보존합니다. 당신의 생명을 사랑하면 잃습니다. 예수님을 따르려면 매일 자신의 생명을 미워하는 연습을 해야 합니다. "수도사가 되어야 합니까? 삶을 즐기는 것이 잘못입니까?"라고 질문할 수 있습니다. 그렇게 생각

ability or brains or even courage but simply because they have never organized their energies around their end goal. To know your purpose is a deeper matter. Don't forget your purpose.

The historic Church of the Open Door was founded by R. A. Torrey, who was D. L. Moody's friend and led the Great Awakening. When the church was in downtown Los Angeles, on the pulpit in the massive auditorium hung a little wooden plaque with the words of John 12:21, "Sir, we wish to see Jesus." Every Sunday morning we do not come here to see people. We want to see Jesus. Our aim should be to see more and more of Jesus. How can we see Jesus now? In response to the Greeks' request to see Jesus, he says, "The hour has come ... unless a grain of wheat falls into the earth and dies, it remains alone; but if it dies, it bears much fruit." This speaks of Jesus himself. The hour is for the cross, and Jesus is the grain of wheat that falls into the ground and dies so that it bears much grain. The cross reveals Christ by having all people come to him alone for salvation. There is only one way by which we may see Jesus, know Jesus, understand Jesus; and that is through the way of the cross. To see Jesus, look to the cross. Jesus applies this teaching to us too: his followers must also lose their life even as Jesus would die on the cross.

We all know that building our self-esteem should be one of our main goals in the Christian life, don't we? Yet Jesus says that we should hate our life. Here's the paradox: the way to keep your life is to hate it. The way to lose it is to love it. To follow Jesus, you must be in the daily process of hating your life. You may ask, "Am I supposed to become a monk? Is it wrong to enjoy life?" I don't think so. Then, what does it mean to hate

하지 않습니다. 그렇다면, 이 세상에서 자기 생명을 미워하라는 말씀은 무슨 의미입니까?

이 세상에서 자기 생명을 미워하라는 것은 세상 사람들이 원하는 것과 똑같은 삶을 살지 말라는 뜻입니다. 예수님이 이 세속적인 세상에서 최고의 삶을 향유하셨습니까? 아닙니다. 제자들이 최고의 생활을 누렸습니까? 아닙니다. 바울이 최고의 생활을 했습니까? 아닙니다. 예수님 때문에 내가 최고로 원하는 삶을 내려놓는 것이 내가 최고로 잘 사는 것입니다. 한때 어떤 부자가 세계에서 가장 비싼 캐딜락을 샀는데, 한 번도 타 보지 못하고 자기 죽을 때 장례식만 그 차 안에서 치러졌습니다. 예수가 없는 사람은 이렇게 사는 것입니다. 우리의 목표와 소망이 이생에 집중되면 안 됩니다. 세상의 삶을 사랑하면 내 삶을 잃게 되고, 세상의 삶을 내려놓으면 반드시 내 삶을 찾게 됩니다.

자기 생명을 미워하라는 것은 자신을 위해 살기보다는 남을 위해 살라는 뜻입니다. 일반 사람들은 남을 위해 산다는 것을 생각도 하지 못합니다. 나는 매일 죽고 남은 살리면서 예수님을 따르면 많은 열매를 맺고 세상은 우리가 주님의 제자인 줄 알 것입니다.

자기 생명을 미워하라는 것은 모든 생각과 말과 행동을 예수께 복종하게 하라는 뜻입니다. 예수님은 항상 옳으십니다. 예수님이 하시면 틀림없습니다. 내가 하려고 하면 실패합니다. 예수님이 일하실 수 있는 기회를 드려야 합니다.

자기 생명을 미워하라는 것은 누구보다 예수님을 더 사랑하라는 뜻

your life in this world?

Hating your life in this world means that you must not live for the same things people in the world live for. Did Jesus enjoy his best life in this secular world? No. Did Jesus' disciples enjoy their best life in this secular world? No. Did Paul enjoy his best life in this secular world? No. Jesus is telling you how to have your best life now by laying it down for the sake of Jesus. A certain rich guy was once buried in his Cadillac, one of the most expensive cars in the world. But he's not driving it! People without Jesus in this world live that way. Our goals and desires should not be focused on this life only. If you really love your life in this world, you will surely lose it. If you try to lay down your life in this world, you will surely save it.

Hating your life in this world means that you live for others rather than for yourself. The general public can't even think of living for others. When we follow Jesus by daily dying to ourselves to serve others, we will bear much fruit, and so prove ourselves to be his disciples.

Hating your life in this world means that you submit every thought, word, and deed to Jesus' lordship. Jesus is always right. He cannot fail. If you try, you will fail. Jesus must do it.

Hating your life in this world means that you love Jesus more than anyone or anything else. Paul says, "I count everything as loss because of the surpassing worth of knowing Christ Jesus my Lord. I count all things as rubbish in order to gain Christ." All he wants is Christ. Do not put anything above Jesus in priority and passion.

입니다. 바울은 말합니다. "내가 모든 것을 해로 여김은 내 주 그리스도 예수를 아는 지식이 가장 고상하기 때문이라. 내가 모든 것을 잃어버리고 배설물로 여김은 그리스도를 얻으려 함이니." 우선순위와 열정에서 예수님을 첫 번째에 두십시오.

한 사진기자가 툰드라의 자연미를 촬영하기 위해 외딴 알래스카 황야로 날아갔습니다. 그는 카메라 장비, 500롤의 필름, 총기류, 약 635kg의 식량을 준비했습니다. 수개월이 지났습니다. 그의 일기는 처음에 느낀 야생의 경이로움에서 악몽의 비애로 바뀌었습니다. 8월의 내용입니다. "왕복거리를 잘 계산했어야 했다. 곧 도착하겠지." 그는 기다리고 기다렸지만 구조대는 오지 않았습니다. 11월에 페어뱅크 북동쪽으로 약 362km 떨어진 호숫가 계곡에서 실종되었습니다. 조사에 따르면 그는 여행지역으로 안전하게 들어갔으나 다시 빠져 나올 때는 비상식량이 충분하지 못했습니다. 근시안적이지 않았나요? 그런데도 세상에 왔다가 영원으로 나갈 계획을 세우지 않고 살아가는 사람이 얼마나 많습니까? 우리는 떠날 것을 확실히 알고 있습니다. 마지막 여행을 준비하십시오.

In 1981, a man was flown into the remote Alaskan wilderness to photograph the natural beauty of the tundra. He had photo equipment, 500 rolls of film, several firearms, and 1,400 pounds of provisions. As the months passed, the entries in his diary, which at first detailed the wonder and fascination with the wildlife around him, turned into a pathetic record of a nightmare. In August he wrote, "I think I should have used more foresight about arranging my departure. I'll soon find out." He waited and waited, but no one came to his rescue. In November he went missing in a nameless valley, by a nameless lake, 225 miles northeast of Fairbanks. An investigation revealed that he had carefully provided for his adventure, but he had made no provision to be flown out of the area. That was a bit shortsighted, wasn't it? And yet, how many people come to the world and live their lives without making any plans for their departure to face eternity? You know for certain that you will be departing. Brothers, prepare to take your last trip.

예수, 두려움이 없는 현실

시편 27편 1–4절 여호와는 나의 빛이요 나의 구원이시니 내가 누구를 두려워하리요 여호와는 내 생명의 능력이시니 내가 누구를 무서워하리요 악인들이 내 살을 먹으려고 내게로 왔으나 나의 대적들, 나의 원수들인 그들은 실족하여 넘어졌도다 군대가 나를 대적하여 진 칠지라도 내 마음이 두렵지 아니하며 전쟁이 일어나 나를 치려 할지라도 나는 여전히 태연하리로다 내가 여호와께 바라는 한 가지 일 그것을 구하리니 곧 내가 내 평생에 여호와의 집에 살면서 여호와의 아름다움을 바라보며 그의 성전에서 사모하는 그것이라

　　사람이 느끼는 공포증은 541가지입니다. 노란색, 외국어, 마늘, 책, 금을 두려워하는 특이한 공포증도 있습니다. 여러분은 금을 좋아하지요. 체로키 인디언이 손자와 이야기합니다. "우리 안에는 두 마리의 늑대가 있다. 늘 서로 싸운다. 그들 중 하나는 좋은 늑대고 다른 하나는 나쁜 늑대다." 손자는 할아버지를 쳐다보면서 말합니다. "누가 이깁니까?" 할아버지는 조용히 대답합니다. "네가 먹이를 주는 쪽이다. 좋은 늑대는 평안이고, 나쁜 늑대는 두려움이다. 좋은 쪽에 먹이를 주면 너에게 두려움을 이기는 평안을 줄 것이다. 나쁜 쪽에 먹이를 주면 너에게 평안을 지배하는 두려움을 줄 것이다." 두려움은 외부에서 들어오지 않습니다. 두려움의 원인은 자기 자신입니다.

33

Fear No Man But God

Psalm 27:1–4 The Lord is my light and my salvation; whom shall I fear? The Lord is the stronghold of my life; of whom shall I be afraid? When evildoers assail me to eat up my flesh, my adversaries and foes, it is they who stumble and fall. Though an army encamp against me, my heart shall not fear; though war arise against me, yet I will be confident. One thing have I asked of the Lord, that will I seek after: that I may dwell in the house of the Lord all the days of my life, to gaze upon the beauty of the Lord and to inquire in his temple.

Some of the phobia lists explain that people have 541 kinds of fears. They also tell about five funny and unusual phobias: for instance, fear of the color yellow, fear of foreign language, fear of garlic, fear of books, and fear of gold. I know you never have the fear of gold; you love gold. A Cherokee American Indian is talking with his grandson. He says, "There are two wolves inside of us. They are always at war with each other. One of them is a good wolf. The other is a bad wolf." The grandson looks up at his grandfather and says, "Grandfather, which one wins?" The grandfather quietly replies, "The one you feed. The good wolf represents peace. The bad wolf represents fear. If you feed the good one, the wolf will give you peace over fear. If you feed the

시편 27편은 다윗 인생의 가장 어두운 날 중 하나에서 나왔습니다. 그는 수많은 위험과 원수의 손아귀 속에 있었습니다. 왕 사울과 군대장관 아브넬, 아들 압살롬, 세바가 그를 둘러쌌습니다. 사울은 다윗을 죽이려고 광야에서 그를 사냥했습니다. 다윗은 4년 동안 도망쳤습니다. 그와 동료는 사막에서 노숙하고, 주리고, 목마르고, 지쳤습니다. 다윗은 생각했습니다. "언젠가는 사울이 나를 잡을 것이다. 블레셋 땅으로 탈출하는 것이 최선이다." 그래서 600명 용사를 데리고 이스라엘을 떠나서 시글락에 정착했습니다. 이 시기에 블레셋은 이스라엘과의 전쟁을 준비하고 군대를 소집했습니다. 다윗과 그의 용사들은 전장에서 아기스와 합류했습니다. 나중에 귀환해서 아말렉의 습격으로 마을이 불타고 처자식이 끌려간 것을 발견한 다윗 일행은 절규했습니다. 다윗은 큰 곤경에 처했습니다. 비통한 사람들은 다윗을 위협했습니다. 하지만 주님은 그에게 용기를 주셨습니다.

다윗은 두려움과 불안을 어떻게 극복했을까요? 되풀이되는 투쟁에도 다윗은 눈을 하나님께로 돌렸습니다. "여호와는 나의 빛이요 나의 구원이시니 내가 누구를 두려워하리요." 여기서 성경이 말하는 것은 주님이 빛을 주신다는 게 아니라 주님이 빛이시라는 겁니다. 주님이 구원을 주신다는 게 아니라 주님이 구원이시라는 겁니다. 다윗의 관심은 "나의 빛과 나의 구원이 되시는 주님"에게 있었습니다. 다윗은 두려움을 이기는 진정한 평안은 주님 그자체로부터만 온다는 것을 알고 있었습니다. 모든 언약의 축복들은 그분의 것입니다. 그 주님이 우리를 위하신다면, 현재나 미래에 누가 우리를 대적할 수 있겠습니까?

다윗은 성전에 올라가 하나님 안에서 자신의 안전을 지키는 연습을

bad one, the wolf will give you fear over peace." Fear does not come in from the outside. The source of fear is you yourself.

Today's Psalm 27 sprang from one of the darkest days of David's life. See in what danger David was; in the grip of numerous and cruel foes. King Saul and Commander Abner, his son Absalom, and Sheba encompassed him. Saul hunted David to kill him in the wilderness. David ran away for four years. David and his companions had to sleep in the desert. They became hungry, thirsty, and weary. David thought, "Someday Saul is going to get me. The best thing I can do is escape to the Philistines." So David took his 600 men and went out of Israelite territory. David and his men and their families settled in the town of Ziklag among the Philistines. During this time the Philistines mustered their troops to fight Israel. David and his men joined Achish in battle. When they returned home later and found that the Amalekites had raided the town and burned it to the ground, carrying off all the women and children, David and his men started crying out in a loud voice until they had no more power to cry. David was now in great trouble, because his men were all very bitter about losing their children, and they were threatening to stone him. But the Lord gave him courage.

How did David overcome fear and anxiety? He faced battle after battle yet turned his eyes upon the Lord. "The Lord is my light and my salvation; whom shall I fear?" Pay attention to what the Scripture says. It is not said merely that the Lord gives light, but that he is light; nor that he gives salvation, but that he is salvation. David's personal interest was "the Lord, my light and my salvation." David knew his true peace comes only from the

했습니다. 다윗의 말입니다. "내가 여호와께 바라는 한 가지 일을 구하리니 내 평생에 여호와의 집에서 사는 그것이라." "소망은 결코 자루를 채워 주지 않는다"라는 말이 있습니다. 소망은 행동이라는 좋은 토양에 뿌려져야 합니다. 실천과 노력이 따르지 않으면 어떤 것도 거두지 못합니다. 하나님의 집에서 그분과 함께하는 훈련을 규칙적으로 하십시오. 하나님은 우리를 완전하게 보호하실 것입니다. 우리는 적어도 이런 위로의 말씀을 간직하고 있습니다. "하나님은 내 편이시다."

"온전한 사랑이 두려움을 내쫓습니다"(요일 4:18). 여러분의 미래가 여전히 두렵습니까? 사업이 잘될까 염려하십니까? 두렵다면 하나님의 온전한 사랑을 충분히 체험하지 못한 것입니다. 예수님이 최후의 만찬 자리에 있는 제자들만이 아니고 여러분에게도 주시는 메시지입니다. "나의 평안을 너희에게 주노라." 기도하지만 두려움이 있다면 여러분의 기도는 예수님이 가르쳐 주신 기도가 아닙니다. 바로 지금 여러분의 기도를 바꾸세요. 진정으로 기도하는 사람은 전능하신 하나님께로 피하기 때문에 두렵지 않습니다.

옛날에 이런 죄인이 있었습니다. 그는 왕에게 끌려 왔습니다. 왕은 그에게 교수형 밧줄이나 크고 검고 무시무시한 철문, 두 가지 형벌 중 하나를 선택하라고 했습니다. 그는 신속하게 밧줄을 결정했습니다. 목에 올가미가 씌워졌을 때 왕에게 물었습니다. "저 문 뒤에 뭐가 있습니까?" 왕은 웃으며 말했습니다. "재미있는 일이다. 나는 모두에게 똑같은 기회를 주는데 거의 모두가 밧줄을 원한다." "도대체 문 뒤에 무엇이 있다는 말입니까?" "그리로 나가면 자유다! 사람들은 미지의 것을 너무 두려워한다. 그래서 곧바로 밧줄을 택하는 것 같다." 거기에 처음부터

Lord himself. He has all covenant blessings in his possession. If the Lord be for us, who can be against us, either now or in time to come?

David took much exercise to observe his safety in God by going up to the Temple. "One thing have I desired of the Lord," says David, "I may dwell in the house of the Lord all the days of my life." The old proverb says, "Wishing never fills a sack." Desires are seed. The desires must be sown in the good soil of action. They will not yield any harvest, unless followed up by practical endeavors." Let's practice being with God in his house regularly. God will so effectually protect us. We have at least this consolation: "God is on my side."

"Perfect love casts out fear" (1 Jn 4:18). Do you still fear your future? Are you wondering if your business is going well? If we are afraid, this shows that we have not fully experienced God's perfect love. This is Jesus' final message to his disciples, to you also, at the table of the Last Supper: "My peace I give to you." If you pray to God but still sense fear, your prayer is not the prayer Jesus taught. Correct your prayer right now. Those who truly pray don't know fear because they are in the shelter of the mighty hand of God.

There once was this criminal who had committed a crime. He was sent to the king for his punishment. The king told him he had a choice of two punishments. He could be hung by a rope or take what's behind the big, dark, scary, iron door. The criminal quickly decided on the rope. As the noose was being slipped around his neck, he turned to the king and asked. "By the way, out of curiosity, what's behind that door?" The king laughed and

끔찍한 것은 없었습니다. 두려움은 현실이 아닙니다. 하나님은 현실입니다.

하나님은 가장 높고, 크고, 깊고, 광대하십니다. 두려운 사람, 숫자, 권력을 개의치 마세요. 누가복음 12장에서 예수님은 제자들에게 이런 말씀을 하셨습니다. "몸을 죽이고 그 후에는 능히 더 못하는 자들을 두려워하지 말라." 사람을 두려워하면 하나님을 두려워하지 않는 것입니다. 하나님을 두려워하는 사람은 사람을 두려워하지 않습니다. 사람을 두려워하지 말고 하나님을 두려워하십시오. 예수님과 동행하면서 사람들의 판단, 비판, 평가를 두려워말고 자유하는 법을 배우십시오. 사람을 기쁘게 하지 말고 하나님께 좋게 하려고 노력하십시오. 하나님을 두려워하는 것은 하나님을 사랑하는 것입니다. 하나님을 사랑하는 것은 하나님을 기쁘시게 하는 것입니다. "나는 하나님 외에는 아무도 두려워하지 않을 것입니다!"

said: "You know, it's funny, I offer everyone the same choice, and nearly everyone picks the rope." The criminal pointed to the noose around his neck and said, "So tell me. What's behind the door? I mean, obviously, I won't tell anyone." The king paused then answered, "Freedom, but it seems most people are so afraid of the unknown that they immediately take the rope." From the first, there was no something awful. Fear is not reality. God is reality.

Our God is the highest; God is the biggest; God is the deepest; God is the largest. Ignore the character, number, and power of fear. In Luke 12, Jesus says to his disciples, "I tell you, my friends, do not fear those who kill the body, and after that have nothing more that they can do." If you fear man, you don't fear God. Those who fear God don't fear man. Fear no man but God. Learn how to free yourself from fear of judgement, criticism, or evaluation by people living a full life with Jesus. Try to please no man but God. To fear God is to love God; to love God is to please God; to please God is to be pious. "I shall not fear man but God!"

예수, 남다른 시선으로 보게 하시는

누가복음 5장 8-11절 시몬 베드로가 이를 보고 예수의 무릎 아래에 엎드려 이르되 주여 나를 떠나소서 나는 죄인이로소이다 하니 이는 자기 및 자기와 함께 있는 모든 사람이 고기 잡힌 것으로 말미암아 놀라고 세베대의 아들로서 시몬의 동업자인 야고보와 요한도 놀랐음이라 예수께서 시몬에게 이르시되 무서워하지 말라 이제 후로는 네가 사람을 취하리라 하시니 그들이 배들을 육지에 대고 모든 것을 버려 두고 예수를 따르니라

초등학교 1학년 어린아이가 용돈을 모으고 있었습니다. 곧 있으면 엄마의 생일이었습니다. 아이는 날짜를 세면서 기다렸습니다. 드디어 원하는 선물을 살 수 있을 만큼 저금통은 가득 찼습니다. 백화점에 가서 정말 좋은 선물을 준비했습니다. 집에 돌아와서 "엄마, 생일 축하해요" 하고 드렸습니다. "와! 아들, 고마워." 엄마는 잔뜩 기대하고 포장된 선물상자를 열었습니다. 장난감 로봇이었습니다. 아들은 장난감 가게에 다녀왔습니다. 이 아들은 생각했습니다. "내가 세상에서 제일 좋아하는 거니까 엄마도 틀림없이 이 장난감 로봇을 좋아할 거야." 어린아이는 자기중심적입니다. 마트에 가면 장바구니에 자기가 먹고 싶은 것만 담는 가정주부가 있습니다. 그런가 하면 가족이 좋아할 만한 것을 담는 주부가 있습니다. 사람들은 자신이 원하는 것을 먼저 마음에 두는 경향이 있

34

A Fisherman's Concern

Luke 5:8–11 But when Simon Peter saw it, he fell down at Jesus' knees, saying, "Depart from me, for I am a sinful man, O Lord." For he and all who were with him were astonished at the catch of fish that they had taken, and so also were James and John, sons of Zebedee, who were partners with Simon. And Jesus said to Simon, "Do not be afraid; from now on you will be catching men." And when they had brought their boats to land, they left everything and followed him.

A first grade boy was saving up pocket money. It was his mom's birthday soon. The child waited counting the days. The piggy bank was full enough to finally buy something he wanted. He unlocked the piggy bank, went to a big shopping mall, and found a really good present displayed in the show window. He purchased that for his mom spending a lot of money. He returned home and gave his mom the birthday gift. "Happy birthday, Mom!" The mother said, "Wow, looks wonderful! Thank you, my son" and unpacked hoping to receive an awesome gift. It was a robot toy. The son actually went to the toy store. The little boy thought, "My mom will definitely love this robot toy because I love the robot toy most in the world." "What I like is what she likes." A child is self-centered. In the supermarket, some housewives look for the food they like to eat, whereas

습니다.

예수께서 열두 제자를 부르시는 장면은 처음 세 복음서 마태복음 4장, 마가복음 1장, 누가복음 5장에 있습니다. 누가복음의 기록은 독특합니다. 마가와 마태는 예수님이 갈릴리 해변을 지나가시다가 갑자기 시몬, 안드레, 야고보, 요한을 부르신 것으로 이야기합니다. 누가는 예수님이 시몬에게 소명을 주시는 과정을 자세히 전합니다. 오늘의 대화는 의미심장합니다. 누가복음에 의하면 이번에 시몬이 예수님을 처음 만난 것은 아닙니다. 예수님은 이미 가버나움 시몬의 집에 다녀오신 적 있고 그의 장모를 고쳐 주셨습니다(4:38-39). 아마도 그 때문에 시몬은 예수님이 그의 배를 물에 떠다니는 강단으로 사용하시도록 했을 것입니다.

시몬 베드로는 예수님 앞에 무릎을 꿇고 말했습니다. "주여, 나를 떠나소서. 나는 죄인이로소이다." 사실 시몬은 동료들과 잡은 많은 물고기가 아니라 예수께서 사람들을 가르치시는 모습을 보고 놀라서 말한 것입니다. 그물을 씻고 있는 시몬을 만났을 때 예수님은 그의 죄를 언급하지 않으셨습니다. 그러나 시몬은 기꺼이 회개했습니다. 시몬에게 예수님은 평범한 분이 아니었습니다. 그는 예수께서 보여 주신 하나님의 마음과 죽을 수밖에 없는 자신의 삶 사이의 괴리를 보았습니다. 그는 물고기보다 예수님께 더 관심이 있었습니다. 그래서 시몬 베드로는 물고기를 가득 실은 배를 버려두고 예수님을 따라갔습니다. 예수님과의 만남은 그의 인생을 완전히 바꾸어 놓았습니다. 예수님 또한 그의 과거를 보지 않고 시몬에게 다가오셨습니다. 시몬 베드로는 예수께 그를 떠나달라고 했습니다. 여기서 예수님의 반응은 의외였습니다. 예수님은 시몬에게 말씀하셨습니다. "무서워하지 말라. 이제 후로는 네가 사람을 낚는

others put as many things family members like as possible in the shopping cart. People incline to first place the things they want in their hearts.

The story of Jesus selecting the twelve Apostles is found in the first three Gospels: Matthew 4, Mark 1, and Luke 5. Luke's story of Jesus calling the first disciples is unique among the synoptic Gospels. While Mark and Matthew speak of Jesus passing alongside the Sea of Galilee and abruptly calling Simon, Andrew, James, and John to follow him, only Luke tells the story of Jesus and Simon preceding the call. Today's conversation is meaningful. In Luke's Gospel, this is not Simon's first encounter with Jesus. Jesus has already been to Simon's home in Capernaum and has healed his mother-in-law (4:38-39). Perhaps that explains Simon's willingness to let Jesus use his fishing boat as a floating pulpit.

Simon Peter fell on his knees before Jesus and said, "Depart from me, for I am a sinful man, O Lord." As a matter of fact, Simon said to Jesus not because he and his companions were all amazed at the large number of fish they had caught but because he saw Jesus teaching people. When Jesus met Simon washing his nets, Jesus didn't mention his any fault. But Simon was willing to repent. Jesus wasn't like ordinary for Simon. He saw the overwhelming disparity between God's mind manifested in Jesus and his own mortal life. He was much interested in Jesus more than fish. So Simon Peter left his boatloads of fish behind and followed Jesus. His encounter with Jesus had completely reoriented his life. Jesus was also concerned for Simon, not his past. Simon Peter asked Jesus to leave him. Here Jesus's response was very strange, unnatural. Jesus said to Simon, "Do not be afraid; from now on you will be catching men."

어부가 되리라."

성경 주석들은 주로 어부의 경력이나 물고기가 잡힌 기적이나 누가복음 5장에 나오는 시몬 베드로의 고백에 대한 관심을 불러일으킵니다. 성경을 해석하는 사람들은 흔히 베드로가 잡은 물고기 수 153을 강조합니다. 다른 관점에서 생각해 보겠습니다. 주의 깊게 읽어보세요. 누가의 의도는 그것이 아니었습니다. 누가가 말하려는 주제는 예수님을 처음 만났을 때 시몬 베드로의 마음이었습니다. 베드로는 그 자신이 원하는 것보다 예수님이 누구신가에 관심이 있었습니다. 적어도 이 대목에서 그는 남달랐습니다.

CIA, 중앙정보국과 FBI, 연방수사국은 전 세계 160개국과 미국 50개 주를 살피고 있습니다. 존 에드거 후버는 최초의 FBI 국장이었습니다. 후버는 48년 동안 8명의 대통령 밑에서 FBI 국장으로 일하느라 바빴습니다. 그런데도 후버는 주일을 반드시 지키고 교회학교 학생들에게 성경 가르치는 일을 한 주일도 빼먹지 않았습니다. 그는 자신의 지위보다 예수님을 더 사랑했습니다.

예수 믿는 사람들이 왜 교회에 나옵니까? 어떤 사람들이 교회를 잘 다닐까요? 연령과 교회 출석은 밀접한 관계가 있습니다. 나이 든 세대가 젊은 세대보다 훨씬 더 열심히 출석합니다. 성별 차이도 뚜렷합니다. 모든 연령대에서 여성 교인이 남성 교인보다 많습니다. 좋은 신자들은 예배드리고 영적으로 성장하고 지도받기 위해 교회생활을 합니다. 일부 교인들은 친교하려고, 종교를 믿으려고, 또는 가족들 때문에 교회를 다닙니다. 병을 고치고 교회에 다니는 사람들은 끝까지 가지 못할 수도 있

Many Bible commentaries call attention to fishermen's careers, the miraculous catch of fish, or Simon Peter's confession in the chapter 5. Interpreters often emphasize the number of fish Peter caught, the number 153. I have a different idea. Read carefully, Luke's intention to write was not that. The thesis statement of Luke the evangelist was the mind of Simon Peter when he met Jesus at first. Peter was more interested in who Jesus was than what he wanted. At least in this respect, he was different from others.

The Central Intelligence Agency (CIA) and the Federal Bureau of Investigation (FBI) are watching 160 countries in the world and 50 states in America. John Edgar Hoover was the first FBI Director of the United States. Although he was busy serving as a FBI Director under 8 Presidents for 48 years, Hoover regularly attended church and didn't skip to teach the Bible to his Sunday school students. He loved Jesus more than his position.

Just why do Christians attend church? We know a lot about the types of people who are most likely to attend worship services. There is a strong relationship between age and church attendance, with older members much more likely to attend than younger members. There is a strong gender effect, with women of all ages more likely than men to attend. Good Christians attend church for worshipping God, spiritual growth and guidance. Some churchgoers go to church for fellowship with others, believing in religion, or family values and tradition. Church members who are healed from illness may not be faithful. Someday they will get sick again.

Our concern must be Jesus himself. Jesus' achievement was

습니다. 병은 언젠가 다시 재발합니다.

우리의 관심은 예수님 그 자체여야 합니다. 가룟 유다에게는 예수님의 업적이 중요했습니다. 시몬 베드로에게는 예수님이 그의 모든 것이었습니다. 유다에게는 물고기가 매우 중요했습니다. 베드로에게는 예수님이 중요했습니다. 사업가 유다는 예수님을 자신의 성공을 위한 발판으로 삼았습니다. 베드로에게 예수님은 유일한 주인이었습니다. 예수님을 생각하는 것이 위대한 기도생활입니다. 여러분의 생각에 집중하지 말고 예수님의 생각에 집중하십시오. 예수님은 우리를 염려하십니다. 우리도 예수님의 마음을 생각해야 합니다. 예수님과 물고기 중 어느 쪽을 생각하십니까? 물고기는 믿음의 원천이 아닙니다. 예수님은 믿음의 원천입니다. 모든 것이 예수 그리스도 안에 있습니다. 물고기를 쫓는 한 여러분은 분명히 예수님을 따르는 데 실패할 것입니다. 물고기나 기적은 사라질 것입니다. 그러나 여러분과 예수님의 특별한 관계는 영원히 남을 것입니다.

important for Judas Iscariot; Jesus himself was everything to Simon Peter. Fish was critical to Judas; Jesus was that to Peter. Business man Judas considered Jesus as a tool to serve his own needs; to Peter, Jesus was the only master. Thinking Jesus is a great prayer life. Do not focus on your mind but Jesus' mind. Jesus is concerned about us, so must we. Which do you think, Jesus or fish? Fish is not the source of faith; Jesus is the source of faith. Everything is contained in Jesus Christ. As long as you chase fish, you will definitely fail to follow Jesus. Fish or miracles will be gone. But your special relationship with Jesus will remain forever.

예수, 이 기쁨을 위해 살게 하시는

마태복음 13장 44-46절 천국은 마치 밭에 감추인 보화와 같으니 사람이 이를 발견한 후 숨겨 두고 기뻐하며 돌아가서 자기의 소유를 다 팔아 그 밭을 사느니라 또 천국은 마치 좋은 진주를 구하는 장사와 같으니 극히 값진 진주 하나를 발견하매 가서 자기의 소유를 다 팔아 그 진주를 사느니라

전도사 시절에 함께 일했던 주일학교 선생님 이야기입니다. 대학생이었는데, 하루는 어머니가 찾아와서 이런 대화를 나누었습니다. "우리 딸이 새벽 4시에 동대문시장에 다녀왔습니다." "권사님, 무슨 얘기예요?" "성경공부 시각자료 만든다고요." "아!" 주일예배가 끝나고 선생님에게 물었습니다. "안 피곤해요?" "예, 괜찮습니다." "왜 그렇게 힘든 일을 했어요?" "공부하고 일도 하는데 성경 가르치는 게 정말 좋아요. 예수님 전하는 게 좋아서 했습니다." 신앙생활이 그저 그런 것은 마음 깊숙한 곳에 하나님을 향한 기쁨이 없기 때문입니다. 인생을 즐겁게 하는 것은 하나님의 은혜에 대한 형언할 수 없는 기쁨입니다.

성경은 잃어버린 물건을 설령 원하지 않더라도 주인에게 돌려주라고

Choosing to Be Joyful

Matthew 13:44–46 "The kingdom of heaven is like treasure hidden in a field, which a man found and covered up. Then in his joy he goes and sells all that he has and buys that field. "Again, the kingdom of heaven is like a merchant in search of fine pearls, who, on finding one pearl of great value, went and sold all that he had and bought it.

When I was teaching Sunday school students, we had many good Bible teachers. Our church had been fortunate to become acquainted with Ohs family. Miss Oh was a college student. Her mother came to me and said, "My daughter has been to Dongdaemoon Market Plaza. She got up at 4 o'clock. She went there and bought some visual materials for her Bible class." I asked her daughter after church, "Are you okay?" "I'm good, just a little tired." "Why did you do that?" She answered, "Oh, I study and have jobs, but I really enjoy teaching the Bible. I love telling of Jesus. That's why I did." Since you do not have joy for God deep down in your heart, your faith life is the same usual. Your unspeakable joy for God's grace makes your life exciting.

했습니다. 본문은 한 사람이 밭에서 보물을 발견한 후 숨겨 두었다고 했습니다. 그는 주인에게 돌려주지 않았고, 발견한 사실을 공개하지 않았고, 주인이 찾으러 올 때까지 간직하지도 않았습니다. 대신 비밀로 하고 보물을 손에 넣기 위해 모든 재산을 팔아 밭을 샀습니다. 그의 처신에 의문이 생깁니다.

옛날 사람들은 보통 재산을 은화로 비축했습니다(눅 15:8). 은행이 있었지만 안심할 수 없어서 직접 보관했습니다. 집 안에 모아 둔 사람은 도둑질을 당했습니다. 안전하게 땅을 파고 숨겨 둔 사람은 전쟁으로 죽어서 어쩌다 주인 없는 보물을 발견하는 일이 왕왕 있었습니다. 예수님 시대에 잃어버린 물건에 관한 규정과 관습이 있었습니다. 유대법에 따르면 땅 속의 주인 없는 물건은 새로 밭을 소유한 사람의 것이 되지 않습니다. 왜냐하면 그 사람은 밭만 사고 다른 것은 아무것도 거래하지 않았기 때문입니다. 주인은 자기 밭에 무엇이 있는지 알고 있는 것만 소유권을 주장할 수 있습니다. 유대인의 구전을 정리한 미쉬나는 주인 없는 물건은 본 사람과 주운 사람이 있다면 주운 사람의 것이라고 판결합니다. 그러므로 땅에 묻힌 보화는 발견하고 차지하지 않는 한 밭 주인의 것이 아닙니다.

오늘 말씀에 등장하는 사람은 남의 밭에서 보물을 발견했습니다. 그 주인의 허락 없이 들어갔거나 고용되어서 일하고 있었습니다. 무단침입이라면 그냥 훔칠 수 있었습니다. 밭을 살 필요가 없었습니다. 그는 밭을 샀으므로 도둑은 아니었습니다. 일꾼이라면 두 가지 가능성이 있습니다. 주인이 이미 보물의 존재를 알고 있거나 아니면 모르는 것입니다. 알았다면 주인은 스스로 보물을 포기하지 않았을 것입니다. 일꾼은 주

Biblical law required the finder to return a lost item to its owner — even if it meant going out of his way to do so. According to today's Bible reading, a man found a treasure in a field and buried it. The man as finder did not return the treasure to its original owner, did not inform the owner of his discovery, and did not guard the treasure until the owner arrived to claim it. Instead, he kept the treasure secret, sold all his worldly possessions, and bought the field to get it. Some Bible readers raise the question on the finder's conduct.

In the old days people typically stored up their savings in the form of silver coins (Lk 15:8). There were bankers, but not all trusted them and would rather keep the money themselves. Some people stored it at home, where thieves broke in and stole. To keep it safe some people dug a hole in a field and hid it there. However, with periodic wars, they were killed and their treasures were forgotten, giving rise to the possibility of finding treasures hidden in the fields. By the time of Jesus, there were many laws and customs on lost and found. Under Jewish law, ownerless objects in the ground do not belong to the new owner of the field because when he bought that field, he simply bought the field and nothing else. The owner of the field can claim only what he knows is there. We read in the Mishnah that "If one sees an ownerless item and falls upon it, and another person comes and holds it, the holder takes possession of it." Therefore the hidden treasure does not belong to the owner of the field unless he himself found and held it.

In today's story, the man found the treasure in someone else' field. We can guess two conditions: either he was there without the owner's permission, or he was there with approval, employed

인을 대신하므로 그가 발견한 것은 주인의 것입니다. 몰랐다면 소유권을 주장할 수 없기 때문에 보물은 주인의 것이 아닙니다. 문제는 주인이 아는지 모르는지 그것을 알 수 없다는 것입니다. 주인을 시험하고 동시에 합법적으로 권리를 주장할 수 있는 유일한 방법은 밭을 매입하는 것입니다. 만일 주인이 숨겼다면 거래가 끝나기 전에 보물은 챙겼을 것입니다. 그것이 아니라면 밭을 산 사람이 보물의 주인입니다. 먼저 찾는 사람이 갖는 것입니다. 그래서 보물을 발견한 사람은 밭을 샀습니다. 밭을 파는 사람에게 보물에 대해 말해야 할 이유는 없습니다. 유대법으로는 합법적이고 윤리적이었습니다.

마태복음 13장은 가장 큰 천국비유 모음집입니다. 감추인 보화 비유가 최고라고 생각합니다. 이 비유는 두 가지로 해석할 수 있습니다. 보물을 발견한 사람의 입장에서, 천국의 말씀을 들을 때 우리는 기뻐하고 다른 모든 것을 기꺼이 포기해야 합니다. 사실입니다. 그러나 우리는 결코 천국을 살 수 없습니다. 따라서 화자의 입장에서, 주인공은 하나님입니다. 하나님은 세상 밭에 숨겨진 보물인 자신의 백성을 발견하고 그들을 데려오기 위해 가진 모든 것을 내주시는 분입니다. 하나님은 우리를 구원하시려고 모든 것, 독생자 예수를 주셨습니다. 이것은 우리를 사랑하시는 하나님의 이야기입니다.

이 비유는 천국을 사거나 맞바꾸거나 협상하라는 뜻이 아닙니다. 천국은 너무 소중해서 지상의 모든 것을 잃고 그것을 얻는 것이 행복입니다. 바울은 빌립보서 3장 7-8절에서 바로 이것을 말하고 있습니다. "그러나 무엇이든지 내게 유익하던 것을 내가 그리스도를 위하여 다 해로 여길뿐더러 또한 모든 것을 해로 여김은 내 주 그리스도 예수를 아는 지

by the owner as a laborer. If he was a trespasser, he could simply steal the treasure. He didn't need to buy the field. The man bought the field and therefore was not a stealer. If he was a laborer, there are two possibilities when he found the treasure: either the owner already knew of the treasure being there, or he had no idea about it. The former is unlikely because the owner would have removed the treasure for himself. The laborer would be the owner's agent, and anything he finds belongs to the owner. If the latter, then the treasure did not belong to the owner because he couldn't lay claim to something he didn't even know existed. But the problem is that the man couldn't know whether the owner knew of the hidden treasure or not. The only way to test the seller's knowledge and claim the treasure legitimately at the same time is to buy the field. If the seller knew of the treasure, he would have extracted it before the deal is closed. If he didn't, then the purchaser becomes the treasure's keeper; whoever finds the treasure can claim it on a "first come, first get" basis. So the man bought the field. There is no reason why the vendor should be told of the treasure. His action was legal and ethical under Jewish law.

Matthew 13 consists of 7 parables of the kingdom: the sower, the weeds, the mustard seed, the leaven, the hidden treasure, the costly pearl, and the dragnet. I think the story of the hidden treasure is the best among 7 parables. This parable can be interpreted in two ways. For the finder, this is that when we hear the message of the kingdom, we should be so full of joy that we are willing to give up everything else. That is true. But we can never buy the kingdom. So, for the storyteller, it may be that God is the main character. God finds his people as hidden treasure in the world (the field) and gives everything he has to take them.

식이 가장 고상하기 때문이라." 그는 그리스도를 얻기 위하여 모든 것을 버린다고 했습니다.

감추인 보화는 '값 비싼 은혜'입니다. 그 보화는 예수입니다. 우리는 사랑받을 자격이 없지만 예수님은 우리를 너무나 사랑하십니다. 그분의 은혜를 정말 기뻐하십니까? 예수님을 얼마나 사랑하셨습니까? 보물을 얻기 위해 가진 모든 것을 처분하고 밭을 살 준비가 되셨습니까? 예수님을 보물로 여기십니까? 예수님을 가장 귀하게 생각하십니까? 그렇다면 주님의 사랑과 은혜에 감사를 표현하십시오. 예수님을 진정으로 사랑하면 그분의 말씀을 읽고 기도하기를 쉬지 않습니다. 예수님을 진정으로 사랑하면 다른 사람을 돌봅니다. 믿음은 당신의 삶에 어떤 영향을 미칩니까? 예수님을 가슴에 간직하십시오.

God gave everything, Jesus his only Son to save us. Anyway, this is the love story, the story of God's love for us.

The point here is not that you buy the kingdom or barter for the kingdom or negotiate for the kingdom. The kingdom of God is so valuable that losing everything on earth, but getting the kingdom, is a happy trade-off. That's the main point. The apostle Paul expresses this very thing in Philippians 3:7-8, "But whatever gain I had, I counted as loss for the sake of Christ. Indeed, I count everything as loss because of the surpassing worth of knowing Christ Jesus my Lord." Paul said he threw it all away in order to gain Christ.

The treasure hidden in the field is "costly grace." The hidden treasure is now Jesus. We don't deserve his love, but Jesus so loves us. Are you really full of joy for his grace? How much have you loved Jesus? Are you ready to sell everything you own and buy the field to get the treasure? Do you treasure Jesus? Do you cherish Jesus most? If yes, show your gratitude for his love and grace. If you truly love Jesus, you never skip reading his Word, the Bible and prayer. If you truly love Jesus, you take care of others. How does your faith affect your daily life? Treasure Jesus.

예수, 그럼에도 곁에 머무시는

누가복음 18장 31–34절 예수께서 열두 제자를 데리시고 이르시되 보라 우리가 예루살렘으로 올라가노니 선지자들을 통하여 기록된 모든 것이 인자에게 응하리라 인자가 이방인들에게 넘겨져 희롱을 당하고 능욕을 당하고 침 뱉음을 당하겠으며 그들은 채찍질하고 그를 죽일 것이나 그는 삼 일 만에 살아나리라 하시되 제자들이 이것을 하나도 깨닫지 못하였으니 그 말씀이 감추었으므로 그들이 그 이르신 바를 알지 못하였더라

다저스와 자이언츠는 메이저리그 라이벌입니다. 다저스는 서부 지구에서 가장 비싼 구단입니다. 다저스는 최고의 투수, 최고의 타자, 최고의 주자를 보유하고 있습니다. 매년 다저스는 우승 후보로 시즌을 시작합니다. 그런데 슈퍼스타 선수들이 즐비한 다저스는 지난 28년 동안 월드시리즈에서 우승한 적이 없습니다. 반대로 같은 지구에서 경쟁하는 자이언츠는 적은 예산을 사용합니다. 팀 구성과 타순이 무명 선수들로 채워져 있습니다. 아무도 자이언츠가 우승할 것이라고 예측하지 않았습니다. 하지만 자이언츠는 2010, 2012, 2014년 연속으로 월드시리즈 우승을 차지했습니다. 레알 마드리드는 세계 제일의 부자 프로축구 클럽입니다. 그런데 구단주가 마라도나, 지단, 호나우두, 베컴, 피구와 같은 세계 최고의 선수들을 모두 영입했어도 12년 동안 유럽리그에서 우승하

Nevertheless, He Loves

Luke 18:31–34 And taking the twelve, he said to them, "See, we are going up to Jerusalem, and everything that is written about the Son of Man by the prophets will be accomplished. For he will be delivered over to the Gentiles and will be mocked and shamefully treated and spit upon. And after flogging him, they will kill him, and on the third day he will rise." But they understood none of these things. This saying was hidden from them, and they did not grasp what was said.

The Los Angeles Dodgers and the San Francisco Giants are longtime rivals in Major League Baseball. The Dodgers are the NL West's richest team. The Dodgers have the best pitcher, the best hitter, and the best runner. Every year the Dodgers start season as World Series favorites. But in spite of having superstar players, the Dodgers have never won a World Series for the past 28 years. On the contrary, in the same division the Giants use a small budget. The Giants lineup and batting order are filled with unknown players. No one predicted the Giants would have a chance to win. However, the Giants have won consecutive World Series championships in 2010, 2012, and 2014. Real Madrid is the most valuable football club based in Madrid, Spain. But when the owner employed all of the world's best players, such as Maradona from Argentina, Zidane from France,

지 못했습니다. 반면, 영국의 영세한 클럽 레스터 시티는 2015-2016 프리미어리그 챔피언이 되었습니다. 레스터 시티에는 최고의 수비수, 최고의 미드필더, 최고의 공격수가 없었습니다. 빈 소년 합창단은 세계적으로 유명합니다. 지금까지 빈 합창단은 성악에 전문적인 지원자를 모집하지 않았습니다. 단원은 전부 아마추어입니다. 그럼에도 언제나 관객들에게 놀라운 공연을 선사합니다.

열두 제자는 망각, 오해, 불신, 잠에 재능이 있습니다. 그들은 망각에 뛰어납니다. 예수께서 많은 병자를 고치시고, 죽은 자를 살리시고, 풍랑을 잠잠케 하시고, 물 위를 걸으시고, 오천 명 먹이신 일들을 기억하지 못합니다. 예수님이 하신 일을 곧장 잊어버립니다.

제자들은 오해를 잘합니다. 사천 명을 먹이신 후에 예수님이 바리새인과 사두개인의 누룩을 주의하라고 하셨더니, 제자들은 남은 떡을 가져오지 않아서 화나신 것이라고 수군거렸습니다. 예수께서 말씀하신 것은 떡이 아니고 바리새인과 사두개인의 교훈이었습니다. 예수님이 유대인들에게 성전을 헐면 사흘 동안에 일으키겠다고 하셨더니, 제자들은 그 성전을 건물로 생각했습니다. 예수께서 말씀하신 것은 자신의 몸이었습니다. 수가 우물가에서 제자들이 예수께 음식을 권했습니다. 예수께서 그들이 알지 못하는 양식이 있다고 하셨더니, 제자들은 누가 잡수실 것을 갖다 드렸냐고 서로 의아해했습니다. 예수님은 빵이나 포도주나 생선이 아니고 영적인 것을 말씀하셨습니다. 나사로가 병들어 죽었습니다. 제자들은 잠든 나사로를 깨우러 간다는 예수님의 말씀을 듣고 그가 죽은 것이 아니고 그저 잠든 것이라 여겼습니다. 그래서 예수님이 죽었다고 분명히 알려 주셨더니, 도마는 다른 제자들에게 다 같이 가

Ronaldo from, Brazil, Beckhum from England, and Figo from Portugal, Real Madrid never got a European League Cup for 12 years. In contrast, Poor English football club Leicester City won the Premier League champions 2015-2016. Leicester City had no best defender, no best midfielder, and no best striker. The Vienna Boys' Choir is one of the best known groups of singers in the world. So far it has not recruited professional vocalists. The members are all amateurs. Nevertheless, they always give a wonderful performance to the world audience.

The twelve disciples are talented in forgetting, misunderstanding, distrusting, and sleeping. They are strong in forgetting. They don't keep in memory of what: Jesus healed many; he made the dead come back to life again; he calmed the storm; he walked on the water; he fed the five thousand. They quickly forget all that Jesus has done.

They are strong in misunderstanding. After feeding the four thousand, Jesus went across the lake and warned his disciples, "Beware of the yeast of the Pharisees and Sadducees." The disciples discussed this and said, "He's angry because we didn't bring leftover bread." Jesus wasn't talking about bread, but about the teaching of the Pharisees and Sadducees. In the temple Jesus said to the Jews, "Destroy this temple, and in three days I will raise it up." The disciples regarded the temple as the building of the Jerusalem Temple. But the temple had spoken of was Jesus' body. At the well in Sychar his disciples urged Jesus, "Rabbi, eat." Jesus answered, "I have food to eat that you do not know about." So the disciples asked each other, "Has anyone brought him something to eat?" Jesus meant something spiritual, not wheat bread or wine or fish. Lazarus was sick and dead. Jesus said to

서 죽자고 말했습니다. 제자들은 매번 예수님의 요점을 파악하지 못합니다. 그들의 착각은 알아주어야 합니다.

제자들의 불신은 강합니다. 한 아버지가 귀신 들린 아들을 데리고 왔지만 제자들은 고칠 수 없었습니다. 이에 예수님은 말씀하셨습니다. "내가 얼마나 너희와 함께 있어야 하겠느냐? 너희 믿음이 작다." 예루살렘으로 가는 길에서 야고보와 요한이 예수께 높은 자리를 요청했습니다. 듣고 있던 열 제자는 야고보와 요한에게 화를 냈습니다. 한없이 부족한 믿음입니다.

제자들은 잠이 아주 많은 사람들입니다. 겟세마네 동산에서 예수님은 당부하셨습니다. "내가 기도할 동안에 너희는 여기 머물러 깨어 있으라. 내 마음이 심히 괴로워 죽게 되었다." 그러나 예수님이 가시자마자 제자들은 잠들기 시작했습니다. 예수님은 매우 슬프지만 그들은 공감하지 않습니다.

열두 제자는 부적격자들이었을 것입니다. 그럼에도 불구하고 예수님은 제자들을 예루살렘, 십자가, 부활, 승천, 천국까지 데려가시는 것을 결코 포기하지 않으셨습니다. "세상에 있는 자기 사람들을 사랑하시되 끝까지 사랑하시니라"(요 13:1). 예수님은 제자들에게 큰 사명을 감당할 만한 능력이 없다고 해서 그들을 바꾸거나 교체하지 않으셨습니다. 예수님에게 드림팀은 없었습니다. 그러나 완전히 승리하셨습니다.

괴테는 소설 『파우스트』를 60년 동안 썼습니다. 악마 메피스토가 파우스트와 거래를 합니다. 메피스토는 파우스트의 영혼을 사는 대신 그의

his disciples, "Our friend Lazarus has fallen asleep, but I go to awaken him." The disciples said to him, "Lord, if he has fallen asleep, he will recover." They thought Lazarus was not dead but simply sleeping. So Jesus told them plainly, "Lazarus has died." Then Thomas said to his fellow disciples, "Let us also go, that we may die with him." The disciples don't quite catch Jesus' point every time. They are probably not smart. They are "King of misunderstanding."

They are strong in distrusting. A father brought his boy with a demon to the disciples, but they could not heal him. At this Jesus said to his disciples, "How long am I to be with you? You have little faith." On the road to Jerusalem, James and John approached Jesus and made the request for high positions. The other ten disciples heard about it and became angry with James and John. There is constant lack of faith.

They are strong in sleeping. Jesus went with his disciples to a place called Gethsemane, and he said to them, "Sit here and watch while I pray. My soul is very sorrowful, even to death." But soon after Jesus' leaving, they began to sleep. Jesus feels sorrow, and they don't sympathize.

The twelve disciples might be disqualified from their ministries. Nevertheless, Jesus never gave up taking his disciples to Jerusalem, to the cross, to the resurrection, to the ascension, and to the Kingdom of God. "Jesus loved his own who were in the world, and he loved them to the end" (Jn 13:1). Jesus didn't switch or replace his disciples seeing that they were not capable of handling such a large mission. Jesus had no dream team but totally won the game.

종이 됩니다. 마귀가 무슨 일을 벌이겠습니까? 파우스트가 하는 일은 무엇이든 가로막을 수 있는 모든 것을 다 시도합니다. 이야기 결말에서 파우스트는 하늘에서 울려오는 이런 음성을 듣습니다. "하나님은 부족하지만 노력하고 또 노력하는 젊은이를 참으로 사랑하신다." 사탄은 우리가 더 이상 모이고, 예배하고, 기도하고, 감사하고, 섬기지 못하게 합니다. 사탄이 원하는 것은 우리와 하나님 사이를 무효로 만드는 일입니다.

지금 그리스도 안에서 하고 있는 일은 무엇이나 중단하지 말아야 합니다. 크든 작든, 많든 적든, 더 중요하든 덜 중요하든 계속 하십시오. 가정이나 직장이나 교회에서 최선을 다하십시오. 하나님은 우리가 이 말씀을 기억하기를 원하십니다. "우리가 선을 행하되 낙심하지 말지니 포기하지 아니하면 때가 이르매 거두리라"(갈 6:9). 여러분의 결점을 보지 마십시오. 하나님의 은혜이신 예수께 집중하십시오. 그러면 그가 여러분을 돌보실 것입니다. 하나님은 완전한 사람을 찾지 않으십니다. 하나님은 그분의 손에서 완전하게 될 불완전한 사람을 찾고 계십니다.

Johann Wolfgang von Goethe had written his fiction *Faust* for 60 years. Demon Mephisto appears to Faust and deals with him. Mephisto buys his soul and instead becomes his servant. What will the devil do to Faust? Mephisto makes every attempt to stop Faust doing anything. At the end of the play, Faust heard the heavenly voice. "God really loves young people who are imperfect but try and try again." Satan intends to let you no longer continue to gather, worship, pray, thank, serve, or help. Satan wants to nullify your relationship with God.

You don't have to cease whatever you're doing in Christ right now. Whether it is big or small, whether it is much or little, whether it is more or less, keep going! Do your best in your house or work place or church. God wants to remind us, "Let us not grow weary of doing good, for in due season we will reap, if we do not give up" (Gal 6:9). Don't look at your defects. Concentrate on Jesus, the grace of God, and he will take care of you. God can use anyone, including you. God is not looking for perfect people. God is looking for imperfect people who will become perfect people in his hands!

예수, 이제는 그 이름으로 기도하라

요한복음 16장 22-24절 지금은 너희가 근심하나 내가 다시 너희를 보리니 너희 마음이 기쁠 것이요 너희 기쁨을 빼앗을 자가 없으리라 그날에는 너희가 아무것도 내게 묻지 아니하리라 내가 진실로 진실로 너희에게 이르노니 너희가 무엇이든지 아버지께 구하는 것을 내 이름으로 주시리라 지금까지는 너희가 내 이름으로 아무것도 구하지 아니하였으나 구하라 그리하면 받으리니 너희 기쁨이 충만하리라

나바호, 호피, 아파치 인디언이 자신들의 기도가 얼마나 강력한지를 서로 변론했습니다. 나바호족이 말했습니다. "우리가 병을 위해 기도하면 환자의 절반 정도는 낳는다." 호피족이 나섰습니다. "그래, 우리는 기도하면 비가 70%쯤은 내린다." 그러자 아파치가 발언했습니다. "우리 기도는 언제나 통한다." 두 사람은 궁금해서 물었습니다. "와, 도대체 무슨 기도를 하는데?" 아파치 인디언이 대답했습니다. "우리는 100%다. 매일 아침 해 뜨기를 기도한다." 여러분의 기도가 들을 만하다면 하나님은 응답하실 것입니다. 한 사람이 백만 년은 하나님께 얼마나 긴 시간이냐고 물었습니다. 하나님은 대답하셨습니다. "내게는 1초와 같다." 그는 또 10억은 하나님께 얼마나 되냐고 물었습니다. 하나님은 대답하셨습니다. "내게는 10원짜리다." 그는 잘됐다는 듯이 하나님

From Now On, Ask in His Name

John 16:22–24 So also you have sorrow now, but I will see you again, and your hearts will rejoice, and no one will take your joy from you. In that day you will ask nothing of me. Truly, truly, I say to you, whatever you ask of the Father in my name, he will give it to you. Until now you have asked nothing in my name. Ask, and you will receive, that your joy may be full.

Three Indians — a Navajo, a Hopi, and an Apache — were speaking about how powerful their prayers were. The Navajo said, "You know, we Navajos pray for healing, and the patients get well about half the time." The Hopi said, "Well, we Hopis pray for rain, and it happens about 70 percent of the time." Finally, the Apache spoke up: "Yes, but our prayers work every time." "Wow, what do you pray for?" questioned the Navajo and the Hopi. "We're 100 percent," replied the Apache, "we Apaches pray every morning for sunrise, and it works every time." If your prayer is worthy of consideration, God will hear you. A man asked God how long a million years was to him. God replied, "It's just like a single second of your time, my child." So the man asked, "And what about a million dollars?" God replied, "To me, it's just like a single penny." So the man gathered himself up and

께 부탁했습니다. "그러면 하나님의 10원 짜리 동전 중 하나만 주시면 안 될까요?" 하나님은 말씀하셨습니다. "주고 말고. 애야, 1초만 기다려라." 여러분의 기도가 들을 만하지 않다면 하나님은 응답하지 않으실 것입니다.

다락방 강화의 주제는 다섯 가지입니다. 예수님은 명령하십니다. "내가 너희를 사랑한 것 같이 너희도 서로 사랑하라." 용기를 주십니다. "세상에서는 너희가 환난을 당하나 담대하라." 약속하십니다. "보혜사, 성령을 보낼 것이다." 포도나무 비유를 말씀하십니다. 그리고 제자들과 도래하는 교회를 위해서 기도하십니다. 마지막 대목에서 예수님은 기도하는 방법을 가르쳐 주십니다. "지금까지는 너희가 내 이름으로 아무것도 구하지 아니하였으나 구하라 그리하면 받으리니." 제자들이 기도를 하지 않아서가 아니고 그들이 예수님이 하시는 기도를 가르쳐 달라고 소원했기 때문에 알려 주셨습니다. 제자들은 더 좋은 믿음을 구했고 다른 많은 것들을 기도했었습니다. 그런데 그리스도의 이름으로 기도하지는 않았습니다. 예수님은 "구하라. 그러면 무엇이든지 받을 것이다"라고 말씀하지 않으셨습니다. 예수님은 분명히 "내 이름으로 구하라. 그러면 무엇이든지 받을 것이다"라고 말씀하셨습니다. 구하는 것과 예수 이름으로 구하는 것은 무엇이 다른가요?

예수님의 이름으로 구하는 것은 죄인을 사랑으로 돌보시는 주님께 감사하는 것입니다. 우리 자신의 죄성을 잘 알아야 합니다. 우리는 실제로 죄 때문에 하나님께 어떤 것도 요청할 권리가 없습니다. 그러나 예수님은 우리에게 구할 권리를 주십니다. 우리는 주님의 보혈로 용서받고 하나님께 다가갈 수 있습니다. 기도는 용서받은 특정인에게만 주어지는

said, "Well, Lord, can I get one of your pennies?" And God said, "Sure, my child, just a second." If your prayer is not worthy of consideration, God won't answer you.

Jesus' Farewell Discourse has five components: 1) Jesus commands, "Just as I have loved you, love one another"; 2) Jesus encourages, "In the world you will have tribulation. But take heart"; 3) Jesus promises, "I will send the Helper, the Holy Spirit, to you; 4) Jesus says about the allegory of the vine; and 5) Jesus prays for his followers and the coming church. In the final part of his farewell discourse, Jesus teaches how to pray — "You haven't done this before. Ask, using my name, and you will receive." Not that his disciples had never prayed as yet; for they had desired him to teach them to pray, which he did: they had prayed to him for an increase of faith, and for many other things; they had asked God anything, yet not in the name of Christ. Jesus didn't say, "Ask, and you shall receive whatever you ask for." He clearly said, "Ask in my name, and you shall receive whatever you ask for." What are the differences between "Asking" and "Asking in Jesus' Name"?

To ask in Jesus' name is to give thanks to the Lord for his loving care of sinners. We have to feel a deep sense of our sinfulness. We actually have no right to ask God for anything because we are sinful. But Jesus gives us the right to asking. By the merit of his blood, we are forgiven and have access to God. Prayer is the Christian privilege. Let us ever remember that prayer is a special advantage limited to a particular, forgiven person or group. Prayer is available to us Christians only. Jesus' cross is the reason we can ask God. We should mention and give thanks for the blood of Jesus in all our prayers using his name.

혜택입니다. 우리 그리스도인만 기도할 수 있습니다. 예수님의 십자가는 우리가 하나님께 구할 수 있는 이유입니다. 우리는 예수님의 이름을 부르며 모든 기도에서 그분의 보혈을 언급하고 감사해야 합니다.

예수님의 이름으로 구하는 것은 그리스도를 전적으로 의지하는 것입니다. 미국의 제한속도는 매우 높습니다. 대부분의 일반도로는 72km입니다. 고속주행도로는 도심의 최저 105km에서 외곽의 최고 137km까지 다양합니다. 딸아이는 고등학교를 졸업하고 운전면허를 준비하는 드라이빙 스쿨에 가지 않았습니다. 대신 운전을 직접 가르쳐 주었습니다. 처음 3일은 아들 고등학교에서 조수석에 앉아 천천히 운전하도록 지도했습니다. 하루 종일 캠퍼스를 돌았습니다. 4일째는 타운 거리로 나가게 했습니다. 5일 만에 별난 코스로 데려갔습니다. 우회전해서 경사로를 타라고 했습니다. "어디로 가는 거야?" "계속 가봐." 고속주행도로였습니다. 딸은 전혀 몰랐습니다. 차를 멈출 수 없어서 어쨌든 속도를 올렸습니다. 시속 105km였습니다. 안전은 내 책임이었습니다. 딸은 아빠를 믿고 하라는 대로 할 수밖에 없었습니다. 곧 운전면허시험을 한 번에 통과했습니다. 이처럼 기도는 예수님에게 매달리는 것입니다. 스스로 큰 일을 도모하려고 애쓰지 마세요. 예수님은 그분을 의지하는 자에게 한없이 관대하십니다. 예수님을 의지하는 우리는 원하는 것을 무엇이든 구할 수 있습니다. 힘 있는 사람을 믿지 마세요. 내가 하는 모든 일에서 예수님을 신뢰하십시오. 그러면 갈 길을 보여 주실 겁니다.

예수님의 이름으로 구하는 것은 무엇이든 하나님의 뜻대로 구하는 것입니다. 바르게 기도드리면 하나님은 들으십니다. 예수님의 이름으로 구하는 것은 더 많은 사람이 구원받기를 바라는 것입니다. 하나님께서

To ask in Jesus' name is to show full dependence upon Christ. US speed limits are very high. The most usual posted daytime speed limits on local roads are 45 miles. Freeway speed limits range from an urban low of 65 miles to a rural high of 85 miles. My daughter didn't go to a driving school to get her drive license after her high school graduation. Instead, I did teach her how to drive. I had the front passenger seat next to my daughter. I made her drive slow at the low speed on my son's high school campus for first three days. She circled the campus all day long. On the fourth day, I let her go out on local streets. And I led her to a fantastic final course in five days. "Make a right turn. Take that ramp," I said. "Where are we going?" came the reply. "Keep going." It was a freeway; she didn't know. She couldn't stop the car, so we speeded up anyway. It went 65 miles. Safety was in my charge. She had no choice but to depend on me and follow my directions. My daughter passed her first driving test soon. And so it is with prayer; prayer is hanging on to Jesus. We don't have to concern ourselves with matters great. For those who rely on him, Jesus seems to be wildly generous in his offer. Relying on him, we're able to ask him whatever we want. Do not put your trust in powerful people; there is no help for you there. Give Jesus the credit for all you do, and he will show you which path to take.

To ask in Jesus' name is to ask anything according to the will of God. When we pray in the right direction, God hears us. Asking in his name is desiring more people to be saved. Do not ask God to do for you that which he has bidden you to do. As you pray, lay before him what is in you and listen to what he says. Bishop and Preacher Phillips Brooks put it this way, "A prayer, in its simplest definition, is merely a wish turned

부탁하신 일을 자기 자신을 위해 이용하려고 구하지 마십시오. 기도할 때 내 안에 있는 것을 내려놓고 말씀에 귀를 기울이십시오. 설교가 필립 브룩스 감독은 이렇게 말했습니다. "기도란 가장 단순하게 정의하면 하늘을 향한 소원일 뿐이다."

많은 교인이 질문합니다. "저는 2분만 기도해도 할 말이 없습니다. 어떻게 하죠?" 지난 한 주 동안 무엇을 생각하고 무엇을 염려하셨습니까? 그것에 대해 기도하십시오. 여러분의 생각을 기도로 바꾸십시오. 기도는 새로운 일을 생각하는 것 뿐만 아니라 대화하면서 생각하는 것입니다. 기도는 자기중심적인 독백에서 하나님과의 대화로 옮겨 가는 것입니다. 기도는 그리스도인의 생사가 걸린 문제입니다. 내 삶이 기도가 되게 하십시오. 기도를 가장 현실적이고 즉각적인 사업이 되게 하십시오. 하나님은 우리의 기도에 응답하십니다. 좋으신 하나님, 좋은 기도입니다. 기도는 하나님만큼 넓은 세계입니다. 기도는 전능하신 하나님만큼 강한 능력입니다. 하나님은 기도 배후에 계십니다.

heavenward."

You've heard someone say, "I don't know what to pray about." Or, people will get a prayer list and pray for missionaries because they don't know what else to do. Many church members often say to me, "I can't pray for more than two minutes at a time. What can I do?" What have you been thinking or worrying about this last week? Pray about that. Convert your thoughts into prayer. Prayer is not only thinking about new things, but prayer is thinking in dialogue. It is a move from self-centered monologue to a conversation with God. Prayer is vital to the Christian life. Put your life into your prayer. Let it be the most real and the most immediate business of your life. God answers our prayers. Since God is good, prayer is good. Prayer is as vast as God. Prayer is as mighty as God. He is behind it.

예수, 용기의 탱크를 채워 주시는

여호수아 14장 12-14절 그날에 여호와께서 말씀하신 이 산지를 지금 내게 주소서 당신도 그날에 들으셨거니와 그곳에는 아낙 사람이 있고 그 성읍들은 크고 견고할지라도 여호와께서 나와 함께 하시면 내가 여호와께서 말씀하신 대로 그들을 쫓아내리이다 하니 여호수아가 여분네의 아들 갈렙을 위하여 축복하고 헤브론을 그에게 주어 기업을 삼게 하매 헤브론이 그니스 사람 여분네의 아들 갈렙의 기업이 되어 오늘까지 이르렀으니 이는 그가 이스라엘의 하나님 여호와를 온전히 좇았음이라

사람들은 다양한 이유로 용기를 갖습니다. 용기는 어떤 것일까요? 용기가 있습니까, 없습니까? 많은 사람들은 용기 있는 사람이 큰일을 한다고 생각합니다. 상당히 많은 사람들이 직장을 그만두고 세계를 여행하거나 비영리 구명단체를 시작하거나 다음 작품을 쓰기 위해 용기를 내려고 합니다. 또한 용기 있는 사람은 무엇이든 자신이 원하는 것을 하면서 산다고 생각합니다. 그런 일에는 확실히 용기가 필요하지만 진정한 용기는 아닙니다. 크고 웅대한 일을 한다고 해서 용기 있는 사람이 되는 것은 아닙니다. 용기는 무엇을 하느냐가 아닙니다. 사람들은 위인이 용맹스럽다는 말도 합니다. 그러나 용맹은 용기와 같은 것이 아닙니다. 용맹은 겉으로 보이는 것입니다. 반면에 용기는 내면의 마음, 즉 내면의 빛에서 생기는 것입니다. 용기는 용맹보다 크고 실제로 더 강력합

38

Jesus the Source of Courage

Joshua 14:12–14 So now give me this hill country of which the Lord spoke on that day, for you heard on that day how the Anakim were there, with great fortified cities. It may be that the Lord will be with me, and I shall drive them out just as the Lord said." Then Joshua blessed him, and he gave Hebron to Caleb the son of Jephunneh for an inheritance. Therefore Hebron became the inheritance of Caleb the son of Jephunneh the Kenizzite to this day, because he wholly followed the Lord, the God of Israel.

People have various motivations for courage. What does courage really look like? Are you courageous or not? A lot of people think courageous people do big stuff. There are plenty of people who are seeking to become more courageous so that they can quit their jobs and travel the world, or start a non-profit that saves lives, or write the next great novel, or they think that anyone who is courageous walks through life, always doing whatever they want. While those things certainly require courage, that's not the kind of real courage. You cannot become bold because you do big, grandiose things with your life. A courageous life is not defined by what you do. Also, people say heroes are brave. But bravery is not the same as courage. Bravery is seemingly showing. Courage, on the other hand, comes from the inner mind, that is, the inner light. Courage is

니다. 성경은 용맹에 대해 말하지 않습니다. 성경은 강하고 담대한 것, 용기를 말합니다. 용기는 내가 만드는 것이 아닙니다. 용기는 진정 신뢰할 수 있는 어떤 것으로 삶을 채우기 시작하는 것입니다.

갈렙은 85세 고령자입니다. 그의 믿음의 생애를 보세요. 본래 열두 정탐꾼 중 한 사람이었습니다. 갈렙은 이스라엘 백성이 약속의 땅 남쪽 네게브 사막의 오아시스, 가데스바네아에 진을 쳤을 때 처음 등장했습니다. 애굽에서 나온 지 불과 1-2년이 지났습니다. 이제 약속의 땅에 들어갈 시간이었습니다. 그때 갈렙은 40세였으며 열두 지파 중 가장 큰 유다지파의 대표적 지도자였습니다. 그래서 갈렙과 동료 열한 명이 가나안 정찰임무를 맡았습니다. 그들은 남쪽의 헤브론에서 북쪽 끝 르홉까지 산맥 분수령 줄기의 산등성이를 따라 올라갔습니다. 그 땅에서 같은 것을 보고도 동료 열 사람은 공포를 느끼고 갈렙과 여호수아는 용기를 가졌습니다.

갈렙은 약 900m 높이 산 정상에 자리 잡은 고대 성벽도시 헤브론에 마음이 끌립니다. 이 견고한 요새에는 아낙 자손이라는 거인들이 살고 있습니다. 특히 헤브론의 모레 상수리나무 주변은 수년 동안 아브라함의 고향이었습니다. 갈렙은 아낙 자손이 있어서 헤브론을 원하는 것입니다. 그들은 지난 45년간 동료 정탐꾼들을 두려움에 떨게 했습니다.

갈렙은 가나안 원정대를 이끈 전설적인 인물입니다. 신뢰받는 사람입니다. 그는 이제 나이가 많고 쉴 자격이 있습니다. 하지만 계속해서 거인족과의 전투에 도전합니다. 갈렙은 말합니다. "이 산지를 지금 내게 주소서." 정탐하고 45년이 지난 현재도 갈렙은 여전히 용기가 있습

greater and indeed more powerful than bravery. The Bible does not mention bravery. The Bible says about being strong, bold, or courageous. Courage isn't something you have or even what you are. Courage is to start filling your life with something that truly feels authentic.

Caleb is an 85-year-old man. Take the opportunity to look at his career of faith. He was one of the 12 original spies. The first time we met Caleb, the people of Israel were encamped at Kadesh Barnea, an oasis in the Negev desert south of the Promised Land. It had been only a year or two since they came out of Egypt. It was now time to enter the Promised Land. At that time, Caleb was 40 years old, and a recognized leader of his tribe, the tribe of Judah, largest of the twelve tribes. So Caleb and eleven of his peers were sent on a reconnaissance mission into Canaan. They went north along the ridge of mountains that provide the backbone of the country, from Hebron in the south all the way to Rehob at the north end of the land. They saw the same thing in the initial survey of the land, and yet ten of the spies felt terror, and Caleb and Joshua took courage.

Caleb is particularly impressed with the city of Hebron, an ancient walled city in the south, perched nearly at the crest of the mountain chain at about 3,000 feet elevation. In this strongly fortified city live a race of giant men called the Anakites. The Hebron district, especially around the great oak trees of Mamre, had been the home of Abraham for many years. Perhaps he wants Hebron because there are the Anakites. They have so terrified his fellow scouts for the last 45 years.

Caleb is a legendary expedition leader. He is given credit. He

니다. 그 용기는 어디서 오는 것입니까? 첫째, "주님이 약속하셨다"라는 말씀과 둘째, "주님이 나와 함께 하신다"라는 말씀입니다. 그가 말하려는 것은 이것입니다. "전사들의 땅을 취하겠습니다. 하나님이 약속하셨고 하나님이 함께 하시면 실패할 수가 없습니다." 갈렙은 용기의 사람입니다. 우리가 어떻게 하면 그와 같이 살 수 있을까요? 갈렙은 혼자가 아닌 하나님의 강한 팔에 기대서 미래로 가는 자신을 보고 있습니다. 지금 하나님을 온전히 따르고 있습니까? 하나님께서 당신 곁에 계시겠다고 한 약속을 믿으십시오. 그러면 용기를 가질 수 있습니다.

두려움은 세상에서 가장 큰 골칫거리입니다. 많은 사람들이 부당한 대우가 아니라 두려움 때문에 고통을 받습니다. 사람이나 조직이나 지배층을 두려워하지 마십시오.

웃으면 바보처럼 보일 수 있습니다.
슬퍼하면 감상적으로 보일 수 있습니다.
타인에게 다가가면 휘말릴 수 있습니다.
감정을 표현하면 진짜 모습을 들킬 수 있습니다.
생각이나 꿈을 공개하면 손해 볼 수 있습니다.
사랑하면 사랑받지 못할 수 있습니다.
살고 있으면 죽을 수 있습니다.
기대하면 실망할 수 있습니다.
시도하면 실패할 수 있습니다.

그러나 우리는 위험을 감수해야 합니다. 인생에서 가장 큰 위험은 아무것도 감수하지 않는 것입니다. 아무 위험도 감수하지 않는 사람은 아무

is now elderly and may take a day off work. But he continues to challenge the giants to fight the battle. Caleb is speaking: "So now give me this hill country." 45 years after spying out the land, his heart is still courageous. Where does his courage come from: first, "the Lord promised me"; second, "if the Lord is with me." What he's trying to get at is: "I want to take the land of great warriors. If God has promised and he is with me, I cannot fail." Caleb is a man of courage. How can we live like him today? Caleb sees himself walking into the future, not alone, but leaning on the strong arm of his God. Friend, are you following God fully right now? Believe God's promise that he will be by your side, and you can be courageous.

Fear is the biggest troublemaker in the world. Many people suffer, not out of ill-treatment, but out of fear. Refuse to fear any man, systems, or governments.

To laugh is to risk appearing the fool.
To weep is to risk appearing sentimental.
To reach out for another is to risk involvement.
To expose feelings is to risk exposing our true self.
To place your ideas or dreams, before the crowd is to risk loss.
To love is to risk not being loved in return.
To live is to risk dying.
To hope is to risk despair.
To try at all is to risk failure.

But risk we must, because the greatest hazard in life is to risk nothing. The man, the woman, who risks nothing does nothing, has nothing, is nothing. A ship in harbor is safe, but that is not what ships are for. Every ship must be in the open ocean despite

것도 하지 않고, 아무것도 갖지 못하고, 아무것도 아닙니다. 항구에 있는 배는 안전하지만 그것은 배가 있는 목적이 아닙니다. 모든 배는 파선의 위험에도 불구하고 대양에 있어야 합니다.

용기는 위협이나 역경에도 불구하고 옳거나 필요한 일을 하는 능력입니다. 반대에도 불구하고 옳은 편에 서는 의지입니다. 그러므로 적이 누구라도 그리스도 안에서 믿음을 확실히 하는 일에 담대하십시오. 바울은 고백합니다. "내가 그리스도와 함께 십자가에 못 박혔나니 그런즉 이제는 내가 사는 것이 아니요 오직 내 안에 그리스도께서 사시는 것이라 이제 내가 육체 가운데 사는 것은 나를 사랑하사 나를 위하여 자기 자신을 버리신 하나님의 아들을 믿는 믿음 안에서 사는 것이라"(갈 2:20). 그리스도는 강하시고 내 안에 그리스도가 계시면 나는 강할 수밖에 없습니다. 기꺼이 용기를 주시는 주님을 영접하십시오. 놀라운 삶을 살기 위해 용기를 실천할 수 있습니다. 확언하십시오. 예수님은 당신 편입니다. 예수는 용기의 원천입니다.

some risk of hurt.

Courage is the ability to do what's right or necessary even in the face of threats or adversity. It's the will to stand for what's right in spite of opposition. Therefore, be courageous in affirming your faith in Christ, no matter who your adversaries are. Paul confesses, "I have been crucified with Christ. It is no longer I who live, but Christ who lives in me. And the life I now live in the flesh I live by faith in the Son of God, who loved me and gave himself for me" (Gal 2:20). Christ is strong, and if Christ is in me, I have no choice but to be strong. Accept the Lord who is willing to give you courage. Yes, you can practice courage in order to have a life that looks amazing. Make an affirmation: Jesus is on your side. He is the source of courage.

예수, 고독과 침묵으로 가시는

누가복음 5장 15-16절 예수의 소문이 더욱 퍼지매 수많은 무리가 말씀도 듣고 자기 병도 고침을 받고자 하여 모여 오되 예수는 물러가사 한적한 곳에서 기도하시니라

한 중년 여성이 재미있는 구인광고를 보고 콜센터 직원과 상담했습니다. "전화로 이력서 작성, 업무내용 검토, 인터뷰하고 일을 시작하시면 됩니다." "예? 전부 전화로 하라구요?" "예. 회사 이름이나 주소나 상사는 질문하지 마십시오. 우린 그런 거 없습니다." 이상하지만 어쨌든 일자리를 구했습니다. 출근 첫날 맥도날드에 갔습니다. 고객인 척하고 신속하게 둘러보았습니다. 화장실에 들어가 평가서를 작성했습니다. 결과를 보고할 때마다 온라인으로 현금과 맥도날드 이용권을 받았습니다. 어느 금요일 저녁 가족, 친구, 이웃을 맥도날드 파티에 초대했습니다. 테이블에 패스트푸드가 잔뜩 있었습니다. "와, 무슨 일이야?" "나 미스터리 쇼퍼다. 회사가 다 그냥 주는 거야." 모두 즐거웠습니다. 다음날 저녁에 다시 불렀습니다. "좋아!" 그다음 날도 모였습니다. 한 달 사이 한

An Invitation to Solitude and Silence

Luke 5:15–16 But now even more the report about him went abroad, and great crowds gathered to hear him and to be healed of their infirmities. But he would withdraw to desolate places and pray.

A middle-aged woman saw a funny help-wanted ad. She contacted, and the business call center replied, "By phone call, fill out your resume, review your job description, have your interview, and serve your mission." "What? Everything should be done on the phone?" "Yes, it is. Ask no questions about me, our company's name, address, who your boss is – no name, no place, no boss." Sounds strange! Anyway, she was hired. On her first day of work, she went to a local McDonald's. She pretended to be a customer and quickly looked round the restaurant. Then she came into a restroom and completed the checklist. Every time she provided her inspection report, she earned cash and rewards online for dining at McDonald's. One Friday evening she invited all her family, friends, and neighbors to a dinner party at McDonald's. There were plenty of fast foods on the tables. "Wow,

주에 두 번 이상 초대했습니다. 다음 달에 또 맥도날드 타임이라고 알렸습니다. "햄버거? 제발!" "엄마, 햄버거요? 우웩하려고 해." 30일 동안 아침, 점심, 저녁, 같은 햄버거만 먹으면 어떻게 될까요? 보기만 해도 토할 것 같습니다.

아침에 진영 주변이 이슬로 젖었습니다. 그 이슬이 말랐을 때 얇고 서리 같은 것이 땅을 뒤덮었습니다. 이스라엘 백성은 서로 뭐냐고 물었습니다. 그것과 아주 같은 것을 본 적이 없었습니다. 모세는 여호와께서 너희에게 먹으라고 주신 양식이라고 했습니다. 작고 신비하고 하얗고 둥근 것은 만나였습니다. 이스라엘은 40년 동안 만나를 먹었습니다. 처음에는 놀라웠습니다. 그러나 매일 먹더니 변했습니다. 더 이상 신비롭지 않았습니다. 어느 정도는 이해가 갑니다. 여러분이라면 40년 동안 매일 만나를 먹을 수 있겠습니까?

신약에서 적어도 세 사람은 죽었다가 다시 살아났습니다. 예수님은 죽은 나인 성 과부의 아들, 야이로의 딸, 나사로를 살리셨습니다. 예수께서 잡히시고 빌라도는 물었습니다. "그러면 그리스도라 하는 예수를 내가 어떻게 하랴?" 군중은 외쳤습니다. "십자가에 못 박혀야 하겠나이다." 빌라도는 재차 말했습니다. "이유가 뭐냐? 무슨 악한 일을 하였느냐?" 그러나 계속 소리쳤습니다. "십자가에 못 박혀야 하겠나이다." 과부의 아들, 야이로의 딸, 나사로, 세 사람은 그 시간에 거기서 무얼 하고 있었습니까? 그들은 죽었다 살아났으면서 빌라도, 대제사장 안나스와 가야바, 고함을 지르는 무리를 향해 예수님을 변호하지 않았습니다. 슬픈 일이었습니다.

what's the occasion?" "I am a mystery shopper. My company pro-vides everything free." They enjoyed. She called all of them again the next evening. "Great!" She called them the day after next, too. She invited them more than twice a week for a month. One day the next month she called them, "Time for McDonald's." Every-body replied, "Hamburger? Oh no, please!" "Mama, hamburger? Oh no, don't kill us please. We're almost vomiting." What if you only eat the same hamburger for breakfast, lunch, and dinner for 30 days? You're gonna be crazy, feeling like vomiting.

In the morning the area around the camp was wet with dew. When the dew evaporated, a flaky substance as fine as frost blanketed the ground. The people of Israel were puzzled when they saw it. "What is it?" they asked each other. They had never seen anything quite like it. Moses told them, "It is the bread that the Lord has given you to eat. The small, mysterious, white round thing was manna. The people of Israel ate manna for forty years. They felt amazing at first. But when they came to eat manna every day, they changed their minds. It was no longer mystery to them. It could be understandable to some extent. Eating manna every day for 40 years? Can you do it?

At least three dead men in the New Testament came back to life. Jesus raised the widow's son at Nain, Jairus' daughter, and Lazarus from the dead. When Jesus was arrested, Pilate asked, "Then what shall I do with Jesus who is called Christ?" The crowd shouted, "Let him be crucified!" Pilate demanded, "Why? What evil has he done?" But they kept shouting, "Let him be crucified!" The widow's son, Jairus' daughter, and Lazarus, what did the three individuals do there? What were they doing at that time? They were all raised from the dead, yet they didn't defend

기적은 오늘도 일어납니다. 기적은 의미가 있습니다. 하지만 기적을 본다고 해서 믿음이 강해지는 것은 아닙니다. 누가복음 11장에서 점점 많은 사람이 모여들자 예수님은 이런 말씀을 하셨습니다. "이 세대는 악한 세대라 표적을 구하되 요나의 표적 밖에는 보일 표적이 없느니라." 우리에게 필요한 것은 표징이 아니라 참회와 예수님입니다.

예수께서 한 마을에 계실 때 온 몸에 나병이 번진 사람이 찾아왔습니다. 예수님은 그를 깨끗하게 하셨습니다. 그런데 왜 예수님은 그를 고치신 후 한적한 곳으로 떠나셨습니까? 고독은 예수님의 생활 리듬에서 필수였습니다. 예수님은 고독의 가치를 가르치면서 사색하는 시간을 따로 가지셨습니다. 종종 광야나 기도하러 산에 오르시면서 외딴 곳으로 떠나셨습니다. 고독 속에서 아버지와 대화하셨습니다. 믿음은 홀로 서서 하나님과 이야기하는 것입니다. 그래서 예수님은 고독과 침묵을 실천하셨습니다. 예수님과 제자들은 고독과 침묵 가운데 기도했습니다. 열두 제자는 3년 동안 실제로 예수님과 함께 했지만 사도 바울은 제자 훈련을 위해 영으로 예수님과 함께 했습니다. 바울은 사역을 시작하기 전 아라비아 사막에서의 3년 대부분을 고독과 침묵 속에서 부활하신 그리스도와 함께 보냈습니다. 고독은 영적 삶을 위한 가장 중요한 훈련 중 하나입니다.

고독과 침묵을 연습하십시오. 블레이즈 파스칼은 "인간의 모든 불행은 자신의 방에서 조용히 머무를 수 없다는 단 한 가지 사실에서 비롯된다"라고 했습니다. 고독이란 무엇인가? 곁에서 보면 고독과 외로움은 비슷합니다. 둘의 특징은 혼자라는 것입니다. 외로움은 부정적인 상태입니다. 고립감입니다. 친구가 없는 불행입니다. 뭔가 빠졌다는 느낌

Jesus against Governor Pilate, High Priest Annas and Caiaphas, or among the shouting crowd. It was something sad.

Miracles happen today. Miracles are meaningful. However, seeing miracles does not make your faith grow stronger. In Luke 11:29, when the crowds were increasing, Jesus said, "This generation is an evil generation. It seeks for a sign, but no sign will be given to it except the sign of Jonah." All we need is repentance and Jesus, not a sign.

While Jesus was in one of the cities, there came a man full of leprosy. Jesus cleansed him. But why did Jesus leave for a lonely place after he healed the leper? Solitude was an essential part of Jesus' rhythm of life. Jesus reserved many moments to reflect, teaching the value of solitude. He often departed for solitary places, withdrawing himself into the wilderness or going up into a mountain to pray. In solitude, he spoke to the Father. Faith is standing alone and talking with God. So Jesus practiced solitude and silence. Jesus and his disciples prayed in solitude and silence. The twelve disciples were with Jesus physically for three years, but for the Apostle Paul, he was with Jesus in spirit for his discipleship and training. Paul spent three years mostly in solitude and silence in the Arabian Desert with the resurrected Christ before he began his ministry. Solitude is one of the most important disciplines for the spiritual life.

Practice solitude and silence. "All the unhappiness of humanity arises from one single fact, that they cannot stay quietly in their own room," commented Blaise Pascal. What is solitude? From the outside, solitude and loneliness look a lot alike. Both are characterized by solitariness. But all resemblance ends at the

입니다. 사람들과 함께 있어도 여전히 외로울 수 있습니다. 아마도 가장 쓸쓸한 외로움일 것입니다. 반면, 고독은 외로움을 느끼지 않고 혼자 있는 상태입니다. 고독은 외로움이 아닙니다. 고독은 정말로 혼자 있는 게 아닙니다. 하나님이 우리와 함께하시기에 고독은 완전히 동반자가 없는 것을 뜻하지 않습니다. 하나님의 관계를 가지려는 적극적이고 건설적인 모습입니다. 고독은 성찰, 내적 탐색, 성장에 쓰는 시간입니다. 고독은 인생에서 도전하도록 우리를 갱신합니다. 외로움은 타인에 의해 주어지는 것입니다. 고독은 나의 선택입니다. 고독은 영혼에 유익합니다. 고독의 열매는 침묵입니다. 침묵의 열매는 기도입니다. 고독은 우리의 벌거벗은 자아를 주님께 인도하고 그분과 함께하게 합니다.

고독한 순간을 환영하십시오. 하나님의 영감을 들으면서 자신의 고독을 즐기십시오. 고독한 시간은 참된 그리스도인이 되라고 우리를 자극합니다. 예수님은 제자들에게 권하셨습니다. "너희는 따로 한적한 곳에 가서 잠깐 쉬어라." 이제 예수님은 우리를 그분의 고독과 침묵에 동참하라고 부르십니다. 우리 모두는 고독의 시간이 필요합니다. 그것은 우리에게 영적 삶을 탐구하고 알 수 있는 시간을 제공합니다. 잠잠히 예수님은 하나님이시고 나와 함께하신다는 것을 기억하십시오.

surface. Loneliness is a negative state, marked by a sense of isolation. Loneliness is unhappiness without friends. One feels that something is missing. It is possible to be with people and still feel lonely – perhaps the most bitter form of loneliness. Solitude, on the other hand, is a state of being alone without being lonely. Solitude is not loneliness. Solitude isn't really solo. Solitude isn't completely no companion, since God is with us. It is a positive and constructive state of engagement with God. Solitude is a time that can be used for reflection, inner searching, or growth. Solitude renews us for the challenges of life. Loneliness is imposed on you by others. Solitude is something you choose. Solitude does good to the soul. The fruit of solitude is silence. The fruit of silence is prayer. Solitude is to bring our naked self to the Lord to be with him.

Welcome solitary moments. Enjoy the solitude within yourself, while listening to God's inspirations. Solitary hours stimulate us to be truly Christian. Jesus said to his disciples, "Come away by yourselves to a desolate place and rest a while." Like this, Jesus now calls us to join him in solitude and silence. We all need periods of solitude. It gives us time to explore and know the spiritual life. Be still and know: Jesus is God and he is with me.

예수, 크리스천 플랜 B가 필요 없는

사도행전 16장 12-14절 거기서 빌립보에 이르니 이는 마게도냐 지방의 첫 성이요 또 로마의 식민지라 이 성에서 수일을 유하다가 안식일에 우리가 기도할 곳이 있을까 하여 문 밖 강가에 나가 거기 앉아서 모인 여자들에게 말하는데 두아디라 시에 있는 자색 옷감 장사로서 하나님을 섬기는 루디아라 하는 한 여자가 말을 듣고 있을 때 주께서 그 마음을 열어 바울의 말을 따르게 하신지라

『들의 백합』은 고전적인 베스트셀러입니다. 실화입니다. 나중에 브로드웨이 뮤지컬로 제작되었습니다. 호머 스미스는 방랑생활 하는 재주꾼입니다. 서부로 가던 퇴역 군인 스미스는 과열된 차에 물을 넣으려고 애리조나 사막의 한 농장에서 멈춥니다. 거기서 독일 수녀들이 울타리 작업을 하고 있습니다. 그는 환영을 받고 지붕 수리를 떠맡습니다. 일당은 내일 주겠지 생각하고 하룻밤을 지냅니다. 다음날 아침에 말해 봅니다. "수녀원장님, 임금 좀 주세요." 마리아 수녀의 반응입니다. "성경은 말합니다. 들의 백합화를 보라. 염려하지 않는다." 마리아는 돈을 기다리는 스미스에게 소박한 음식을 주고 더 많은 일을 맡깁니다. 하지만 매번 일이 끝날 때마다 현금은 지불하지 않고 야채, 계란, 우유 같은 것을 가져옵니다. 수녀들은 실제로 돈이 없습니다. 스미스는 예기치 않게 오

40

No Plan B for Christians

Acts 16:12–14 And from there to Philippi, which is a leading city of the district of Macedonia and a Roman colony. We remained in this city some days. And on the Sabbath day we went outside the gate to the riverside, where we supposed there was a place of prayer, and we sat down and spoke to the women who had come together. One who heard us was a woman named Lydia, from the city of Thyatira, a seller of purple goods, who was a worshiper of God. The Lord opened her heart to pay attention to what was said by Paul.

Lilies of the Field is a classical best-seller based on the true story. It was later turned into a Broadway musical. Homer Smith is an itinerant handyman. Heading out west, Veteran Smith stops at a farm in the Arizona desert to get water for his car overheats. There he sees a group of German nuns working on a fence. He is welcomed by the nuns and takes on a roofing repair. He stays overnight, assuming that he will be paid tomorrow. The next morning he tries, "Mother, pay me." "The Bible says," Mother Maria responds, "see how the field lilies grow. They don't worry about theirs." Maria gives Smith, who waits for payment, her frugal meal and assigns him more projects. But every time the work is over, she doesn't pay cash and brings food, such as vegetables, eggs, and some milk. The nuns actually have no money. Smith unexpectedly stays longer. Owner of a small café

래 머무릅니다. 카페 주인 후안이 의아해합니다. "당신, 돈도 받지 않고 뭐하고 있어요?" 스미스는 대꾸합니다. "모르겠습니다. 보이지 않는 손이 어딘가로 이끄는 것 같아요." 후안은 수녀들에 대해 자세히 이야기해 줍니다. 스미스는 자신이 폐허 위에 새 예배당을 짓고 있었다는 사실을 알게 됩니다. 그만 두기에는 너무 늦고 어차피 이 일은 자신이 마무리를 해야 된다고 생각합니다. 마리아는 교회 도면을 보여 주고, 예배당 완공을 위해 주민들이 거들기 시작합니다. 마침내 스미스는 종탑에 그와 하나님만이 아는 흰색 십자가를 세웁니다. 모든 공사가 끝났습니다. 마리아의 귀에 시동 소리가 들립니다. 스미스는 저녁에 조용히 떠납니다.

한때 스미스는 건축가가 되고 싶었으나 공부할 여유가 없었습니다. 그는 곧 떠나려고 했으나 예상보다 길게 머물렀습니다. 교회를 건축할 생각이 없었지만 뜻밖에 놀라운 일을 하게 되었습니다. 마리아는 하나님께서 스미스를 꼭 필요한 교회를 건축하기 위해 보내신 것이라고 믿었습니다. 두 종류의 자유가 있습니다. 무엇으로부터의 자유와 무엇에로의 자유입니다. 젊음이나 독신을 자유라고 하지 않습니다. 자유는 내가 원하는 것을 하는 게 아닙니다. 진정한 자유는 사랑에 스스로 매이는 것입니다. 자유는 하나님, 배우자, 다른 사람을 섬기는 것입니다.

바울과 실라는 빌립보에 도착했습니다. 주전 42년 로마는 마게도냐 왕 필립 2세의 이름을 딴 이 도시를 식민지로 하였습니다. 빌립보는 옥타비아누스가 결전을 치르며 시이저의 암살자들에게 복수한 뒤 특별도시로 승격했고, 로마는 참전 군인들이 이주해서 정착하도록 장려했습니다. 바울과 실라는 수일을 체류했습니다. 안식일에 그들은 기도할 곳이 있을까 해서 도시에서 조금 외곽으로 벗어나 강가로 나갔습니다. 바울

Juan questions, "My friend, what are you doing without salary?" "I don't know," Smith answers, "the invisible hand is likely to lead me somewhere." Juan tells him all about the religious folk. Smith comes to find himself driven to work on building a new chapel on the ruins. It's too late to retreat. He has a feeling that the work should be done by him anyway. Maria shows him a good drawing of a church, and locals begin to show up to help him complete the chapel. Smith finally places the white cross on the spire himself, signing his work where only he and God will know. All the work has been done. Maria hears him start up his station wagon. Smith drives quietly off into the night.

Smith once wanted to be an architect but couldn't afford the schooling. He planned on leaving soon but came to remain for a long time. He had no intention of ever building a church but came to finish the unexpected, amazing job. Maria believed that Smith had been sent by God to build a much-needed church. There are two kinds of freedom: "freedom from what" and "freedom to what." "Young" or "single" is not being free. Freedom is not what you want to do. Real freedom is becoming self-tied to love. Freedom is to serve God, your spouse, and other people.

Paul and Silas reached Philippi, a major city of that district of Macedonia and a Roman colony. 42 years before the birth of Jesus Christ, the Roman Empire colonized this city named after Philip II of Macedon. Philippi became a Roman special-status city after the battle which saw Octavian gain revenge on Julius Caesar's assassins, and army veterans were encouraged to go there and occupy it. Paul and Silas remained there several days. On the Sabbath they went a little way outside the city to a riverbank, where they expected to find a place of prayer. Why

과 실라는 왜 유대인의 모임 장소인 회당을 찾았을까요? 바울은 빌립보 방문을 계획하지 않았습니다. 그래서 낯선 도시의 지리를 잘 파악하지 못했습니다. 그는 당시 성령이 소아시아 터키 지방으로 가지 말라고 하셨기 때문에 브루기아와 갈라디아를 여행했습니다.

디모데는 빌립보에서 바울, 실라와 함께 사역했습니다. 그는 바울의 최고 동역자 중 한 사람이 되었습니다. 리디아는 개종했고 그 가족이 세례를 받았습니다. 그녀는 바울 일행을 집으로 초대했고, 그곳에서 새로운 가정 교회가 시작되었습니다. 사도 바울은 두 번째 선교여행에서 빌립보 교회를 세웠습니다. 사실 그것은 유럽에서 그의 첫 번째 교회 개척이었습니다. 더구나 최초의 개종자는 중상류층 상인으로 리디아라는 여인이었습니다. 빌립보 간수가 개종했고 그의 온 가족이 세례를 받았습니다.

목회자에게 처음 회중은 특별한 것처럼 빌립보는 항상 바울에게 특별했습니다. 바울은 빌립보 교인들을 가장 사랑했습니다. 그들은 바울의 사역을 20년간 지원했습니다. 바울이 빌립보에 가지 않았더라면 어떻게 되었을까요? 그에게 위대한 일은 일어나지 않았을 것입니다.

『어쨌든 하라: 미친 세상에서 자신의 의미와 깊은 행복을 찾는 핸드북』에서 켄트 케이스는 말합니다.

사람들은 흔히 불합리하고 자기중심적이다. 어쨌든 사랑하라. 당신이 친절하면 사람들은 숨은 동기 때문이라고 비난할 것이다. 어쨌든 친절하라. 당신이 성공하면 가짜 친구와 진짜 적을 얻을 것이다. 어쨌든 성공하라.

were Paul and Silas finding a Jewish meeting place, a synagogue? Paul had no intention of visiting Philippi, so in the new city he had a poor sense of direction. He traveled through Phrygia and Galatia because the Holy Spirit had told him not to go into the Turkish province of Asia Minor at that time.

Timothy worked with Paul and Silas in Philippi. He became one of Paul's best co-workers. Lydia was converted and the members of her household were baptized. She invited Paul's team to her home. They stayed at her house and started a new house church. Paul the Apostle founded the church at Philippi on his second missionary journey. In fact, it was his first church plant in Europe. Moreover, its first convert was a woman named Lydia, a merchant woman of the upper middle class of the Roman colony. The Philippian jailer was converted and everyone in his household was baptized. Philippi always would be special for Paul as the first congregation of any pastor is special to him. Paul loved the Philippians most. They supported Paul for twenty years of his ministry. What if Paul didn't go to Philippi? Nothing great would have happened to him.

In his book *Do It Anyway: The Handbook for Finding Personal Meaning and Deep Happiness in a Crazy World*, Kent Keith penned the following words:

People are often unreasonable and self-centered; love them anyway. If you are kind, people may accuse you of ulterior motives; be kind anyway. If you are successful, you will win some false friends and some true enemies; succeed anyway. If you are honest, people may cheat you; be honest anyway. What you spend years building, someone could destroy overnight;

당신이 정직하면 사람들은 속일 것이다. 어쨌든 정직하라. 당신이 수년간 쌓은 것을 어떤 사람이 하룻밤에 무너뜨릴 수 있다. 어쨌든 건설하라. 당신이 평온과 행복을 찾으면 사람들은 질투할 것이다. 어쨌든 행복하라. 당신이 오늘 행한 선한 일을 사람들은 내일 잊을 것이다. 어쨌든 선한 일을 하라. 당신이 가장 좋은 것을 주어도 세상은 결코 충분하지 않을 것이다. 어쨌든 세상에 가장 좋은 것을 주라. 최종적인 것은 당신과 하나님의 관계다. 어쨌든 당신과 사람들의 관계는 아니었다.

형제, 자매 여러분, 바로 지금 어떤 일을 하고 싶지 않습니까? 그래도 하십시오. 누가 압니까? 예수께서 여러분을 도랑에서 발견하시고 더 좋은 어딘가로 데려가실 것입니다. 예수님을 바라보면, 여러분을 위해 길을 여실 것입니다. 내 인생은 그분 안에 있습니다. 나의 모든 삶의 계획은 그리스도 안에 있습니다. 바울의 계획은 플랜 B가 없다는 것입니다. 무계획이 좋은 계획입니다!

build anyway. If you find serenity and happiness, they may be jealous; be happy anyway. The good you do today, people will often forget tomorrow; do good anyway. Give the world the best you have, and it may never be good enough; give the world the best you've got anyway. You see, in the final analysis, it is between you and God; it never was between you and them anyway.

My brothers and sisters, are you unwilling to do something right now? Do it anyway. Who knows? Jesus will find you in the gutter and take you somewhere else, better. Look at Jesus, and he will open a way for you. My life is in him. All my life plans are in Christ. Paul's plan is to have no plan B. No plan, good plan!

예수, 기꺼이 기다리신

창세기 40장 12-15절 요셉이 그에게 이르되 그 해석이 이러하니 세 가지는 사흘이라 지금부터 사흘 안에 바로가 당신의 머리를 들고 당신의 전직을 회복시키리니 당신이 그 전에 술 맡은 자가 되었을 때에 하던 것 같이 바로의 잔을 그의 손에 드리게 되리이다 당신이 잘 되시거든 나를 생각하고 내게 은혜를 베풀어서 내 사정을 바로에게 아뢰어 이 집에서 나를 건져 주소서 나는 히브리 땅에서 끌려온 자요 여기서도 옥에 갇힐 일은 행하지 아니하였나이다

녹색 신호에 어떤 사람의 차 한 대가 멈춰 섰습니다. 아무리 시동을 걸어 보아도 안 되는데 뒤에서 경적들을 너무 심하게 울렸습니다. 그는 마침내 차에서 내려 뒤차들 중 맨 앞에 있는 운전자에게 가서 말했습니다. "미안합니다만 시동을 걸 수 없는 것 같습니다. 선생님이 가서 한번 해 보시면 제가 여기서 경적을 울려 드리겠습니다." 우리는 기다리는 것을 싫어합니다. 그러나 좋든 싫든 우리는 기다려야 합니다. 인생에서 대부분은 기다리는 것입니다. 인생에서 행동하는 것은 적고 기다리는 것은 많습니다. 우리는 바로 이 순간에도 무언가를 기다리고 있을지 모릅니다.

졸업, 취직, 월급을 기다립니다.

41

The Secret of Waiting

Genesis 40:12–15 Then Joseph said to him, "This is its interpretation: the three branches are three days. In three days Pharaoh will lift up your head and restore you to your office, and you shall place Pharaoh's cup in his hand as formerly, when you were his cupbearer. Only remember me, when it is well with you, and please do me the kindness to mention me to Pharaoh, and so get me out of this house. For I was indeed stolen out of the land of the Hebrews, and here also I have done nothing that they should put me into the pit."

A man's car stalled in the heavy traffic as the light turned green. All his efforts to start the engine failed, and a chorus of honking behind him made matters worse. He finally got out of his car and walked back to the first driver and said, "I'm sorry, but I can't seem to get my car started. If you go up there and give it try, I'll stay here and blow your horn for you." Most of us hate to wait. We all, however, have to wait whether we like it or not. Truth be told, most of life is waiting: the action of life is small, and the waiting is large. We live with a waiting list. Probably all of us are waiting for something at this very moment:

Waiting to graduate.
Waiting for your first job offer.
Waiting to receive your salary.

좋은 남자나 여자 친구, 결혼,
출장에서 돌아오는 배우자를 기다립니다.
기도응답, 하나님의 뜻,
주일을 기다립니다.

기다림은 아마 신앙생활에서 가장 힘든 연습일 것입니다. 여러분은 하나님을 기꺼이 기다리십니까? 요셉은 감옥에 있습니다. 그가 잘못해서가 아니라 옳은 일을 했기 때문입니다. 억울한 누명을 썼습니다. 아무것도 할 수 없는 요셉은 기다립니다. 항소할 수 없고 탈출할 수 없습니다. 자신이 죽었다고 믿는 가족과 멀리 떨어진 애굽에서 꼼짝 못하고 있습니다. 그 상황에서는 친구가 많지 않습니다. 우리는 요셉의 결말을 알고 있습니다. 그래서 마치 요셉이 자신의 삶이 어떻게 끝날 것인지를 알고 있었던 것처럼 생각합니다. 일부 설교자와 주일학교 교사들은 꿈이 있어서 믿음이 강했고 결코 꿈을 포기하지 않았기 때문에 요셉이 하나님을 기다릴 수 있었고 성공한 것이라고 가르칩니다. 사실이 아닙니다. 요셉은 꿈이 아니고 하나님을 의지했습니다. 요셉은 구덩이에 던져졌을 때 다음에 무슨 일이 일어날지 몰랐습니다. 하나님이 "조만간 나가서 애굽 총리가 될 것이다"라고 속삭이지 않으셨습니다. 그런 일은 없었습니다. 요셉은 감옥에서 언제, 어떻게 나올지 몰랐습니다. 그는 술 관원, 떡 굽는 관원과는 일면식도 없었습니다.

워렌 위어스비 목사님은 요셉의 감옥 시절을 이렇게 묵상합니다. "하나님은 요셉이 자신의 인격을 키우고 다가올 일들을 준비하도록 부당하게 대우받고 갇히게 하셨습니다. 감옥은 요셉이 주님을 기다리는 법과 하나님의 늦추심은 거절이 아니라는 사실을 배우는 학교였습니다." 기

Waiting to meet a good boy or girl friend.

Waiting to get married.

Waiting for your spouse to come home from a business trip.

Waiting for your prayers to be answered.

Waiting to find out what God wants you to do.

Waiting for Sunday.

Waiting is perhaps the hardest discipline of the Christian life. Are you willing to wait for God? In Genesis 40 Joseph is in prison. Not because he did wrong but because he did right. He has been falsely accused of rape by Potiphar's wife. Joseph is waiting because there is nothing else he can do. He can't appeal his sentence. He can't escape. He's stuck in an Egyptian prison, far from home where his family is convinced that he died. He doesn't have many friends in that situation. We know how Joseph's life ends up, so we read this whole story as if Joseph himself knew how it was going to end. Some preachers and Sunday School teachers have taught their audience that Joseph could wait for God because he had a dream and was so strong in faith. Some Bible teachers say, "He never gave up his dream, so he succeeded." That's not true. Joseph did not depend on his dream but God alone. When Joseph was thrown into the pit by his brothers, he had no idea what was going to happen next. He knew as much about his future as you do about yours. It's not as if God whispered, "Pretty soon you'll get out of here and be the Prime Minister of Egypt." It didn't happen that way. This isn't a fairy tale. When Joseph was stuck in prison, he had no inside knowledge regarding how or when or if he would ever get out. He certainly knew nothing of the cupbearer and the baker.

다림은 영적 성장의 학교가 되었습니다. 우리 모두는 일어날 어떤 일들을 기다리면서 많은 시간을 보냅니다. 기다리는 동안 우리는 과연 무엇을 해야 할까요?

성실하십시오. 우리는 요셉이 얼마 동안 수감되었는지 모릅니다. 새로운 수감자 두 사람이 들어왔을 때 요셉은 시중드는 자가 되었습니다. 그러나 자신의 의무를 회피하지 않고 섬겼습니다. 요셉은 여전히 수감되어 있고 석방 가능성은 없었습니다. 요셉은 미래를 알 수 없지만 성실한 사람으로 남아 있었습니다. 여러분의 꿈이 재가 되는 순간 무엇을 하시겠습니까? 여러분의 미래는 여러분의 일상에 있습니다. 매일 하는 작은 일들은 매일 심는 미래의 씨앗입니다. 우리는 언젠가 할 일을 꿈꿉니다. 애석하게도 대다수 사람에게 그 언젠가는 오지 않습니다. 갇힌 느낌이 들면 그냥 일어나서 다음 일을 하십시오. 다음에 해야 되는 일은 항상 있습니다. 씻거나 집안을 정리하거나 글을 쓰거나 기도하십시오. 미켈란젤로가 그림을 그리는 것처럼 거리를 청소하십시오.

준비하십시오. 요셉은 두 사람에게 "염려하지 마라. 나는 꿈 해몽가다. 내가 해석할 수 있다"라고 말하지 않았습니다. 대신 두 사람의 관심을 하나님께로 향하게 했습니다. 요셉은 단지 하나님 앞에 서 있었습니다. 하나님은 우리가 기다리는 시간에 최고로 좋은 일을 하십니다. 존 번연의 『천로역정』은 감옥에서 나왔습니다. 하나님은 꼭 알맞은 때와 꼭 알맞은 곳에 그의 사람을 두십니다. 바로 여러분이 있는 곳에서 하나님을 섬길 준비가 되셨습니까? 우리는 어떤 상황에서도 하나님을 섬기기 위해 준비하는 것을 중단해서는 안 됩니다.

Warren Wiersbe says this about Joseph's time in prison: "God permitted Joseph to be treated unjustly and put in prison to help build his character and prepare him for the tasks that lay ahead. The prison would be a school where Joseph would learn to wait on the Lord … He would learn that God's delays are not God's denials." Waiting became a school of spiritual growth for Joseph. We will all spend a lot of time waiting for something to happen. The question then becomes, what do we do while we wait?

Be Authentic. We don't know how long Joseph had been in prison. When suddenly two new inmates showed up, Joseph became their attendant. But he did not shirk his duty and took care of them. Joseph was still imprisoned, with no hope of getting out. Even though he could not see into the future, Joseph remained faithful to God. What do you do when your dreams turn to ashes? The secret of your future is found in your daily routine. The things you do every day, especially the little things that make up the routine of life, those are the seeds of your future that you sow every day. We dream about what we are going to do someday. Unfortunately, someday never comes for most people. When you feel stuck, just get up and do the next thing because there is always a next thing that needs to be done. Wash or clean or write or pray. Sweep streets like Michelangelo painted pictures.

Be Ready. Joseph didn't say to the two men, "Don't worry, fellows. I'm an expert in dreams. I can figure this out for you." Rather than relying on false optimism, he points the men to God. Joseph just stood in front of God. God does some of his best work in your waiting. John Bunyan went to prison and out came *Pilgrim's Progress*. God has his people in the right place at

담대하십시오. 술 관원이 풀려나자 요셉은 말했습니다. "나를 기억해 주세요. 이곳에서 잘못한 일은 없습니다." 그는 영원히 감옥에 있고 싶지 않았을 것입니다. 하지만 나가게 도와 달라는 청탁은 하지 않았습니다. 그의 마음은 하나님께 있었습니다. 술 관원은 요셉을 잊었습니다. 하나님은 잊지 않으셨습니다. 하나님을 신뢰하고 그분의 은혜를 믿으십시오. 수많은 사람이 희망을 잃고 있습니다. 희망이 사라질 때 인생도 끝입니다. 희망은 하나님에게서 오는 것입니다. 하나님을 믿고 기다리면 담대할 수 있습니다.

하나님은 우리 방식으로 시간을 관리하지 않으십니다. A. W. 토저 목사님은 이런 말을 말했습니다. "하나님은 절대 서두르지 않으신다. 하나님이 일하셔야 하는 기한은 없다." 하나님은 시계보다 크십니다. 하나님은 결코 서두르지 않으십니다. 하나님은 결코 늦지 않으십니다. 하나님은 일정에 뒤처지지 않으십니다. 하나님은 정확하십니다. 사도행전 1장 4절에서 예수님은 열한 제자에게 마지막으로 말씀하셨습니다. "기다리라. 아버지께서 약속하신 것을 기다리라." 예수님은 요셉보다 하나님을 더 잘 기다리신 분입니다. 우리가 할 일은 예수님처럼 기다리는 것입니다.

the right time. Are you ready to serve God right where you are? We should not stop being ready to serve God in any and every circumstance.

Be Bold. When his buddy, the cupbearer was released, Joseph said to him, "Remember me. I have done nothing wrong here." He wouldn't want to stay in prison forever. But he didn't ask, "Help me get out of here!" His mind was stayed on God. The cupbearer forgot Joseph, but God didn't. Trust God for his grace. So many people lose hope. When hope is gone, life is over. Hope comes from God. When we trust and wait on God, we can be bold.

God doesn't keep time the same way we do. A. W. Tozer said it this way: "God never hurries. There are no deadlines against which he must work." God is bigger than the clock. He's never in a hurry. He's never late. He's never behind schedule. He's on time. In Acts 1:4, when Jesus was together with his eleven disciples, he gave them his last order: "Wait. Wait for the Promise of the Father." Jesus waited for God better than Joseph did. The one thing we must do is to wait like Jesus.

예수, 영성의 빈자리를 채워주시는

에베소서 4장 11-14절 그가 어떤 사람은 사도로, 어떤 사람은 선지자로, 어떤 사람은 복음 전하는 자로, 어떤 사람은 목사와 교사로 삼으셨으니 이는 성도를 온전하게 하여 봉사의 일을 하게 하며 그리스도의 몸을 세우려 하심이라 우리가 다 하나님의 아들을 믿는 것과 아는 일에 하나가 되어 온전한 사람을 이루어 그리스도의 장성한 분량이 충만한 데까지 이르리니 이는 우리가 이제부터 어린 아이가 되지 아니하여 사람의 속임수와 간사한 유혹에 빠져 온갖 교훈의 풍조에 밀려 요동하지 않게 하려 함이라

선배 목사님 한 분이 콜로라도 덴버대학교에서 공부하셨습니다. 1학년 수업 첫날 여자 지도교수님이 유학생이던 목사님을 찾아와서 뭘 가장 좋아하냐고 한번 물어 보셨습니다. 어리둥절해서 아이스크림이라고 말했습니다. 금요일 저녁 누가 기숙사 문을 두드렸습니다. 열어 보니 지도교수님이었고 친절하게 아이스크림을 주셨습니다. 다음 금요일 저녁 거의 같은 시간에 교수님은 다시 와서 아이스크림을 주셨습니다. 그 다음 금요일에도 오셨습니다. 일 년 내내 아이스크림을 가져오셨습니다. 2학년 때에도 그랬습니다. 교수님은 4년 동안 한 번도 빠짐 없이 매주 금요일 저녁에 아이스크림을 사주셨습니다. 즐거운가요, 섬뜩한가요? 졸업 직전에 교수님은 신학교 원서와 장학금 신청서를 건네 주셨습니다. 이미 입학준비를 다 해 놓으셨습니다. 목사님은 그 교수님의 성실

42

Becoming Spiritually Whole

Ephesians 4:11–14 And he gave the apostles, the prophets, the evangelists, the shepherds and teachers, to equip the saints for the work of ministry, for building up the body of Christ, until we all attain to the unity of the faith and of the knowledge of the Son of God, to mature manhood, to the measure of the stature of the fullness of Christ, so that we may no longer be children, tossed to and fro by the waves and carried about by every wind of doctrine, by human cunning, by craftiness in deceitful schemes.

One of my senior pastors studied at Denver University in Colorado. On the first day of class, his academic advisor came to him and merely asked, "What do you like most?" He didn't quite get that question, so he said, "Oh, I like ice cream." He was living on campus. Friday evening, someone knocked. He opened the door. His advisor was there. She kindly gave him ice cream. Next Friday, she came again and gave him ice cream almost at the same evening time. Also Friday after next, she did. She brought ice cream all the year. She did in the second year too. She bought him ice cream every Friday evening for four years. Looking good or horror? It was nice to him. Shortly before his graduation, she handed in applications for seminary programs and scholarships. She had already prepared for him. He was so impressed by her sincerity and manner. He stopped his master's

과 태도에 크게 감동했습니다. 그래서 전공하던 교육학 석사를 중단하고 신학교에 입학했습니다. 그리고 좋은 목회자가 되었습니다.

우리 교회는 청년들을 잃고 있습니다. 교회 스캔들 때문입니다. 교인들이 무례하고, 불친절하고, 공손하지 않고, 이기적이고, 정직하지 못합니다. 한 교회에서 같은 교인들끼리 다투고 사회법에 고소합니다. 그들을 그리스도인이라 할 수 있습니까? 기도하고 금식은 많이 하는데 끊임없이 갈등합니다. 예수 믿는 주인이면서 직원을 존중하지 않습니다. 영적 생활에서 예절과 행실을 무시하는 교인들이 많습니다. 30년 넘게 제자훈련 하고도 싸웁니다. 무엇을 배웁니까? 성경은 참된 영성이 우리 일상의 삶과 깊이 관련 있다는 것을 명백히 말합니다.

창세기, 출애굽기, 레위기, 민수기, 신명기는 모세오경입니다. 히브리어로 '토라'입니다. 그 뜻은 '명령' 또는 '교훈'입니다. 구약성경 처음 다섯 권에서 하나님이 "하라"는 명령은 248회 하시지만 "하지 말라"는 365회 하십니다. 십계명에서 "하라"는 명령은 2번뿐이고 "하지 말라"는 8번입니다. 산상수훈에서 예수님이 "하라"는 말씀은 7번 하시지만 "하지 말라"는 11번 하십니다. 성경은 "하라"는 것보다 "하지 말라"는 말씀을 더 많이 합니다. 교육학 이론은 항상 칭찬이 훈계보다 낫다고 주장합니다. 사실이 아닙니다. 성경은 그렇게 말하지 않습니다. 세상 속에 있는 한 그리스도인에게는 하지 말아야 할 일이 해도 되는 일보다 많습니다. 그런고로 성경은 훈계를 강조합니다. 성경을 제대로 읽고 상식과 미신을 바로 잡으십시오.

영적 변화는 고백, 인격, 영성 세 가지 형태로 구체화되는 것입니다.

program in education and entered a theological seminary. He became a good pastor.

We are losing young adult members. Church scandals challenge them. We see that some Christians are rude, some Christians are unkind, some Christians are impolite, some Christians are selfish, and some Christians are dishonest. We see that some Christians fight against other members in the same church, and some Christians sue other Christians in a civil court. Can we call them Christians? We see that some church members spend a lot of time praying and fasting, but they go into constant conflict with others. They have certain people whom they don't like. Many Christian owners do not treat employees with respect. Many church members ignore rules of etiquette and conduct in their spiritual life. Even after over 30 years of discipleship training, brothers quarrel with each other. What do you learn? The Bible makes it clear that true spirituality is bound up with ethics in our daily life.

The Torah refers to the five books of Moses: Genesis, Exodus, Leviticus, Numbers, and Deuteronomy. The Hebrew word Torah means instruction, giving orders. In the first five books of the Old Testament, God commands, "Do this" 248 times but does, "Do not practice" 365 times. In the Ten Commandments, God orders, "Do this" only twice and does, "Do not practice" 8 times. In the Sermon on the Mount, Jesus utters, "Do this" 7 times but does, "Do not practice" 11 times. The Bible talks about "do not" more than "do this." Theories of educational leadership and management claim that compliments are always better than instructions or corrections. That's not true. The Bible does not say so. There are more things Christians in this world should not do than

그리스인의 정체성은 삼중적인 과정을 거쳐서 형성됩니다. 최초로 고백은 예수님을 발견하고 만나는 것입니다. 인격은 성령에 의해 정서적으로, 지적으로, 행동적으로 성숙해지는 데 관심을 기울이는 것입니다. 궁극적 목표인 영성은 하나님을 직접, 구체적으로 체험하는 것입니다. 큰 그림을 그리면 우리는 반드시 첫 번째 여정에서 두 번째로, 두 번째에서 세 번째로 가야 합니다. 고백적인 변화, 개인적인 변화, 영적인 변화 세 가지는 분리되지 않고 유기적으로 연결되는 것입니다.

오늘 성경은 "먼저 온전하라"는 특별한 말씀을 합니다(12-13절). 교회에서 성숙하기 전에 봉사하지 말아야 합니다. 많은 사람이 예수 믿기 시작해서 세 번째 단계로 바로 넘어 가려고 합니다. 방언, 신비, 강한 느낌에 흥미를 가집니다. 개인적인 변화는 건너뛰려고 합니다. 예수님은 분명히 말씀하십니다. "진실로 진실로 네게 이르노니 사람이 물과 성령으로 나지 아니하면 하나님의 나라에 들어갈 수 없느니라"(요 3:5). 물세례를 통해 우리는 물속에 깊이 잠겼습니다. 옛 사람이 묻히고 새 사람이 그로부터 나옵니다. 성령세례는 우리의 영적 삶을 온전하고 강력하며 풍요롭게 합니다. 여러분에게 개인적인 문제가 있다면 그것은 중간 과정을 생략했기 때문입니다. 원점으로 돌아가서 다시 시작하십시오.

캘리포니아에서 9살 지훈이는 찰스 리 초등학교에, 11살 지혜는 풋힐 중학교에 들어갔습니다. LA 코리아타운에서 멀리 떨어진 곳에 살았고, 이웃은 모두 미국인이었습니다. 아이들 학교 친구와 선생님 역시 미국인이었습니다. 두 아이 외에 한인 학생은 없었습니다. 아시아 학생이 혼자 미국 학교에 적응하는 일은 쉽지 않습니다. 아이들은 영어학원에 다니지 않았습니다. 어느 날 지혜 선생님이 새로 구입한 영한사전을 손

they can do. The Bible therefore places a lot of emphasis on instruction. Be good Bible readers. Correct your common sense and superstition.

Spiritual transformation is embodied in three forms: confessional formation, personal formation, and spiritual formation. The threefold framework clarifies a "Christian's identity." Confessional formation is the initial stage where people find and meet Jesus Christ. Personal formation is to cultivate an essential interest in becoming emotionally, intellectually, and behaviorally mature by the Holy Spirit. As our ultimate goal, spiritual formation is to have a direct and concrete experience of God. In the larger picture, we must move from the first step to the second step and then continue from the second step to the third step. The process of spiritual transformation does not separate into three fragments. All three — confessional, personal, and spiritual parts — are organically connected.

Today's Scripture gives us a special precaution, "Be mature first" (vv. 12-13). We don't have to serve the church before being mature. Many beginners in faith try to jump directly to the last step; they have great interest in tongues, mysteries, or strong feelings. They intend to skip personal change. Jesus evidently says, "Truly, truly, I tell you, unless one is born of water and the Spirit, he cannot enter the kingdom of God" (Jn 3:5). By water baptism, we are sunk deeply into the water. Our old nature is buried, and our new nature emerges from it. The baptism of the Holy Spirit makes our spiritual life perfect, powerful, and plentiful. If you have personal problems, the reason is that you passed over the second step. Go back and restart.

에 들고 방문했습니다. 선생님은 한 장 한 장 넘겨가며 딸과 대화를 이어 갔습니다. 그녀는 외국어를 한 번도 공부한 적 없었습니다. 하지만 딸아이를 도와주려고 한국어를 배우기 시작했습니다. 놀랐습니다. 훌륭한 선생님이었습니다. 덕분에 3년 뒤 지혜는 우등생으로 조지 부시 대통령상을 받을 수 있었습니다. 두 여대생 티나와 폴리나는 월요일부터 금요일까지 아들의 개인교사를 자원했습니다. 수업시간에 아들 옆에 앉아 하루 종일 도와주었습니다. 지훈이도 미국학교에서 살아남았습니다.

하나님께 더욱 가까이 하는 마음을 키우고 그다음에 공동체를 섬기십시오. 그리스도인은 신비주의자가 아닙니다. 여러분은 세상의 빛과 소금입니다. "속옷을 가지고자 하는 사람에게 겉옷까지도 주라. 오 리를 가게 하거든 십 리를 동행하라." 예수님의 관심사는 에티켓, 태도, 처신, 화평, 인내, 자비, 배려였습니다. 그분의 관심사는 우리의 관심사입니다.

When living in Southern California, my 9-year-old son, Jihoon attended Charles Lee Elementary School, and my 11-year-old daughter, Jihye transferred to Foothill Middle School. Our place was far away from Koreatown in Los Angeles. Neighbors, classmates, and teachers were all Americans. There was no Korean student except my two kids. It is not easy that one Asian student solely adjusts to the US school. My kids had never gone to private English school. One day, Jihye's school teacher bought a new English-Korean dictionary, took it in her hands, and visited us. Moving on the page, the teacher talked to my daughter. She had never learned foreign language before but began to study Korean herself because she wanted to help my daughter. My wife and I were astonished. She was a great teacher. Thanks to her, three years later Jihye was able to receive President George Bush's Academic Award. Two college girl students, Tina and Polina, came to my son's class and became tutors from Monday to Friday, five days a week. They sat next to my son and helped all day long. Jihoon, too, survived the US school.

Nurture your hearts closer to God and then go and serve your community. Christians are not mystics. You are light and salt in the world. "Give your coat. Go two miles." Jesus' serious business was etiquette, attitude, conduct, peace, patience, mercy, and care. His business is our business.

예수, 예배할 두 가지 이유가 되시는

히브리서 13장 15-16절 그러므로 우리는 예수로 말미암아 항상 찬송의 제사를 하나님께 드리자 이는 그 이름을 증언하는 입술의 열매니라 오직 선을 행함과 서로 나누어 주기를 잊지 말라 하나님은 이같은 제사를 기뻐 하시느니라

우리는 21세기에 예배 전쟁을 치르고 있습니다. 전통적인 예배를 원하는 사람들은 오래된 예전과 찬송가를 사용합니다. 현대적인 감각을 선호하는 사람들은 영상기술을 이용하고 젊은 세대가 호응하는 음악을 선택합니다. 현대 예배를 반대하는 사람들은 그런 예배는 깊이가 부족하며 경건보다는 오락 성격이 짙다고 주장합니다. 우리는 또한 현대와 전통을 결합한 예배를 모색합니다. 그러나 혼합 예배는 이전 교인에게는 너무 현대적이고, 현대 교인에게는 너무 전통적입니다. 혼합된 예배를 원하면 기악이 끔찍할 수도 있습니다. 전통 예배는 주로 피아노와 오르간을 통해 이루어집니다. 현대 예배는 기타, 키보드, 드럼으로 반주합니다. 드럼을 오르간으로 전환하는 것은 불가능합니다. 예배를 받으시는 분이 참되신 한 분 하나님이 되시는 한 옳고 그른 예배 스타일은 없

Two Reasons to Worship God

Hebrews 13:15–16 Through him then let us continually offer up a sacrifice of praise to God, that is, the fruit of lips that acknowledge his name. Do not neglect to do good and to share what you have, for such sacrifices are pleasing to God.

We hear a great deal of scuttlebutt about worship wars in the 21st Century. Traditionalists embrace longstanding rituals and hymns. Contemporary advocates embrace modern technology and offer musical choices that may speak to a younger generation. Opponents of contemporary worship point to something lacking in depth and argue that such service is designed to be more entertaining than worshipful. We also explore blended worship taking elements from both the contemporary and the traditional. But Blended worship is too contemporary for the traditionalists; it is too traditional for the contemporary crowd. If you want to have a truly blended worship service, the instrumentation would be a nightmare. Traditional worship is primarily led through a piano and organ. Contemporary worship is primarily led through guitars, keyboards, and drums. Switching from drums to an organ

습니다. 마음이 바로 되어 있으면 어떻게 예배하든 상관없습니다.

자기 좋자고 고객처럼 예배에 들어가는 것은 매우 위험합니다. 우리 중에 누가 감히 주님께 멋진 예배를 말할 수 있겠습니까? 오만하고 이기적인 상상입니다. 성경 말씀 그 어디에도 하나님께서 훌륭한 예배를 찾으신다는 말씀은 없습니다. 예수님이 분명히 하셨듯이, 하나님은 영과 진리로 예배하는 진정한 예배자를 찾고 계십니다. 여전히 위대한 예배를 좇는 중이십니까? 장엄한 예배당, 고등학교 강당, 첨단 예배센터, 좋은 집, 야외 장소, 어디에서 모이든 간에 우리가 그런 사람들일지도 모릅니다. 하나님은 우리의 마음이 그분에게서 멀어진 예배는 받지 않으십니다. 예배에 대하여 지금까지 가졌던 모든 그릇된 생각에서 벗어나야 합니다.

많은 신앙인들이 제한된 맥락에서 예배를 이해합니다. 경배와 찬양을 예배라고 생각합니다. 바울은 예배를 이렇게 정의합니다. "그러므로 형제들아 내가 하나님의 모든 자비하심으로 너희를 권하노니 너희 몸을 하나님이 기뻐하시는 거룩한 산 제물로 드리라 이는 너희가 드릴 영적 예배니라." 바울은 기분이나 감정에 의존하는 어떤 형태의 예배도 말하지 않습니다. 노래나 음악에 전혀 초점을 맞추지 않습니다. 우리는 어떤 상황에서도 주님을 예배하기 위해 부르심 받았습니다. 바울과 실라는 매를 맞고 어두운 감방에서 발이 쇠고랑에 차인 채 몇 시간 주님을 예배했습니다. 예배의 조건이 분위기와 느낌이라면 바울과 실라는 하나님을 예배할 이유를 발견하지 못했을 것입니다. 밴드 음악은 상당한 가치가 있지만 단지 신앙의 외적인 표현이고 예배의 본질은 아닙니다.

is impossible. There is no right or wrong style of worship as long as the One being worshiped is the One True God. If your heart is in the right place, it doesn't really matter how you worship.

Entering a service of worship chiefly as a self-centered consumer is quite an ugly thing. How dare any of us assume the right to tell the Lord what "great worship" is? What an arrogant and self-serving notion. Nowhere in the Word of God is he described as seeking great worship. As Jesus clearly taught us, God is seeking true worshipers – those who worship him in spirit and in truth. Are you still chasing great worship? May we be found to be just such a people – whether we assemble in a majestic cathedral, a high school auditorium, a high-tech worship center, a neighbor's great room, or an open air sanctuary. God is not honored when our hearts are far from him. We have to be free from every wrong notion we've ever had about worship.

Many Christians have come to see worship in the limited context. They are referring to the practice of Christians singing praise music during a church service. Paul defines worship this way: "I appeal to you therefore, brothers, by the mercies of God, to present your bodies as a living sacrifice, holy and acceptable to God, which is your spiritual worship." Paul doesn't define worship as having anything to do with a mood or a feeling. It certainly isn't focused on singing or music at all. We are called to worship the Lord despite our circumstances. Paul and Silas worshiped the Lord for hours after receiving a beating and while chained in a dark jail cell at Philippi. If worship were conditioned on emotion and feelings, Paul and Silas in prison would never have found reason to praise God. Musical celebrations are merely outward expressions of our faith, and though they may have

성경은 예배를 순종이라고 합니다. 진정한 예배는 성령과 말씀을 통해 하나님께 순종하는 것입니다. 성경은 참 예배는 순종의 삶에 뿌리를 두고 있으며 지속적인 활동이라고 말합니다. 구약성경에서 이러한 특징을 말해 주는 좋은 예를 찾을 수 있습니다. "여호와께서 어느 것을 좋아하시겠습니까? 그의 목소리를 청종하는 것입니까, 제사입니까? 보십시오. 순종이 제사보다 낫습니다"라고 사무엘은 말했습니다.

우리가 예배에서 어떻게 하나님께 순종할 수 있나요? 입으로만 하나님을 경배하지 마십시오. 예배에서 하나님의 이름을 높이는 시간은 교회 밖에서 하나님께 순종하는 삶으로 이어질 때만이 중요합니다. 참 예배는 주일 아침 교회 안에서 하나님을 찬송하는 것으로 시작하여 교회 밖에서 다른 사람을 위해 선한 일을 하는 것으로 끝이 납니다. 바울은 강조합니다. "예수로 말미암아 언제나 하나님께 찬송의 예배를 드리자. 선을 행하고 가진 것을 서로 나누어 주기를 잊지 말라. 하나님은 이 같은 예배를 기뻐하시느니라." 예배는 매순간 실천하는 삶이 되어야 하므로 마술은 없습니다. 주일 예배에 참석할 때, 우리는 교회에 머물러 오지 않습니다. 우리는 하나님께 감사하고 그런 다음 서로 또는 다른 사람을 섬기러 모이는 것입니다. 당신은 지금 하나님을 예배하고 있습니다. 이 예배가 끝나면 다음에 할 일은 무엇인가요? 가서 소중한 것을 희생하십시오. 가진 것을 도움이 필요한 사람들과 나누십시오. 예수께서 말씀하십니다. "온전한 사람이 되려면 가서 재산을 팔아 가난한 자들에게 주라. 그리고 와서 나를 따르라." 똑같이 행할 의향이 없다면 당신은 참 예배자가 아닙니다.

이런 교인이 있습니다. 세 가지 이상의 직업을 가지고 있습니다. 열

some value, they are not the substance of true worship.

Scripture defines worship as obedience. True worship is "obedience" to God through his Spirit and Word. The Bible says true worship is rooted in a life of obedience and is a continual activity. We can find a good example of this distinction in the Old Testament book of 1 Samuel. "Which does the Lord prefer: obedience to his voice or sacrifice? Behold, obedience is better than sacrifice," said Samuel.

How can we obey God in worship? Do not honor God only with your lip service. How we spend our time praising God's name in a worship service is important only if it is preceded by a life of obedience to him outside the church building. True worship begins with praising God in a Sunday morning worship service in the church and ends with doing good things for others outside the church building. Paul puts his emphasis on verses 15-16, "You, through Jesus, always bring God a sacrifice of praise. And don't forget to do good and to share what you have with others. These are the kinds of worship services that please God." There is nothing magical about worship, because it should be the moment-to-moment practice of our life. When we attend a church service, we don't come to stay in the church. We gather together for the purpose of giving thanks to God and then serving one another or others. You're worshiping God now. When this service is done, what is your next step? Go out and sacrifice something precious; share what you have with people in need. Jesus says to you, "If you would be perfect, go, sell what you possess and give to the poor; and come, follow me." If you're not willing to practice the same, you are not true worshipers.

심히 일하고 돈을 모읍니다. 가끔씩 형제가 살 집을 마련해 줍니다. 집 없는 친척도 집을 사 줍니다. 삼촌이나 이모가 월세를 못 내면 집을 사 줍니다. 그러고 자기는 싼 집에 삽니다. 놀랍게도 친척들은 집주인인데 이분은 세입자입니다. 사람들이 물어 봤습니다. "돈도 많으신 분이 왜 선생님 집은 없습니까? 도대체 왜 남의 집을 책임지나요?" 이분의 대답입니다. "내 기쁨입니다. 나는 아직 젊고 돈도 더 많이 벌 수 있어요. 지금은 돕고 싶습니다." 샌프란시스코와 버클리 GTU 신학교에서 함께 공부한 후배 목사님이 있습니다. 2년 전 박사공부를 마치고 한국에 돌아왔습니다. 목사님 가족은 10년쯤 유학하느라 집을 얻을 여유가 없었습니다. 서울대 동문 네 친구가 일종의 귀국 선물로 수원에 적당한 방을 구해 주고 방돈은 자기들이 나누어서 지불했습니다. 진정한 그리스도인이고 예배자입니다. 성경은 말합니다. "너희 중에 가난한 자가 있으면 너희 죄다." 지금까지 하나님이 우리를 축복하신 것은 우리들 중에 가난한 사람이 없도록 하시기 위함이었습니다. 진정한 예배냐 멋진 예배냐, 그것이 문제입니다.

There is a good church member. He has more than three jobs. He works hard and saves money. Sometimes he provides his brothers with homes free of charge. If his close relatives have no home to live in, he buys and gives them homes for free. When his uncle or aunt can't afford to rent a house, he buys and gives them homes for free. Instead, he lives in a cheap apartment. Surprisingly, his relations become homeowners and he becomes a tenant. Neighbors ask him, "You have plenty of money to purchase a home for yourself, but why don't you have your own house? Why do you take full responsibility for their housing?" He replies, "That's my pleasure. I am still young and can keep making more money. I now want to help them." A friend of mine studied with me at San Francisco Theological Seminary and Graduate Theological Union, Berkeley. Two years ago, he finished his Ph. D. program. When he returned to Seoul from Berkeley, his family couldn't afford a house because of his 10-year studies abroad. His four close friends, who graduated from the same school, Seoul National University, found a proper rental house in the city of Suwon and gave him it as a gift. They paid for him. They are real Christians and true worshipers. Scripture says, "If there are any poor people living among you, you are guilty." So far God has blessed you so that there is no poor among you. Worship God and serve your neighbor. True Worship or Cool Worship: that the question.

예수, 개혁자들의 빛

갈라디아서 1장 6-8절 그리스도의 은혜로 너희를 부르신 이를 이같이 속히 떠나 다른 복음을 따르는 것을 내가 이상하게 여기노라 다른 복음은 없나니 다만 어떤 사람들이 너희를 교란하여 그리스도의 복음을 변하게 하려 함이라 그러나 우리나 혹은 하늘로부터 온 천사라도 우리가 너희에게 전한 복음 외에 다른 복음을 전하면 저주를 받을지어다

창세기 18장에서 아브라함이 소돔의 구원을 간구했을 때 여호와께서 말씀하셨습니다. "내가 만일 그 성에서 의인 10명을 찾으면 멸하지 아니하리라." 여기서 여호와 하나님은 의인 10명을 찾으라고 말씀하셨습니다. 그러나 예레미야 5장 1절은 이렇게 말합니다. "예루살렘 거리로 빨리 다니며 그 넓은 거리에서 찾아보고 알라. 너희가 만일 의인을 한 사람이라도 찾으면 내가 이 성읍을 용서하리라." 하나님께서 의인 1명만 찾으라고 하셨습니다. 10명이 아니고 1명입니다. 불행하게도 예루살렘은 의인이 한 사람도 없어서 멸망했습니다.

데이비드 웰스 목사님의 『진리를 위한 곳이 없다』에 의하면, 오늘날 복음주의 목회자들은 사람을 기분 좋게 하는 치료사나 교회라는 작은

The Reformation, One in a Thousand

Galatians 1:6–8 I am astonished that you are so quickly deserting him who called you in the grace of Christ and are turning to a different gospel — not that there is another one, but there are some who trouble you and want to distort the gospel of Christ. But even if we or an angel from heaven should preach to you a gospel contrary to the one we preached to you, let him be accursed.

When Abraham asked the Lord for Sodom in Genesis chapter 18, the Lord said, "If I find ten righteous in the city, I will not destroy it." Here said the Lord, "Find ten righteous." But Jeremiah chapter 5, verse 1 says, "Run to and fro through the streets of Jerusalem. Search her squares. See if you can find one good person. If you find one good person, I will pardon her." The Lord says in this very first verse, "Find only one good person." Not ten but one! Unfortunately, Jerusalem was destroyed because there was not even one good person.

Congregationalist minister David F. Wells is Professor of Gordon-Conwell. According to his *No Place for Truth*, evangelical pastors today abandon their role as ministers of the Word to become therapists helping people find good feelings, and

기업의 경영인이 되려고 말씀 사역자로서의 역할을 포기하고 있습니다. 우리들 중 많은 사람이 성경적 진리와 진정한 기독교를 포기하고 있습니다. 신앙을 자신의 종교로 바꾸고 있습니다. 교회는 신학적 토대, 하나님 중심을 잃고 있습니다. 교회는 복음과 현대 정신을 섞고 있습니다. 이를 두고 바울은 말합니다. "형제들아, 우리가 너희에게 전한 복음을 속히 떠나 다른 복음을 따르는 것을 내가 이상하게 여기노라." 예수님이 말씀하신 복음을 믿습니까? 하나님은 복음을 명확하게 말하는 의인 한 사람을 찾고 계십니다. 하나님은 복음을 아는 의로운 한 교회를 찾고 계십니다. 하나님은 아마 세상을 변화시킬 천 개에 하나 정도 밖에 없는 교회를 찾으실 것입니다.

루터는 로마 가톨릭교회의 면죄부 타락상을 필설로 비난했습니다. 1517년 10월 31일 루터는 비텐베르크 교회 정문에 「면죄부의 능력과 효용성에 관한 토론」이라는 반박문을 내걸었습니다. 신성로마제국 황제 찰스 5세는 그를 보름스 의회에 소환했습니다. 루터는 홀로 중세 교회와 제국의 권력 앞에 섰습니다. "나는 취소할 수 없고 취소하지 않을 것입니다. 하나님, 도와주세요. 아멘." 한 수도사, 의인 한 사람이 모든 것에 대항하여 서서 세상을 바꾸었습니다.

유랑자 칼빈은 1536년 여름 스트라스부르그로 가려고 파리를 떠났습니다. 그러나 찰스 5세의 군대에 의해 스트라스부르그로 가는 직선 도로가 막혔다는 것을 알았습니다. 칼빈 일행은 우회하여 제네바에서 하룻밤을 묵어야 했습니다. 그날 저녁 윌리엄 파렐은 『기독교강요』의 저자가 시내에 있다는 소식을 들었습니다. 파렐은 즉시 와서 개혁교회를 이끌어 달라고 요청했습니다. 칼빈은 목회보다는 조용히 연구나 하겠다고

managers of the small enterprises we call churches. Many of us abandon biblical truth and genuine Christianity. We refashion our faith into a religion of the self. The church is losing its theological foundation, its God-centeredness. The church blends gospel and modernity. For this situation, Paul says, "Brothers, I am astonished that you are so quickly turning to a different gospel, a gospel different from the Good News we told you." Do you believe the gospel Jesus told you? God is now looking for one good person telling the gospel clearly. God is looking for one good church knowing the gospel. God may be looking for only one out of a thousand churches to change the world.

Luther penned a document attacking the Catholic Church's corrupt practice of selling indulgences to absolve sin. On October 31, 1517 Luther nailed a copy of his "Disputation on the Power and Efficacy of Indulgences" to the front door of the Wittenberg Castle Church. When young Martin Luther was called before Holy Roman Emperor Charles V at the Diet of Worms, alone he stood against all, the medieval powers of church and empire. "I cannot and will not recant. God help me. Amen." A monk stood against all and changed the world. One good person changed the world.

The fugitive Calvin left Paris, in the summer of 1536, to make for Strasbourg where he could pursue a life of study and writing. However, Calvin and his traveling companions discovered that the direct way to Strasbourg was blocked by the troops of Charles V. So Calvin and company had to follow the indirect route and stop for a night in Geneva. That evening Farel heard the writer of *The Institutes of the Christian Religion* was in town. Farel immediately came and asked Calvin to join in leading the Reformed Church in Geneva. Calvin declined, "I want quiet

거절했습니다. 파렐은 호통을 쳤습니다. "만일 동참하지 않으면 하나님이 저주를 내리실 것이다." 칼빈은 이것을 하나님의 음성으로 두렵게 들었습니다. 그래서 제네바에 남아 종교개혁을 완성했습니다. 한 목회자, 의인 한 사람이 모든 것에 대항하여 세상을 바꾸었습니다. 칼빈이 복음은 혀의 교리가 아니라 생명의 교리라고 말했습니다. 그리스도인은 영적 삶, 교회, 지역 공동체를 변화시켜야 합니다.

복음은 그것을 모르는 사람들에게 급진적입니다. 종교개혁은 로마가톨릭교회에 급진적이었습니다. 예수님의 말씀은 유대 종교지도자들에게 급진적이었습니다. 천국은 유대인의 회당에 급진적이었습니다. 세례 요한의 삶은 유대인에게 급진적이었습니다. 탕자의 이야기는 바리새인들에게 급진적이었습니다. 그리스도인은 세상과 타협하지 않습니다. 타협은 하나님의 사람들에게 비참한 결과를 초래합니다. 겨울에 염화칼슘을 뿌린 도로에서 운전하면 당장은 멀쩡해 보여도 나중에는 차가 손상되는 것처럼 세상과의 타협은 우리의 삶과 교회에 피할 수 없는 부패를 가져오고야 맙니다.

앨라배마 버밍햄의 브룩힐스 교회는 북미에서 가장 빠르게 성장하는 교회 중 하나입니다. 데이비드 플랫 목사님과 교인들은 오락적인 음악, 대형 스크린, 무대, 에어컨, 소파, 편의시설을 없애기로 결정했습니다. 하나님의 사람들이 모이는 교회이므로 하나님의 말씀만으로 충분하다고 생각했습니다. 금요일 저녁이면 몇 시간씩 하는 성경공부에 이웃을 초대했습니다. 저녁 6시부터 12시까지 말씀묵상과 기도 외에는 아무것도 하지 않았습니다. 그랬더니 교회가 급속하게 부흥하기 시작했습니다. 플랫 목사님은 말합니다. "그리스도께 전적으로 순종하기란 쉽지 않

studies rather than pastoral care." Then Farel thundered at him, "Unless you join me in Geneva, God will bring down curses upon you." It was fear of God for Calvin. So he remained there to complete the Protestant Reformation. A pastor stood against all and changed the world. One good person changed the world. In "Golden Booklet of the True Christian Life," part of the Institutes, Book III, Calvin put, "The gospel is not a doctrine of the tongue, but of life." Christians should change their spiritual life, church, and community.

The gospel truth is radical to those who don't know that. The Reformation, it was radical to the Roman Catholics. Jesus' message, it was radical to Jews religious leaders. The kingdom of heaven, it was radical to the Jewish synagogue. The life of John the Baptist, it was radical to Jews. The Story of the Prodigal Son, it was radical to the Pharisees. Christians do not compromise with the world. Compromise with the world brings disastrous consequences to God's people. The outward damage may not be apparent for a while. But just as driving your car on salted roads in the winter brings inevitable, although not immediate, damage to your car, so compromise with the world brings inevitable corruption into your life and into the church.

The Church at Brook Hills in Birmingham, Alabama is one of the newly fastest-growing churches in North America. Pastor David Platt and his church members decided to remove the cool music, big screen, decorated stage, air conditioning, cushioned chairs, and comforts. They actually took away the entertainment value. They thought God's Word alone is enough for God's people to come together. They invited people to come together simply to study the Word for hours at a time, Friday night. They

습니다. 편안함도, 부요함도, 건강도, 번영도 다 버려야 합니다. 모든 것을 잃을 각오를 해야 합니다. 그러나 종국에 가서는 그리스도 안에서 보상받습니다. 예수님 한 분만으로 충분합니다."

단순성으로, 성경으로, 예수의 복음으로 돌아가세요. 바울의 충고처럼 우리는 이 악한 현 시대에 얼마나 성경적인가를 필사적으로 탐색할 필요가 있습니다. 성경은 복음의 배타성을 강조합니다. 복음은 그리스도 안에서 세상을 구원하시는 하나님의 최종적인 진리입니다. 복음은 그리스도 안에만 있어서 '좁은 문'입니다. 우리 문화는 종교 다원주의의 유혹에 노출되어 있습니다. 사악한 종교 다원주의자들은 모든 종교가 다른 길로 같은 산 정상에 오르는 것이라고 현혹합니다. 문제는 인간이 땅에서 하늘로 올라갈 수 있는 길은 없다는 것입니다. 그래서 하나님이 여기에 내려 오셨습니다. 그것이 예수의 복음입니다. 다른 복음은 없습니다! 예수님이 말씀하지 않은 복음을 거절하십시오. 그렇지 않으면 그리스도의 종이 되지 못할 것입니다. 우리는 복음의 구경꾼이 아니고 동반자입니다.

gathered from six o'clock in the evening until midnight, and for six hours they did nothing but study the Word and pray. Afterward, the church began to revive rapidly. Pastor Platt says, "Radical obedience to Christ is not easy. It's not comfort, not wealth, not health, and not prosperity in this world. Radical obedience to Christ risks losing all these things. But in the end, such risk finds its reward in Christ. And he is more than enough for us."

Go back to simplicity. Go back to the Bible. Go back to the gospel of Jesus. We desperately need to explore how much is biblical in this present evil time, as Paul advised. The Bible emphasizes the exclusiveness of the gospel; the Christian gospel is the final truth of God for the salvation of the world in Jesus Christ. Because the gospel can be found in Christ alone, salvation is "a narrow path." Today's Korean culture is exposed to the temptation of religious pluralism. Evil supraconfessional universalism argues that every religion climbs the same top of the mountain via different directions. But the problem is that there is no way for man to climb from earth to heaven. So God came down here to us. That's the gospel of Jesus. There is no other gospel! Reject a gospel other than Jesus preached to you, or you will not be a servant of Christ. We are partakers of the Gospel, not spectators.

예수, 내게 말씀하신 그대로 이루시는

사도행전 27장 22-26절 내가 너희를 권하노니 이제는 안심하라 너희 중 아무도 생명에는 아무런 손상이 없겠고 오직 배뿐이리라 내가 속한 바 곧 내가 섬기는 하나님의 사자가 어제 밤에 내 곁에 서서 말하되 바울아 두려워하지 말라 네가 가이사 앞에 서야 하겠고 또 하나님께서 너와 함께 항해하는 자를 다 네게 주셨다 하였으니 그러므로 여러분이여 안심하라 나는 내게 말씀하신 그대로 되리라고 하나님을 믿노라 그런즉 우리가 반드시 한 섬에 걸리리라 하더라

수년 전 한 목사님이 장시간 비행기를 타고 있었습니다. 경고등이 깜박이고 첫 번째 안내방송이 나왔습니다. "안전벨트를 꼭 조여 주십시오." 잠시 후 차분한 목소리로 말했습니다. "약간의 난기류가 예상됩니다. 음료를 드리지 못합니다. 벨트를 확인해 주십시오." 승객들은 불안했습니다. 또 승무원의 방송이 흘러나왔습니다. "식사를 제공할 수 없어서 죄송합니다. 전방에 여전히 난기류가 있습니다." 폭풍이 불고 불길한 천둥소리에 번개는 어두운 하늘을 비추었습니다. 어느 순간 비행기는 들려 올라갔다가 다음 순간 뚝 떨어졌습니다. 거의 모든 승객이 흥분하고 오싹했습니다. 기도하는 사람도 있었습니다. 그때 목사님은 놀라운 어린 소녀를 보았습니다. 그 아이는 발을 집어넣고 앉아서 책을 읽고 있었습니다. 눈을 감았다가 다시 읽었다가 다리를 죽 펴곤 했습니다. 너무

It Will Be Just as I Was Told

Acts 27:22–26 Yet now I urge you to take heart, for there will be no loss of life among you, but only of the ship. For this very night there stood before me an angel of the God to whom I belong and whom I worship, and he said, 'Do not be afraid, Paul; you must stand before Caesar. And behold, God has granted you all those who sail with you.' So take heart, men, for I have faith in God that it will be exactly as I have been told. But we must run aground on some island."

Years ago, a pastor had been on a long flight from one place to another. The first warning of the approaching problems came when the sign on the airplane flashed on: "Fasten your seat belts." Then, after a while, a calm voice said, "We shall not be serving the beverages at this time as we are expecting a little turbulence. Please be sure your seat belt is fastened." Many of the passengers were becoming apprehensive. Later, the voice of the announcer said, "We are so sorry that we are unable to serve the meal at this time. The turbulence is still ahead of us." Then the storm broke. The ominous cracks of thunder could be heard even above the roar of the engines. Lightening lit up the darkening skies. One moment the airplane was lifted on terrific currents of air; the next, it dropped as if it were about to crash. The pastor could see that nearly all the passengers were

차분했습니다. 믿을 수 없었습니다. 마침내 목적지에 도착해서 다들 급히 내릴 때, 목사님이 왜 그 작은 아이는 무서워하지 않았는지 물어 보았습니다. 어린 소녀는 대답했습니다. "조종사가 우리 아빠거든요. 저를 집에 데려가는 중이에요."

바울과 동료들, 백부장 율리오와 다른 죄수들, 선장과 선주는 바다에서 풍랑을 만났습니다. 비는 모든 사람에게 내립니다. 예수 잘 믿어도 풍랑은 있습니다. 인생은 쉽지 않습니다. 우리는 많은 풍랑을 만날 것입니다. 육체적, 정신적, 재정적, 가정적인 풍파가 있습니다. 부드러운 것도 있고, 거친 바람도 있습니다. 사람은 어려운 일을 당할 때 신앙의 깊이를 알 수 있습니다. 위기를 어떻게 다루는지를 보면 그 사람이 정말 누군지 알게 됩니다. 평온하고, 기쁘고, 건강하고, 모든 일이 잘될 때는 믿음이 있는지 없는지 잘 모릅니다. 하지만 시련을 겪으면 그 사람의 믿음을 알 수 있습니다. 설령 내 능력 밖의 풍랑이 있다손 치더라도 믿음의 사람은 극복하고 일어납니다. 불신앙의 사람은 풍랑으로 표류합니다.

사나운 광풍이 계속되고 파도는 배보다 높았습니다. 선원들은 화물을 버렸습니다. 사람들은 흔들리고 탈진하고 지쳤습니다. 14일 동안 먹지 못했습니다. 구원의 여망도 사라졌습니다. 이 시점에서 하나님은 바울을 통해 사람들을 격려하셨습니다. "바울아 두려워하지 말라. 하나님께서 너와 함께 항해하는 자를 다 네게 주셨다." 바울은 사람들 앞에 서서 전합니다. "안심하라. 나는 내게 말씀하신 그대로 되리라고 하나님을 믿노라."

하나님이 아니고 천사가 바울에게 나타났습니다. 하지만 동일하게

upset and scared half to death. Some were praying. Then, he suddenly saw a marvelous little girl. She had tucked her feet beneath her as she sat on her seat; she was reading a book. Sometimes she closed her eyes, then she would read again; then she would straighten her legs, but she was completely calm. He could hardly believe his eyes. When the plane finally reached its destination and all the passengers were hurrying to get ashore, he asked why the little girl had not been afraid. She replied, "'Cause my Daddy's the pilot, and he's taking me home."

Paul and his companions, Centurion Julius and other prisoners, and the ship's pilot and owner encountered the storm at sea. Rain falls on everyone. The storm happens to Christians too. Life is not easy. We will encounter many storms. The storms of life are varied: physical, mental, financial, domestic, and so on. While some will be mild, others will be difficult. We can know how deep his or her faith is when they are having a difficult time. See how they handle the crisis, and then you come to know who they really are. We don't well know whether people have faith or not when they feel peaceful, joyful, fine, and high on life, or when everything is okay. But we can recognize their faith if they are put through trials. Even if there is the storm of life beyond one's ability, people of faith overcome the storm and rise up. People of unbelief drift with the storm.

The violent storm continued, and the waves were higher than the boat. The crew and passengers dumped their cargo. The storm had left them shaken and exhausted and weary. They had not eaten for fourteen days. They lost all hope of being saved. It was at this point that God had Paul encourage them: "Don't be afraid, Paul. God has granted you all those who sail with you."

하나님이 항상 바울과 함께하신다는 것을 생각나게 했습니다. 여기서 바울은 같은 경험을 다시 합니다. 그는 고린도에서 두려움이 있었을 때 경험했습니다. 주님은 바울에게 환상으로 말씀하셨습니다. "두려워하지 말라. 내가 너와 함께 있으니 너를 해할 자가 없을 것이다." 예루살렘에 감금되었을 때도 경험했습니다. 주께서 바울에게 나타나서 말씀하셨습니다. "담대하라. 네가 로마에서도 증언하리라." 처형 직전 마지막 투옥상태에서 또 한 번 경험하게 됩니다. 그는 디모데에게 썼습니다. "주님은 내 곁에 서서 나에게 힘을 주셨다." 바울은 인생의 위기 때마다 주님의 임재를 체험했습니다. 하나님의 환상이나 천사가 아닐지라도 우리 또한 약속의 말씀을 받았습니다. 큰 도움이 필요할 때 하나님의 말씀이 우리를 격려할 것입니다. 바울은 "내가 섬기는 하나님"이라고 합니다. 모든 그리스도인은 하나님의 종입니다. 하나님은 자신의 종들을 돌보시므로 우리는 인생의 폭풍 속에서 격려를 받습니다.

바울은 폭풍을 만났지만 말씀을 믿고 하나님을 온전히 신뢰했습니다. 한 사람의 믿음은 다른 모든 사람, 275명을 구원했습니다. 모든 상황에서 하나님을 신뢰하는 것은 가장 중요한 영적 생활입니다. 말씀만 하셔도 바람과 바다가 순종하는 주님을 신뢰하십시오. 폭풍의 파도가 덮치고 탈출구가 없어 보일 때 믿음만이 당신을 지탱해줄 수 있습니다. 사람들은 희망 없이 이번 위기에서 다음 위기로 가는 경향이 있습니다. 상황에 좌우됩니다. 지금 볼 수 있는 문제를 보지 말고 아직 보지 못한 것을 기대하십시오. 보이는 문제는 곧 지나갑니다. 다가올 기쁨은 영원합니다. 희망을 잃고 표류하지 마십시오. 낙심은 포기하게 만드는 사탄의 가장 큰 도구 중 하나입니다. 하나님의 말씀을 믿는 그리스도인은 종착점을 포기하지 않습니다.

Paul stands up before people on board with a message, "Take heart, I have faith in God that it will be exactly as I have been told."

It was not God himself who appeared to Paul, but his angel. But it had the same effect, to remind Paul that God was always with him. Here Paul again experiences the reality of that promise. He had experienced it when he was afraid in Corinth. The Lord spoke to Paul in a vision and told him, "Don't be afraid. I am with you. No one will attack you to harm you." Paul had also experienced it when he was in custody in Jerusalem, and the Lord appeared to Paul and said, "Take courage, you must testify in Rome as well." Once again, he would later experience it at his final imprisonment, just before his execution. He wrote to Timothy, "The Lord stood by me and strengthened me." Each of these experiences of the Lord's presence came at times of crisis in Paul's life. Even though we do not have literal visions of God or his angels, we have the Word of promise. The Word of God will give us encouragement in times of great need. Paul calls God the One "whom I serve." Every Christian should view themselves as servants of God, always on duty. If we see ourselves that way, as servants of God, we can be encouraged in the storms of life because God looks out for his servants.

Paul faced the storm but believed in the Word and trusted God fully. One man's faith resulted in 275 others saving. To trust God with all our heart in all situations is the most important thing in our spiritual life. Trust the One who merely spoke the word, and the wind and the sea instantly obeyed. When the waves of the storm are breaking over us and there seems no way out, only faith can sustain you. People tend to move from one crisis to the

하나님이 배가 안전할 것이라는 말은 하지 않으셨습니다. 생명은 안전할 것이라고 하셨습니다. 인생을 살면서 우리가 어떤 것은 잃습니다. 그러나 생명은 구합니다. 잃는 것이 있습니다. 그러나 하나님께서 내 생명은 건져 주십니다. 내 생명이 안전하면 다시 항해할 기회도 있고 미래도 있습니다. 폭풍 속에서 혼자라고 느끼는 경우가 많습니다. 혼자가 아닙니다. 하나님은 결코 당신을 혼자 있게 내버려 두지 않으십니다. 예수님은 믿음이 필요 없을 것이라고 생각하십니까? 예수님도 인생의 풍파를 겪으셨습니다. 그러나 예수님은 아버지 하나님을 절대적으로 신뢰하셨습니다. 예수님은 가장 위대한 믿음을 가지고 계셨습니다. 예수는 믿음의 본보기입니다. 폭풍은 더 이상 자신을 믿지 말고 하나님을 신뢰하라고 있는 것입니다. 예수님을 따라서 오직 하나님의 말씀, 하나님만 믿으십시오.

next disaster with no hope. They rely on circumstances. Don't look at the troubles we can see right now; rather, look forward to what we have not yet seen. The troubles we see will soon be over, but the joys to come will last forever. Don't lose hope. Don't allow yourself to drift. Discouragement is one of Satan's greatest tools, causing many to give up. Christians never give up going to their destination because they believe God's Word.

God did not say, "The ship will make it." God said, "You will make it." Some things will be lost, but life will be saved. We lose something, but God delivers our lives. If our lives are safe, we will have another chance to sail, a future. Many times when we are in a storm we feel that we are all alone. You are not alone. God stands beside you. God never sends you into a situation alone. Do you think Jesus doesn't need faith? Jesus went through storms of life, too. But Jesus had absolute trust in God the Father. Jesus had the greatest faith ever known. Jesus is an exemplar of faith. The storm happens so that we no longer trust in ourselves but in God. Follow Jesus and depend on God's Word, God alone.

예수, 변하지 않는 복음의 외길

누가복음 9장 20-24절 예수께서 이르시되 너희는 나를 누구라 하느냐 베드로가 대답하여 이르되 하나님의 그리스도시니이다 하니 경고하사 이 말을 아무에게도 이르지 말라 명하시고 이르시되 인자가 많은 고난을 받고 장로들과 대제사장들과 서기관들에게 버린 바 되어 죽임을 당하고 제 삼일에 살아나야 하리라 하시고 또 무리에게 이르시되 아무든지 나를 따라오려거든 자기를 부인하고 날마다 제 십자가를 지고 나를 따를 것이니라 누구든지 제 목숨을 구원하고자 하면 잃을 것이요 누구든지 나를 위하여 제 목숨을 잃으면 구원하리라

에어 히터는 미국 문화입니다. 히터 장치는 천장과 내벽 또는 바닥 속에 있습니다. 우리는 바닥에서 먹고 자는 문화입니다. 온돌이 실내 공기보다 따뜻하기 때문에 한국 사람은 대개 의자보다 바닥에 앉습니다. 히터가 온돌보다 낫습니다. 벽에 있는 히터는 더운 바람을 실내 전체에 전달합니다. 그래서 활발하게 움직일 수 있습니다. 2007년에 남부 캘리포니아의 겨울은 매우 추웠습니다. 몇 명의 일본인 친구가 있었습니다. 그 중 한 친구가 알함브라에 살고 있는 토모였습니다. 2월 말 언젠가 토모는 심한 감기에 걸렸습니다. 그와 나눈 대화입니다. "간밤에 춥게 지냈어요? 아파트 히터 안 틀었습니까?" "뭐라고요?" "히터요, 히터 켰어요?" "아니요, 우리 아파트에는 히터가 없습니다." "여기는 집집마다 히터가

46

No Other Path

Luke 9:20–24 Then he said to them, "But who do you say that I am?" And Peter answered, "The Christ of God." And he strictly charged and commanded them to tell this to no one, saying, "The Son of Man must suffer many things and be rejected by the elders and chief priests and scribes, and be killed, and on the third day be raised." And he said to all, "If anyone would come after me, let him deny himself and take up his cross daily and follow me. For whoever would save his life will lose it, but whoever loses his life for my sake will save it.

Warm air heating is one of the examples of American culture. Heating units are installed in or attached directly to the ceiling, wall, or floor. Our lifestyle is eating and sleeping on the floor. Koreans usually sit on the floor rather than on chairs because the floor is warmer than the indoor air. In my experience, air heaters are much warmer and better than Ondols. Gas wall heaters deliver hot air to the whole room; people can be active. The winter of 2007 in Southern California was very cold. I made friends with some Japanese students. One of them was named Tomo. He lived in Alhambra. One day at the end of February, he had a cold. He was severe. I asked, "Did you stay cold last night? Didn't you turn on the heater in your apartment?" He said,

있어요." "어디에 있어요?" "벽에 찾아보세요. 히터는 벽에 있습니다."
"아, 그걸 몰랐어요. 그래서 3개월 동안 난방을 못했습니다. 룸메이트가
타이완 학생인데, 그 친구도 우리 집에는 히터가 없어서 사야 된다고 말
했어요." 너무 우스워서 친구들 모두 재미있어 했습니다. 토모와 룸메이
트는 히터가 어디에 있는지 몰라서 겨울 내내 춥게 보냈습니다. 이처럼
우리가 길을 모르고 진리를 몰라서 외롭게 헤매는 때가 있습니다.

때때로 신앙인들이 자기를 부인하라는 말씀을 잘못 생각합니다. 자
기를 부인하는 것은 자신을 거절하거나 자기 비하를 하라는 말씀이 아
닙니다. 자기 파괴가 아닙니다. 문자 그대로 자기 부정이 아닙니다. 우
리는 자신에게 불합리한 요구를 해서는 안 됩니다. 세속적인 세계관은
자신을 증오할 수도 있습니다. 우리는 주님을 사랑하고 생명을 미워하
지 않습니다. 비록 이 땅에 체류할지라도 우리는 우리 자신이 아니고 악
을 미워합니다. 하나님은 신성하게 창조된 당신의 자아를 소중히 여기
시고, 그 안에서 일하시며, 당신을 그리스도 안에서 다시 새 사람으로
만드십니다. 따라서 당신은 기뻐해야 합니다. 우리가 날마다 죽는다는
것은 이 순간에 우리가 원하는 것을 버리고, 대신 하나님을 사랑하는 데
집중한다는 것입니다. 이것은 우리를 자기 중심에서 벗어나 그리스도를
더 가까이 따르게 합니다. 예수님은 자기를 부인하는 것은 예수님을 따
르는 것이라고 말씀하셨습니다. "아무든지 나를 따라오려거든 자기를
부인하고 날마다 제 십자가를 지고 나를 따를 것이니라." 자기를 부인하
는 것은 두려운 일이 아닙니다. 예수님은 계속해서 말씀하셨습니다. "누
구든지 제 목숨을 구원하고자 하면 잃을 것이요 누구든지 나를 위하여
제 목숨을 잃으면 구원하리라." 우리가 날마다 죽으면 우리가 생각하는
것에 더 넘치도록 능히 하실 하나님을 의지함으로써 진정한 삶을 찾습

"What?" "Heater, did you use your heater?" "No, I think my house has no heater." "Here, every house has a heater." "Where?" I said, "Look at the wall. The gas heater is on the wall." He replied, "Oh, I didn't know about that, so I haven't heated my room for three months. My roommate is Taiwanese. He also said our room has no heater, and we have to buy heating appliances." It was so funny, my classmates all laughed. Both Tomo and his roommate didn't know where the heater was, so they stayed cold during the winter. Just like this episode, there is time when we wander lonely without knowing the way, the truth.

Sometimes Christians have a wrong idea about the dying-to-self process. Self-denial is not self-rejection or self-degradation. Self-denial is not another good name for self-destruction. It need not be literal. We must not make unreasonable demands upon ourselves. A secular worldview may result in self-hatred. We love the Lord and do not hate life. Even though we are sojourners, we hate evil, not ourselves. Because God treasures your divinely created self, and he works within you and reshapes you into the person your renewed-in-Christ self is meant to be, you should be glad. To die to self daily is to set aside what we want in this moment and focus instead on loving God. This moves us away from self-centeredness and closer to becoming followers of Christ. Jesus described denying self as following him: "If anyone would come after me, let him deny himself and take up his cross daily and follow me." But self-denial isn't terrible. Jesus continued: "For whoever would save his life will lose it, but whoever loses his life for my sake will save it." In dying to self daily, we find genuine life by depending on God, who provides much more than we can imagine.

니다.

스탠리 존스는 감리교 선교사이자 신학자였습니다. 존스는 인도에서 간디와 많은 시간을 보냈습니다. 그는 아프리카 정글에서 길 잃은 선교사 이야기를 합니다. 덤불과 숲을 베어 낸 곳들 말고는 주변에 아무것도 없었습니다. 선교사는 원주민 오두막을 발견하고 원주민에게 여기서 나가게 도와줄 수 있는지 물었습니다. 원주민은 할 수 있다고 했습니다. "좋아요. 길을 안내해 주세요." "걸으세요." 그들은 한 시간 이상 표시가 없는 정글을 걸어서 헤쳐 나갔습니다. 선교사는 걱정이 되었습니다. "길이 있는 게 확실합니까? 어디가 통로입니까?" 원주민은 말했습니다. "여기는 길이 없습니다. 제가 길입니다. 저를 따라오세요." 예수께서 "내가 곧 길이요 진리요 생명이다"라고 말씀하셨습니다. 우리가 사는 길은 예수님에게 있습니다. 우리가 날마다 죽을 때 우리는 더 이상 우리 자신의 길을 가려고 애쓰지 않습니다. 예수님만 따르게 됩니다.

"그러면 어떻게 되나" 하는 염려가 여러분을 몹시 지치게 합니다. 실직하면 어떻게 하지? 돈 떨어지면 어떻게 하지? 일이 풀리지 않으면 어떻게 하나? 결정을 잘못하면 어떻게 하나? 거절하면 어떻게 하나? 아프면 어떻게 하나? 집 없으면 어떻게 하나? 결혼을 못하면 어떻게 하나? 아이를 낳을 수 없으면 어떻게 하나? 교회가 분열하면 어떻게 하나? 그 모두는 얼마나 길이 확실한가에 달려 있습니다. 공관 복음서에 예수께서 그리스-로마 도시 빌립보 가이사랴에 가셨다는 기록은 없습니다. 베드로의 신앙고백과 변화산 사건은 인근에서 있었습니다. 이 지역에서 예수님은 제자들에게 자신을 누구라고 생각하는지 물으셨습니다. "무리가 나를 누구라고 하느냐? 너희는 나를 누구라 하느냐? 너희는 그리스

E. Stanley Jones was a Methodist Christian missionary and theologian. Jones spent much time with Gandhi in India. He tells of a missionary who got lost in an African jungle – nothing around him but bush and a few cleared places. He found a native hut and asked the native if he could lead him out. The native said he could. "All right," said the missionary, "show me the way." The native said, "Walk." So they walked and hacked their way through unmarked jungle for more than an hour. The missionary got worried. "Are you quite sure this is the way? Where is the path?" The native said, "Bwana, in this place there is no path. I am the path. Follow me." Jesus said, "I am the way, the truth, and the life." The way to live our life is where Jesus is. As we die to self daily, we no longer try to get our own way. We only follow Jesus.

The "What ifs" of life will kill you. What if I lose the job? What if we run out of money? What if things don't work out? What if I make a bad decision? What if I don't get accepted? What if I get sick? What if we can't find a place to live? What if I never get married? What if we can't have children? What if the church splits? It all depends on how sure the way is. In the Synoptic Gospels, there is no record of Jesus entering Caesarea Philippi, a city of Greek-Roman culture. The great confession and the transfiguration both occurred in the vicinity of the city. Jesus, while in this area, asked his disciples who they thought he was. "Who do the crowds say that I am? But who do you say that I am? Who do you say Christ is?" Jesus is the way. When you know Jesus, you can feel easy. Jesus is the path to joy.

What are the differences between a boss and Jesus? A boss creates fear; Jesus creates confidence. A boss creates resentment;

도를 누구라 하느냐?" 예수는 길입니다. 예수님을 알면 안심할 수 있습니다. 예수님은 기쁨의 통로입니다.

보스와 예수님의 차이가 무엇입니까? 보스는 두려움을 주고, 예수님은 확신을 주십니다. 보스는 반감을 일으키고, 예수님은 열정을 일으키십니다. 보스는 "나"라고 말하고, 예수님은 "우리"라고 말씀하십니다. 보스는 불만을 해결하고, 예수님은 실수를 해결하십니다. 보스는 방법을 알고, 예수님은 방법을 가리켜 주십니다. 보스는 일을 지루하게 만들고, 예수님은 일을 흥미롭게 만드십니다. 보스는 권위를 믿고, 예수님은 협동을 믿으십니다. 보스는 운전하고, 예수님은 인도하십니다. 예수님은 마지막 해답입니다.

Jesus breeds enthusiasm. A boss says, "I"; Jesus says, "We." A boss fixes blame; Jesus fixes mistakes. A boss knows how; Jesus shows how. A boss makes work drudgery; Jesus makes work interesting. A boss relies on authority; Jesus relies on cooperation. A boss drives; Jesus leads. Jesus is the final answer.

예수, 감사를 끌어당기는

누가복음 5장 27-32절 그 후에 예수께서 나가사 레위라 하는 세리가 세관에 앉아 있는 것을 보시고 나를 따르라 하시니 그가 모든 것을 버리고 일어나 따르니라 레위가 예수를 위하여 자기 집에서 큰 잔치를 하니 세리와 다른 사람이 많이 함께 앉아 있는지라 바리새인과 그들의 서기관들이 그 제자들을 비방하여 이르되 너희가 어찌하여 세리와 죄인과 함께 먹고 마시느냐 예수께서 대답하여 이르시되 건강한 자에게는 의사가 쓸 데 없고 병든 자에게라야 쓸 데 있나니 내가 의인을 부르러 온 것이 아니요 죄인을 불러 회개시키러 왔노라

로빈슨 크루소가 외로운 섬에서 난파되었을 때 그는 악한 것과 선한 것을 구분해서 생각해 보았습니다. 그는 황량한 무인도에 던져졌지만 살았고 다른 승선자들처럼 익사하지 않았습니다. 인간 사회와 떨어져 있었지만 굶주리지 않았습니다. 옷은 없었지만 옷이 필요 없는 더운 곳에 있었습니다. 방어수단이 없었지만 아프리카 해안에서 본 것과 같은 맹수를 만나지 않았습니다. 말할 수 있는 상대가 없었지만 하나님께서 기본적인 필수품은 모두 얻을 수 있게 배를 해안으로 가까이 보내 주셨습니다. 그래서 그는 세상에 그토록 비참한 조건은 없었지만 감사할 수 있었다는 결론을 내렸습니다.

47

The Magnetic Mind

Luke 5:27–32 After this he went out and saw a tax collector named Levi, sitting at the tax booth. And he said to him, "Follow me." And leaving everything, he rose and followed him. And Levi made him a great feast in his house, and there was a large company of tax collectors and others reclining at table with them. And the Pharisees and their scribes grumbled at his disciples, saying, "Why do you eat and drink with tax collectors and sinners?" And Jesus answered them, "Those who are well have no need of a physician, but those who are sick. I have not come to call the righteous but sinners to repentance."

When Robinson Crusoe was wrecked on his lonely island, he drew up in two columns what he called the evil and the good. He was cast on a desolate island, but he was still alive — not drowned, as his ship's company was. He was apart from human society, but he was not starving. He had no clothes, but he was in a hot climate where he did not need them. He was without means of defense, but he saw no wild beasts such as he had seen on the coast of Africa. He had no one to whom he could speak, but God had sent the ship so near to the shore that he could get out of it all the things necessary for his basic wants. So he concluded that there was not any condition in the world so miserable but that one could find something for which to be

이 세상에서 당신이 볼 수 있는 시간은 3일밖에 남지 않았다면 어떻게 하시겠습니까? 헬렌 켈러는 이렇게 말했습니다. "내가 만일 3일을 볼 수 있다면, 첫날은 친절과 우정으로 내 인생을 살만한 가치가 있게 해 준 사람들을 보고, 새로 태어난 아기의 얼굴을 들여다볼 것입니다. 다음 날은 미술관에 가서 그림과 조각을 공부하며 인간의 영혼을 음미할 것입니다. 셋째 날은 새벽을 맞이하고 새로운 자연의 아름다움을 발견할 것입니다. 또한 바쁜 길모퉁이에 서서 사람들의 얼굴과 표정을 보고 그들의 일상을 생각할 것입니다." 그리스도의 눈으로 세상을 바라보면 틀에 박힌 곳에서도 비상한 것을 발견할 수 있고 모든 것, 모든 사람이 감사합니다.

마태, 마가, 누가복음은 세리 레위를 부르시는 장면을 소개합니다. 예수님이 제자들을 부르셨을 때 레위의 반응은 처음 네 제자와 달랐습니다. 예수님은 갈릴리 호숫가에 다니시다가 시몬과 안드레, 야고보와 요한 형제들을 보셨습니다. 그들은 어부였습니다. 예수님은 나를 따라오라고 하셨습니다. 그들은 그물에 잡힌 고기가 심히 많은 것을 보고 모든 것을 버려두고 예수님을 따랐습니다. 그러나 레위는 특별한 일을 경험하지 못했습니다. 예수님은 세관에 앉아 있는 레위를 보시고 나를 따르라고 하셨습니다. 레위는 일어나서 모든 것을 버리고 따랐습니다. 그런 다음 레위는 예수님과 제자들을 집으로 초대하고 큰 잔치를 했습니다. 베드로와 안드레, 야고보와 요한은 기적을 보았지만 예수님을 대접하지는 않았습니다. 반면에 레위는 기적을 보지 못했지만 예수님을 영광스런 손님으로 환대했습니다. 왜 그랬을까요? 아무도 지금까지 마태를 주목하지 않았습니다. 하지만 예수님은 그를 사랑으로 대하시고 그분의 사람으로 부르셨습니다. 마태는 예수님의 마음을 읽을 수 있었습

grateful.

What would you do if you only had three days left to see in this world? Helen Keller described like this: "If I had three days to see, this is what I would want to see. On the first day I would want to see the people whose kindness and companionship have made my life worth living. I would look into the face of a new baby. The next day I would go to an art museum to probe the human souls by studying paintings and sculpture. On the third day I would greet the dawn, eager to discover new beauties in nature. I would stand at a busy street corner, trying to understand something of the daily lives of persons by looking into their faces and reading what is written there." If you look at the world through the eyes of Christ, you can see the extraordinary in the commonplace, and everything, everyone is thankful.

Matthew, Mark, and Luke present the call of Levi the tax collector. When Jesus called his disciples, Levi's response was different from the first four disciples. As Jesus was walking by Lake Galilee, he saw Simon and his brother Andrew, James and his brother John. They were fishermen. Jesus said to them, "Come, follow me." After they saw the nets filled with so many fish, they left everything and followed Jesus. But Levi didn't experience something unusual. Jesus saw Levi sitting at his tax office. Jesus said to him, "Follow me!" Levi got up, left everything, and followed Jesus. Then Levi invited Jesus and his disciples to his home and hosted a big dinner party for them. Peter and Andrew, James and John saw the miracle but didn't hold a reception for Jesus. On the other hand, Levi didn't see any miracle but gave a large reception for Jesus as the guest of honor. Why did he do like that? No one noticed Matthew until now. But Jesus treated

니다. 어쩌면 마음속으로 말했을 것입니다. "주님, 감사합니다." 마태는 그를 받아 주신 예수님의 따뜻함을 느꼈습니다. 그래서 예수께 감사를 드렸고 제자로 따르게 되었습니다.

멕시코 일부 지역에는 온천과 냉천이 나란히 있습니다. 자연의 편리 함으로 인해 여성들은 종종 세탁물을 가져와 온천에서 삶은 다음 냉천에서 헹굽니다. 이 광경을 지켜보던 한 관광객이 가이드 겸 친구에게 말했습니다. "사람들은 풍부하고 깨끗한 온수와 냉수를 같이 무료로 제공하는 대자연이 참으로 관대하다고 생각할 것이다." 친구는 대꾸했습니다. "아닌데. 물만 주고 비누는 안 줘서 더 투덜댄다." 예수님은 모든 일에 감사하라고 말씀하십니다. 그러나 우리는 변덕스럽고 자주 불평합니다.

리텐하우스 목사님 가족은 휴가 여행 중에 반대 방향으로 가는 차 위로 여행용 가방이 날아가는 것을 보았습니다. 그 가방을 가져오려고 차를 멈추었지만 상대방 차는 그냥 가고 말았습니다. 운전자의 신원을 알수 있는 유일한 단서는 20달러짜리 금화였는데 이런 문구가 새겨져 있었습니다. "오티스 샘슨 귀하, 은퇴식에서 포틀랜드 시멘트 회사 드림." 수소문 끝에 오티스 샘슨과 연락이 닿았습니다. 샘슨 씨는 가방과 거기에 들어 있는 것은 다 버리고 금 조각만 보내 달라는 편지를 썼습니다. 그는 여러 번 "나의 가장 귀한 것"이라고 표현했습니다. 목사님은 자신의 가장 귀한 것, 예수 그리스도에 대해 쓴 답장과 함께 금 조각을 보냈습니다. 1년 후 목사님은 크리스마스 선물을 받았습니다. 그 안에는 20달러짜리 금화와 샘슨 씨의 메모가 있었습니다. "우리 가정이 정식으로 교회 성도가 되었다는 것을 알면 기뻐하실 겁니다. 이 금화는 목사님이 가지시면 좋겠습니다. 저는 74살이고 아내는 72살입니다. 예수님을

him with love and called him as his man. Matthew could read Jesus' heart and probably said in his mind, "Thank you Lord." Matthew sensed the warmth of Jesus' embrace. So he offered up to Jesus thanksgiving and followed Jesus as his man.

In some parts of Mexico hot springs and cold springs are found side by side — and because of the convenience of this natural phenomenon the women often bring their laundry and boil their clothes in the hot springs and then rinse them in the cold ones. A tourist, who was watching this procedure commented to his Mexican friend and guide: "I imagine that they think old Mother Nature is pretty generous to supply such ample, clean hot and cold water here side by side for their free use." The guide replied, "No senõr, there is much grumbling because she supplies no soap." Jesus teaches us in his words to give thanks in everything. But we very often have an ungrateful heart.

Pastor Rittenhouse and his family were on vacation traveling down the highway when they saw a suitcase fly off the top of a car going the opposite direction. They stopped to pick it up, but the driver of the other car never stopped. The only clue to the driver's identity was a twenty dollar gold piece inscribed: "Given to Otis Sampson at his retirement by Portland Cement Company." After extensive correspondence, Otis Sampson was located and contracted. He wrote a letter telling them to discard the suitcase and all its contents, and send only the gold piece. Mr. Sampson used the phrase "my most precious possession," several times to describe the gold piece. Pastor Rittenhouse sent the gold piece, and wrote a cover letter telling Otis Sampson about his most prized possession, Jesus Christ. A year later, the pastor received a Christmas package. In it was the twenty dollar

믿으라고 한 사람은 목사님이 처음이었습니다. 이제 우리에게 가장 귀한 것은 예수입니다." 세리 레위에게 가장 귀한 것은 예수였습니다. 예수님은 당신에게 가장 소중한 분이신가요? 예수님께 얼마나 감사하십니까?

모래 한 접시를 주고 그 안에 철가루가 있다고 하면 아무리 살피고 손가락으로 찾아도 감지하기 어려울 것입니다. 하지만 자석을 가지고 훑으면 자력이 거의 보이지 않는 철을 끌어당길 것입니다. 감사하지 않는 마음은 모래 속의 손가락처럼 자비를 찾지 못합니다. 그러나 감사하는 마음이 매일 흘러나오게 하면 자석이 철을 찾는 것처럼 하나님의 모래 속에 있는 황금, 하늘의 축복을 발견할 것입니다. "감사로 제사를 드리는 자가 나를 영화롭게 하나니 그의 행위를 옳게 하는 자에게 내가 하나님의 구원을 보이리라"(시 50:23). 감사가 예배고, 감사가 정의고, 감사가 구원입니다. 모든 상황 속에서 감사를 보이십시오.

gold piece. Mr. Sampson wrote, "You will be happy to know we have become active members of a church. We want you to have this gold piece. I am seventy-four; my wife is seventy-two. You were the first one to tell us about Jesus. Now he is our most prized possession." Jesus was Levi the tax collector's most prized possession. Is Jesus your most prized possession? How much do you give thanks to him?

If one should give me a dish of sand and tell me there were particles of iron in it, I might look for them with my eyes and search for them with my clumsy fingers and be unable to detect them; but let me take a magnet and sweep through it and now would it draw to itself the almost invisible particles by the mere power of attraction. The unthankful heart, like my finger in the sand, discovers no mercies; but let the thankful heart seep through the day and as the magnet finds the iron, so it will find, in every hour, some heavenly blessings, only the iron in God's sand is gold. "The one who offers thanksgiving as his sacrifice glorifies me; to one who orders his way rightly, I will show the salvation of God!" (Psalm 50:23) Thanksgiving is worship. Thanksgiving is justice. Thanksgiving is salvation. Show thanksgiving in every situation.

예수, 크리스마스에 제각각 만나는

요한복음 6장 38-40절 내가 하늘에서 내려온 것은 내 뜻을 행하려 함이 아니요 나를 보내신 이의 뜻을 행하려 함이니라 나를 보내신 이의 뜻은 내게 주신 자 중에 내가 하나도 잃어버리지 아니하고 마지막 날에 다시 살리는 이것이니라 내 아버지의 뜻은 아들을 보고 믿는 자마다 영생을 얻는 이것이니 마지막 날에 내가 이를 다시 살리리라 하시니라

어느 날 저녁 한 여성 운전자가 집으로 가는 도중 불안하게 뒤에서 큰 트럭이 가까이 붙는 걸 눈치 챘습니다. 안전거리를 유지하려고 속도를 높였더니 트럭도 속력을 냈습니다. 무서워서 고속도로에서 나갔습니다. 트럭도 따라왔습니다. 따돌릴 생각으로 교통이 혼잡한 큰 길로 향했습니다. 트럭은 빨간불을 켜고 계속 쫓아왔습니다. 당황한 여성은 급히 주유소로 들어가 도움을 청하며 차에서 도망쳐 나왔습니다. 트럭 기사는 뛰어내려 그녀의 차로 달려갔습니다. 그는 뒷문을 확 열고 뒷좌석에 숨어 있던 남자를 끌어냈습니다. 여자는 오해했습니다. 트럭 기사는 높은 운전석에서 여성의 차 안에 있는 추행범일지도 모르는 사람을 알아봤습니다. 해피 엔딩입니다. 추격전은 해치려는 것이 아니라 자신이 위험하더라도 그녀를 구해 주려는 노력이었습니다. 이처럼 많은 사람이

Four Ways of Viewing Christmas

John 6:38–40 "For I have come down from heaven, not to do my own will but the will of him who sent me. And this is the will of him who sent me, that I should lose nothing of all that he has given me, but raise it up on the last day. For this is the will of my Father, that everyone who looks on the Son and believes in him should have eternal life, and I will raise him up on the last day."

One evening a woman was driving home when she noticed a huge truck behind her that was driving uncomfortably close. She stepped on the gas to gain some distance from the truck, but when she speeded up the truck did too. The faster she drove, the faster drove the truck. Now scared, she exited the freeway. But the truck stayed with her. The woman then turned up a main street, hoping to lose her pursuer in traffic. But the truck ran a red light and continued the chase. Reaching the point of panic, the woman whipped her car into a service station and bolted out of her auto screaming for help. The truck driver sprang from his truck and ran toward her car. Yanking the back door open, the driver pulled out a man hidden in the backseat. The woman was running from the wrong person. From his high vantage point, the truck driver had spotted a would-be rapist in the woman's

무슨 일이 일어날까 두려워 하나님께서 마련하신 십자가의 속죄로부터 도망칩니다. 그러나 하나님의 계획은 선하고 악한 것이 아닙니다. 우리의 삶을 위태롭게 하는 숨겨진 죄로부터 우리를 구하는 것입니다.

크리스마스는 구원 이야기입니다. 예수님의 말씀입니다. "내가 하늘에서 내려온 것은 내 뜻이 아니요 나를 보내신 하나님의 뜻을 행하려 함이니라. 하나님은 내 아버지시다. 아버지의 뜻은 너희를 살리고 너희에게 영생을 주는 것이다." 예수님이 벳새다 근처에서 5천 명을 먹이신 후에 가버나움으로 돌아오셨습니다. 여기서 예수님은 "나는 생명의 떡이다"라고 선언하셨습니다. 만나를 먹고 육체적으로 주리지 않을 수는 있었습니다. 그러나 광야에서 만나를 먹은 사람들은 죽었고 영생하지 못했습니다. 예수께서 말씀하신 떡은 달랐습니다. 그 떡은 예수님 자신이었습니다. 그를 먹는 사람은 영원히 살 것입니다. 예수님은 생명의 근원입니다. 예수님은 살아 있는 모든 것입니다. 누구에게나 필요한 모든 것입니다. 우리는 다른 것이 필요하지 않습니다.

오늘 예수님과 사람들 사이의 대화는 모두 떡에 관한 것입니다. 이 배경에는 네 종류의 사람이 있습니다. 첫 번째는 유대교 지도자들입니다. 그들은 예수님이 하시는 일은 무조건 비판합니다. 병자를 고치면 귀신의 힘을 이용했다고 고발합니다. 예수님의 가르침에 도전합니다. 대중 앞에서 가능한 모든 방법으로 예수님을 혹평합니다. 사악하고 겉만 번지르르하고 믿지 않는 자들입니다. 요즘 어떤 사람들은 여러 가지 이유로 예수님을 거부합니다. 하나님, 예수님, 성령, 성경을 거절합니다. 두 번째는 가장 많은 교인들입니다. 예수님 시대에는 영화관, 잡지, 휴대폰이 없었습니다. 집을 떠나 예수님을 구경하는 일은 흥미로웠을 것

car. This is a happy-ending story. The chase was not his effort to harm her but to save her even at the cost of his own safety. Likewise, many people run from God's provision of atonement on the cross, fearing what he might to do them. But his plans are for good not evil – to rescue us from the hidden sins that endanger our lives.

Christmas is the salvation story. Jesus says, "I have come down from heaven not to do my will but to do the will of God sending me. God is my father, and his will is to raise you up and to give you eternal life." After Jesus had miraculously fed five thousand men near Bethsaida near, returned to Capernaum. Here in Capernaum, Jesus declared, "I am the bread of life!" Manna was good food to keep one physically alive. But it was worthless food for providing eternal life because those who ate the manna in the wilderness died. The bread Jesus said was different. His bread was himself. Those who eat him will live forever! Jesus is the source of spiritual life. Jesus is the living everything. Jesus is all that anyone needs. We need nothing else.

Today's discussion between Jesus and them is all about eating bread. There are four groups of people in this context. The first group is the Jewish religious leaders. They criticize everything Jesus does. They accuse Jesus of using demonic powers when he heals the sick. They challenge Jesus' teachings. They repeatedly attempt to discredit Jesus before the crowds in any way they can. They are wicked and unbelieving men with a polished exterior. Some people these days reject Jesus giving various reasons. They reject God, Jesus, the Holy Spirit, and the Bible. The second group is a large number of so-called believers. In Jesus' time people did not have movie theaters, magazines, or

입니다. 하지만 예수님은 마술을 보여 주시지 않았습니다. 대신 주님은 하늘에서 내려왔고 하나님은 아버지시라고 가르쳤습니다. 누가 그런 말을 믿겠습니까? 무리 중 상당수가 예수님을 떠났습니다. 등록하고 교회만 다니는 사람들입니다. 세 번째는 소수의 제자들입니다. 열두 제자와 적은 무명의 제자들입니다. 열두 사도는 예수님과 함께 먹고 자며 사역합니다. 이들은 예수님 곁에 남기로 합니다. 예수는 구세주라고 전파하며 예수님을 따라서 죽습니다. 마지막은 한 개인, 배신자 가룟 유다입니다. 불행히도 유다같이 처신하는 교인은 언제나 있습니다. 어려울 때는 슬그머니 빠져 나갑니다. 어느 쪽에 속합니까?

윌리엄 바클레이 목사님이 쓴 글입니다. "제자가 되지 않고도 예수님을 따라다닐 수 있다. 왕에게 충성하지 않고도 전쟁에 나가 싸울 수 있다. 자기 역할을 다하지 않고도 다른 사람의 업적에 편승할 수 있다." 국제적으로 저명한 교수가 있었습니다. 친구가 강의실에 있는 한 청년에 대해 물어 봤습니다. "자네 학생인가?" 교수는 대답했습니다. "내 강의에 출석하지만 내 학생은 아니야." 청강생은 학생이 아닙니다. 청강생한테는 학점이 주어지지 않습니다. 나는 어떤 유형인가요? 예수대학의 청강생입니까, 아니면 예수님의 제자입니까? 첫 번째 크리스마스 이야기를 들을 때 청강생의 느낌은 그저 그렇습니다. 하지만 예수님의 제자는 진지합니다. 크리스마스에 침묵하지 마십시오. 세상은 크리스마스에 조용하라며 우리를 속입니다. 우리가 왜 조용해야 합니까? 우리가 조용하면 돌들이 환호할 것입니다. 기쁜 성탄을 외치십시오. 예수님을 축하하십시오.

예수님 주변에서 소수의 제자들만이 첫 성탄을 매우 환영했습니다.

smartphones. It must have been exciting for them to leave their homes and watch Jesus. But Jesus did not make a magic show. Instead, he taught them that he came down out of heaven and God was his father. Now, who would have believed such things? Consequently, many of the crowd left Jesus. Churchgoers are like them. The third group is a small group of followers. They are the twelve disciples and a few unnamed disciples. The twelve spend time with Jesus, eating, sleeping, and working together. This group decides to stay with Jesus. They eventually die following Jesus, helping others find him as their Messiah. The last group is just one individual. He is Judas Iscariot the traitor. Unfortunately, there are always some churchgoers who claim to follow Jesus just like Judas. They will slip away when times are difficult. To which group do you belong?

William Barclay writes: "It is possible to be a follower of Jesus without being a disciple; to be a camp follower without being a soldier of the king; to be a hanger-on in some great work without pulling one's weight." There was a highly, internationally acclaimed professor. His friend one day asked him about a young man in the classroom: "Is he one of your students?" The professor replied, "He may have attended my lectures, but he is not one of my students." Attending lectures is different from being a student. An auditor is not a student as disciple. Auditors are not given credit. Which type do you belong to, the auditor taking a Jesus College course or Jesus' student as disciple? When hearing the First Christmas Story, auditors feel so-so, but Jesus' disciples are serious. Do not keep silent on Christmas. The world cheating us says, "Keep quiet over Christmas." Why should we keep quiet? If you keep quiet, the stones will burst into cheers! Shout, "A joyful Christmas!" Shout, "Celebrate Jesus!" Shout, "Celebrate Christmas!"

진정 예수의 사람이 되고 싶다면 크리스마스는 항상 아주 특별해야 합니다. 예수님은 우리 죄를 용서하고 지금과 영원히 사랑하기 위해 하늘에서 내려오셨습니다. 예수님은 언제나 우리가 그의 떡을 먹고 따르기를 원하십니다. 예수께 용서를 바라고, 나의 죄를 위해 죽었다가 다시 사신 것을 믿으며, 나의 삶을 변화시켜 주시기를 원한다고 말하십시오. 진심이라면 이번 크리스마스 이브에 특별한 선물을 주실 것이고, 당신은 언젠가 천국에 있을 것입니다.

크리스마스 며칠 전 두 숙녀가 백화점 유리창을 들여다보고 있었습니다. 전시물은 아기 예수, 마리아, 요셉, 목자 인형으로 연출한 대형 구유였습니다. 한 사람이 반감을 가지고 말했습니다. "저것 좀 보세요. 교회가 크리스마스에 끼어들려고 해요." 요즘 많은 교회가 크리스마스에 냉소적이기 때문에 오히려 일반인들이 크리스마스 연휴를 즐기고 자기들 것인 양 기독교인이 크리스마스 이야기를 하면 이상하다고 합니다. 크리스마스는 당신에게 어떤 의미인가요?

Only a small group of disciples around Jesus made the First Christmas Story very welcome. If you really want to be Jesus' man, Christmas must always be very special to you. Jesus is the One who came down out of heaven in order to forgive your sins and love you right now and forever. Jesus always wants you to eat his bread and follow him. Tell Jesus that you want his forgiveness, that you believe he died for your sins and returned to life, and that you want him to change your life. If you are sincere, he will give you a very special gift on this Christmas Eve and you will have a place in heaven some day.

Just a few days before Christmas two ladies stood looking into a department store window at a large display of the manger scene with clay figures of the baby Jesus, Mary, Joseph, the shepherds, the wise men, and the animals. Disgustedly, one lady said, "Look at that, the church trying to horn in on Christmas!" Since many churches cynically accept Christmas today, rather the unchurched enjoy Christmas holidays and think Christmas is theirs and it is strange for Christians to talk about Christmas. What does Christmas mean to you?

예수, 한 영혼이 우리 모두인

요한일서 4장 7-10절 사랑하는 자들아 우리가 서로 사랑하자 사랑은 하나님께 속한 것이니 사랑하는 자마다 하나님으로부터 나서 하나님을 알고 사랑하지 아니하는 자는 하나님을 알지 못하나니 이는 하나님은 사랑이심이라 하나님의 사랑이 우리에게 이렇게 나타난 바 되었으니 하나님이 자기의 독생자를 세상에 보내심은 그로 말미암아 우리를 살리려 하심이라 사랑은 여기 있으니 우리가 하나님을 사랑한 것이 아니요 하나님이 우리를 사랑하사 우리 죄를 속하기 위하여 화목 제물로 그 아들을 보내셨음이라

「가이드포스트」 창간 50주년에 소개된 이야기입니다. 이디스는 항상 자신이 가장 행복한 여인이라고 확신했습니다. 이디스와 칼이 결혼한 지 23년째지만 그녀의 심장은 여전히 뛰었습니다. 칼은 일정한 직업이 없었고 이디스가 생계를 책임졌습니다. 고생 끝에 주정부 도매창고에 취직한 칼은 오키나와로 수개월간 파견되었습니다. 그는 매번 돌아갈 때쯤 3주 더 있어야 한다는 식으로 편지를 썼습니다. 계속 귀국을 미루었습니다. 그사이 이디스는 공장에서 일하고 대출로 집을 마련했습니다. 칼이 오면 놀라게 해 주고 싶었습니다. 1년 후 이혼을 요구하는 편지가 왔습니다. 칼이 만난 여자는 일본인 가정부였습니다. 이디스는 그에게 분노하지 않고 변함없이 사랑했습니다. 외로운 남녀가 연결된 것이라고 이해했습니다. 칼과 아이코한테서 마리아와 헬렌이 태어났습니다.

Only One Soul to Love

1 John 4:7–10 Beloved, let us love one another, for love is from God, and whoever loves has been born of God and knows God. Anyone who does not love does not know God, because God is love. In this the love of God was made manifest among us, that God sent his only Son into the world, so that we might live through him. In this is love, not that we have loved God but that he loved us and sent his Son to be the propitiation for our sins.

This real-life love story was introduced to millions of readers for the 50th anniversary edition of *Guideposts*. Edith was always confident, she is the happiest woman in the village. Edith and Karl had been married 23 years, yet her heart still beat. Karl was often unemployed, and Edith thus undertook to provide for their maintenance. Tough days passed. Karl came to work in a public warehouse, but the government sent him to Okinawa for a few months. Each time Edith expected him home, he'd write that he has got to stay another three weeks. He continued to postpone returning home. In the meantime Edith worked hard in a factory and bought a beautiful cottage with a down payment; she really wanted to surprise Karl as he got back. One year later, came a letter. Karl asked for a separation. His girl was Japanese, an office building maid. Edith didn't hate Karl. She was unable to

이디스는 슬프지만 선물을 보냈습니다. 그 후 3년이 지나서 칼은 폐암으로 죽었습니다. 이디스는 그를 위해 마지막 일을 했습니다. 자녀 양육이 불가능한 아이코의 두 아이를 데려왔습니다. 어느 날 이디스는 공장에서 기절했습니다. 병실에서 늙어 가는 자신을 생각하며 한 번 더 큰 결심을 했습니다. 친모를 데려오기로 했습니다. 아이코는 이민법으로 미국에 올 수 없었습니다. 저널리스트 밥은 이디스의 사연을 일간지에 실었고 뉴스는 삽시간에 퍼졌습니다. 의회에 청원서가 빗발쳤습니다. 마침내 입국이 허락되었습니다. 뉴욕국제공항에 비행기가 도착했을 때 이디스는 칼을 빼앗아 간 아이코를 미워하게 될까 두려웠습니다. 그녀는 기도했습니다. "주님, 칼의 분신이 돌아온 것처럼 이 여자를 사랑할 수 있게 도와주세요." 이디스는 아이코의 이름을 불렀습니다. 두 사람은 서로 껴안고 울었습니다. 그는 왜 그랬을까? 이 질문은 관심 없습니다. 한 여인이 사랑받을 자격 없는 남편을 끝없이 사랑했습니다. 배신과 절망을 극복할 수 있는 사랑 이야기입니다.

사랑은 희생입니다. 사랑은 모든 것을 이해합니다. 사랑은 자기의 유익을 구하지 않고, 모든 것을 주고, 모든 것을 견디고, 모든 것을 믿습니다. 사랑하기로 했으면 끝까지 사랑하세요. 주기로 했으면 주어버리세요. 이것은 사랑이 아닙니다. 사랑하기로 했다가 사랑받으려 합니다. 주기로 했다가 받으려 합니다. 미숙하면 받는 것을 좋아하고, 성숙하면 기꺼이 줍니다. 사랑은 그저 주는 것이지 받는 것이 아닙니다. 그러므로 성경은 말합니다. "사랑은 여기 있으니 우리가 하나님을 사랑한 것이 아니요 하나님이 우리를 사랑하신 것이라."

이 세상에서 가장 좋고 아름다운 것들은 보이지 않거나 들리지 않습

stop loving him. She imagined. A poor girl and a lonely man. And spontaneous connection. Karl and Aiko's babies, Marie and Helen were born. Edith was sadder but sent gifts to them. Three years after that, Karl died of lung cancer. Edith did the last thing for him. She brought two kids of Aiko who couldn't afford child care. One day Edith fainted at the factory. In the bed, she faced the fact that she would be old before the little girls were grown. She made a big decision once again. She made a plan to bring the girls' real mother too. Immigration law did not allow Japanese citizen Aiko to enter the United States. Journalist Bob put all things had happened to Edith in writing in his newspaper column. The news spread nationwide like wildfire. The US Congress was flooded with petitions. Aiko was finally allowed to enter the States. As the plane came in at JFK International Airport, New York, Edith had a fear that she should hate Aiko, who had taken Karl away from her. She prayed, "Lord, help me to love this girl, as if she were part of Karl come home." Edith called Aiko's name. They hugged and cried. Why he acted the way he did? The writer doesn't care about the question. Deep down a woman gave her endless love to her husband, who was not worthy of love. This story is about a woman's love, how love can overcome betrayal and despair.

Love is sacrifice. Love does not judge. Love understands all, everything. Love does not seek its own; love gives all things; love bears all things; love believes all things. If you once began to love, love to the end and love anyway. If you once intended to give, surely give. This is not love: you chose to love, but you want to be loved; you made the decision to give, but you want to take back. Those who think and speak as a child would like to receive, but mature persons are willing to give. Love is mere

니다. 마음으로 느껴야 합니다. 사랑은 중요합니다. 우리가 필요로 하는 모든 것은 사랑입니다. 사랑만 소용 있습니다. 사랑은 당신의 세계를 물들입니다. 사랑이 있는 곳에 하나님이 계십니다. 실수하면, 하나님은 당신을 더 사랑하십니다. 실패하면, 하나님은 당신을 더 사랑하십니다. 하나님의 큰 사랑을 대신하는 것은 없습니다. 어떤 문제가 있어도 당신은 그분의 식탁에서 환영받습니다.

우리가 깨끗하거나 그리스도인이기 때문에 하나님이 우리를 사랑하시는 것은 아닙니다. 하나님은 사랑이시기 때문에 우리를 사랑하십니다. 로마서 5장 8절 말씀입니다. "우리가 아직 죄인 되었을 때에 그리스도께서 우리를 위하여 죽으심으로 하나님께서 우리에 대한 자기의 사랑을 확증하셨느니라." 당신이 사랑스러워서 하나님이 당신을 사랑하신 것은 아닙니다. 하나님이 당신을 사랑하셔서 당신이 사랑스러워진 것입니다. 당신의 가치는 그분의 사랑에서 비롯됩니다.

크리스마스는 모두 우리를 향한 하나님의 완전한 사랑에 관한 것입니다. 산타는 북극에 살지만, 예수님은 어디나 계십니다. 산타는 썰매를 타지만, 예수님은 물 위를 걸으십니다. 산타는 일 년에 한 번 오지만, 예수님은 언제나 가까이 계십니다. 산타는 불청객으로 굴뚝을 타고 내려오지만, 예수님은 문 밖에 서서 두드리고 들어오십니다. 산타는 선물을 스타킹에 채우지만, 예수님은 당신의 모든 필요를 공급하십니다. 산타는 당신을 무릎에 앉히지만, 예수님은 당신을 그분의 팔에 안겨서 편히 쉬게 하십니다. 산타는 몰라서 말할 수 있는 것이 이름은 뭐냐는 게 전부이지만, 예수님은 당신이 나기 전부터 당신의 이름뿐만 아니라 주소, 내력, 미래도 아십니다. 산타의 배는 젤리로 채워진 모양 같지만, 예

giving, not receiving. The Bible therefore says, "In this is love, not that we have loved God but that he loved us."

The best and most beautiful things in this world cannot be seen or even heard. It must be felt with the heart. Love matters. All we need is love. Only love works. Love colors your world. Where love is, God is. When you make a mistake, God loves you more. When you fail, God loves you more. There's no substitute for his great love. No matter what's wrong with you, you're welcome at his table.

God doesn't love you because you are cleaned up, religious or even because you are a Christian. God loves you because he is love. Romans 5:8 says, "But God shows his love for us in that while we were still sinners, Christ died for us." God didn't choose to love you because you were lovely, he loved you and then you became lovely. Your value comes from his love.

Christmas is all about God's perfect love for us. Santa lives at the North Pole; Jesus is everywhere. Santa rides in a sleigh; Jesus walks on the water. Santa comes but once a year; Jesus is close, ever present. Santa comes down your chimney uninvited; Jesus stands at your door and knocks and then comes into you. Santa fills your stockings with goodies; Jesus supplies all your needs. Santa lets you sit on his lap; Jesus lets you rest in his arms. Santa doesn't know your name, all he can say is "Hi little boy or girl, what's your name?"…; Jesus knew your name before you did. Not only does he know your name, he knows your address too. He knows your history and future. Santa has a belly like a bowl full of jelly; Jesus has a heart full of love. Santa may make you chuckle; Jesus gives you joy that is your strength. Santa says "You

수님의 가슴은 사랑으로 채워져 있습니다. 산타는 낄낄거리게 하지만, 예수님은 힘이 되는 기쁨을 주십니다. 산타는 "울면 안 돼"라고 하지만, 예수님은 "네 염려를 다 내게 맡기라. 내가 너를 돌볼 것이다"라고 말씀하십니다. 산타의 조수는 장난감을 만들지만, 예수님은 새 삶을 주고 상처를 싸매고 깨진 가정을 고치십니다. 산타는 선물을 나무 밑에 두지만, 예수님은 우리의 선물이 되고 그 나무에서 죽으셨습니다.

빅토르 위고는 이렇게 말했습니다. "인생에서 가장 큰 행복은 우리 자신에도 불구하고 우리가 사랑받고 있다는 확신이다." 크리스마스는 당신이 선택받았고, 사랑받고 있다는 것을 의심하는 유혹을 받을 때 당신에 대한 진실을 말합니다. 하나님은 내가 선택받을 가치가 없다고 느낄 때조차 나를 선택하십니다. 하나님의 모든 것이 당신의 모든 것을 사랑하십니다. 하나님이 이처럼 우리를 사랑하셨다면, 우리 역시 서로 사랑해야 합니다. 우리가 알아야 하는 가장 중요한 것은 차례로 사랑하고 사랑받는 것입니다.

better not cry"; Jesus says "Cast all your cares on me for I care for you." Santa's little helpers make toy; Jesus makes new life, mends wounded hearts, and repairs broken homes. Santa puts gifts under your tree; Jesus became our gift and died on the tree.

"The greatest happiness of life is the conviction that we are loved; loved for ourselves, or rather, loved in spite of ourselves," says Victor Hugo. Christmas speaks words of truth over you when you're tempted to doubt you are chosen and loved. God chooses me, even when I feel unworthy to be chosen. All of God loves all of you. Beloved, if God loved us like this, then we too should love each other. The greatest thing you'll ever learn is to love and be loved in turn.

예수, 왜 그 어린 예수인가?

마태복음 1장 22-25절 이 모든 일이 된 것은 주께서 선지자로 하신 말
씀을 이루려 하심이니 이르시되 보라 처녀가 잉태하여 아들을 낳을 것이
요 그의 이름은 임마누엘이라 하리라 하셨으니 이를 번역한즉 하나님이
우리와 함께 계시다 함이라 요셉이 잠에서 깨어 일어나 주의 사자의 분부
대로 행하여 그의 아내를 데려왔으나 아들을 낳기까지 동침하지 아니하더
니 낳으매 이름을 예수라 하니라

성탄절이 돌아오면 이런 질문들을 많이 떠올립니다. 왜 두 복음서만
성탄을 이야기하는가? 예수님은 왜 성인으로 오시지 않았을까? 예수님
의 나이는 30세였을까, 50세였을까? 동정녀 탄생이 왜 그렇게 중요한
가? 동방박사는 베들레헴의 별을 어떻게 알았을까? 그들은 낙타를 탔을
까? 아기 예수는 이집트에서 얼마나 사셨을까? 예수님의 가족은 그곳에
서 무슨 일을 했을까? 예수님은 왜 목수가 되셨나? 크리스마스 장식은
해야 하나? 예수님은 언제 태어나셨나? 겨울에 태어나셨나? 예수님의
생일은 실제로 9월이었을까? 성경은 예수님의 정확한 탄생 시간을 자세
하게 설명하지 않습니다. 우리가 아는 것은 성경 어디에도 한겨울이나
9월이라는 말은 없다는 것입니다. 어느 달인지는 알 수 없습니다. 어떤
질문은 재미있고, 어떤 질문은 중요하고 교리적입니다. 우리는 성탄의

50

Why Jesus the Baby?

Matthew 1:22–25 All this took place to fulfill what the Lord had spoken by the prophet: "Behold, the virgin shall conceive and bear a son, and they shall call his name Immanuel" (which means, God with us). When Joseph woke from sleep, he did as the angel of the Lord commanded him: he took his wife, but knew her not until she had given birth to a son. And he called his name Jesus.

We have so many questions about the First Christmas Story. Why do only two Gospels include any details about the birth of Jesus? Why wasn't Jesus made as a mature man? How old was Jesus, 30 or 50? Why is the virgin birth so important? How did the Magi know to follow the star of Bethlehem? Did they ride on camels? How long did the Baby Jesus live in Egypt? What was the holy family doing during the sojourn in Egypt? Why did Jesus choose to be a carpenter? Should we have a Christmas tree? When was Jesus born? Was Jesus born in winter? Was Jesus actually born in September? The time of year that Jesus was born is a matter of some debate, but the exact timing of Jesus' birth is given the Bible's lack of detail on the subject. We know just one thing that the Bible nowhere points to his being born in either mid-winter or sometime in September. No one knows in what

참된 의미에 집중해야 합니다.

어린 주 예수께 관심을 쏟아 보세요. 4살짜리 유치원생이 예수 믿는 부모님에게 물었습니다. "왜 하나님은 아기가 아니셨어요?" 부모님은 대답해 주었습니다. "예수님이 아기였다." 충분한 대답이 아니었습니다. 그런 질문에 어떻게 반응해야 합니까? 신비로운 질문입니다. 크리스마스는 대중적인 발상이 아니었습니다. 사람들은 논리적인 것을 좋아합니다. 그러나 성탄은 논리적인 아이디어가 아니었습니다. 하나님을 본 사람도, 하나님이 어떤 분인지 아는 사람도 거의 없었습니다. 사람들은 하나님을 세상 한가운데서 갑자기 볼 것으로 예상했습니다. 그러나 하나님은 눈부신 빛 속에서 나타나시지 않았습니다. 하나님은 돌진하는 강한 바람 소리, 많은 물소리, 큰 천둥소리, 막강한 군대의 함성같이 하늘에서 오시지 않았습니다. 이 모든 것은 완전한 착상이 아니었습니다. 하나님의 생각은 혁신적이었습니다. 하나님에게서만 나올 수 있는 것이었습니다. 위대한 호소력이 있었습니다. 성탄절 아침에 우주의 창조자 하나님이 무력한 아기의 모습으로 나타나셨습니다. 아무도 생각하지 못한 놀라운 아이디어였습니다.

마태는 예수님의 탄생과 가족사를 전합니다. 예수님이 아기로 태어나신 이유는 세 가지입니다. 모든 사람은 한때 아기였고 대다수 사람은 아기를 좋아합니다. 아기가 태어나면 어떤 기분입니까? 부모가 되면 정말 흥분합니다. 크게 기쁘고 행복합니다. 잠든 내 아기를 안고 있으면 모든 근심이 사라집니다. 아기는 축복이고, 하늘에서 온 선물이고, 사랑스럽고 소중한 작은 천사입니다. 아기 예수로서 하나님은 경외뿐 아니라 사랑받기 위해 이곳에 오셨습니다. 성장하는 아기는 인간, 역사, 문

month Jesus was born. Some of the questions are funny, and some are important and dogmatic. We have to focus on the true meaning of Christmas.

I have a great interest in the Baby Jesus. A 4-year-old pre-schooler asked her Christian parents, "Why wasn't God a baby?" They replied, "Jesus was a baby." That was not a good-enough answer. How should we respond to such a question? The question is bound up in the mysterious. Christmas was not an idea that had been popular with people. They like logic. But it was a somewhat illogical idea. Almost nobody had seen God, and almost nobody had any real idea of what he was like. Then people expected to see God suddenly among men. But God didn't stand in a very bright light. God didn't come from heaven like the sound of a mighty rushing wind, or like the sound of many waters, or like the sound of loud thunder, or like the shouting of a mighty army. All of which was not necessarily a completely appealing idea. God's thinking was the most revolutionary idea. It probably could only come from God. It had a magnificent appeal. On Christmas morning God, the Lord of the universe, appeared in the form of a helpless babe. It was a startling idea that nobody had ever thought.

Matthew presents the nativity of Jesus and his family history. Jesus was born as a baby for three reasons. Everyone was a baby once, and most people like babies. How do you feel after childbirth? We're really excited when we become new parents. We find much joy and happiness with our sweet newborn babies. Having my baby fall asleep in my arms takes away all of my worries. A baby is a blessing, a gift from heaven above, a precious little angel to cherish and to love. God as Baby Jesus

화를 배웁니다. 어린 예수님은 사람들을 만나면서 말을 듣고, 태도를 살피고, 세상을 구원할 큰 그림을 보셨을 것입니다. 아기 예수는 자신의 백성을 다스릴 뿐만 아니라 그들을 알고 싶어서 이곳에 오셨습니다. 두말할 필요 없이 가정은 중요합니다. 조지 A. 무어는 재미있는 말을 합니다. "한 남자가 필요한 것을 찾아 전 세계를 여행하고 그것을 찾기 위해 집으로 돌아간다." 가족이 있는 집에 가서 좋은 음식을 먹고 쉬는 것보다 더 좋은 행복은 없습니다. 사랑은 집에 있는 사람, 가장 가까운 사람을 사랑하는 것에서 시작합니다. 가정은 나의 첫 번째 생일처럼 추억을 만드는 곳입니다. 가족은 가장 친밀한 경험입니다. 아기 예수는 가정의 일부, 우리의 일부가 되려고 이곳에 오셨습니다.

수년 전 매우 부유한 가정에서 유아세례식이 있었습니다. 많은 손님이 유행하는 좋은 옷을 입고 와서 외투를 침대들 위에 눕혀 놓았습니다. 시끌벅적 담소를 즐긴 후에 세례식을 준비하고 누군가 말했습니다. "아기는 어디 있어요?" 간호사가 위층으로 올라가 보고 깜짝 놀라서 내려왔습니다. 아기는 어디에도 없었습니다. 어떤 사람이 한 침대에서 아기를 마지막으로 본 것을 기억했습니다. 정신없이 찾다가 숨 막히게 외투 밑에 있는 아기를 발견했습니다. 다들 그 집에 왜 왔는지 잊고 있었습니다. 이번 성탄절에도 많은 사람이 그 어린 주 예수를 잊어버리고 무시할 것입니다. 아기 예수는 선물포장지, 리본, 흥청대는 분위기에 질식합니다. 아기 예수는 우리 시대에 교회에서 중요하지 않은 것들로 가려져 있습니다. 예수를 크리스마스로 밖으로 내몰지 마십시오.

성탄은 전부 허위이거나 세상에서 가장 믿을 수 있는 사건입니다. 사실이 아니라면 성탄은 그리스도인에게 기막힌 충격이며 세상에 진리는

moved here because he wanted to be loved as well as feared. A baby growing up learns all about people, history, and culture. Meeting people, the Child Jesus might hear their words, feel their attitudes, and see the big picture to save the world. God as Baby Jesus moved here because he wanted to know his people as well as rule them. Needless to say, home is important. To quote George A. Moore, "A man travels the world over in search of what he needs and returns home to find it." And quote. Nothing is better than going home to family and eating good food and relaxing. Love begins by loving the ones at home — the closest ones. Home is a place you make memories, like your first birthday. Familyhood is our most intimate experience. God as Baby Jesus moved here because he wanted to be intimately a part of home, a part of man.

The story is told of a christening that was to be held many years ago by a very wealthy family. Many guests were invited to the home for the occasion and came in the very latest fashionable garb. Their wraps and coats were carried to a bedroom and laid upon the beds. After the usual lot of conversation and commotion, they were ready for the christening ceremony and someone asked, "Where is the baby?" The nurse was sent upstairs to look and returned in alarmed distress. The baby was nowhere to be found! After several minutes' search someone remembered that the child had last been seen lying on one of the beds, and after a frantic search the little child was found smothered under the wraps of the guests. The chief reason why they had come had been forgotten and neglected. This Christmas many will forget and neglect the Christ Child. He is smothered by the wrapping paper, ribbon, and make-believe that surround the festive occasion. The Baby Jesus is covered with

없습니다. 복음의 핵심은 신비입니다. 구원은 신비합니다. 성탄은 신비합니다. 기독교 신앙은 신비합니다. 기독교 역사는 신비합니다. 누가복음 2장 18절은 똑같은 신비로 충만합니다. "듣는 자가 다 목자들이 그들에게 말한 것들을 놀랍게 여기되." 하나님은 실재하고 신비하십니다. 이것이 우리와 항상 함께하시는 하나님을 신뢰할 수 있는 이유입니다. 성탄은 참사랑과 신비를 보여 주려고 아들을 보내신 하나님을 찬양하는 것입니다.

그리스도인은 오래전에 있었던 역사적 사건을 믿습니다. 그러나 우리는 성탄절 아침의 본질을 생각합니다. 하나님은 이 땅 구유 안에서 탄생하셨습니다. 크리스마스가 어떤 사람들에게는 성공의 기회입니다. 빨간 구세군 냄비에 기부하는 계절입니다. 그리스도인은 하나님이 세상을 구원하기 위해 독생자를 보내신 날을 기리고 말합니다. "무슨 일이 틀림없이 있었다!" 하나님께서 첫 성탄에 우리 세상에 오셨습니다.

unimportant things in the church in our day. Let's not crowd him out of Christmas.

Christmas is either all falsehood or it is the truest thing in the world. Christmas has such a dramatic shock toward the heart that if it is not true, for Christians, nothing is true. A core part of the gospel is the mysterious. The salvation story is mysterious. Christmas is mysterious. Christian faith is mysterious. Christian history is mysterious. Luke 2 verse 18 too is replete with the same mysterious: "And all who heard it wondered at what the shepherds told them." God is also real and mysterious. That's the reason we can trust God — always will be here with us. Christmas celebrates that God sending his Son to show his love is real and mysterious.

Christians believe a historical event that happened a long time ago. But we come back to the central fact of Christmas morning — the birth of God on earth, God in the manger. Some people selfishly accept Christmas, as a time to make money. Some people graciously do, throwing a dollar in Salvation Army red kettles for low-income neighborhoods. Real Christians reverently celebrate the day that God sent his only Son to save the world, and they say, "Something must have happened!" Indeed, something did happen. God came to our world on the first Christmas.

예수, 아름다운 복음의 정수

누가복음 2장 3-7절 모든 사람이 호적하러 각각 고향으로 돌아가매 요셉도 다윗의 집 족속이므로 갈릴리 나사렛 동네에서 유대를 향하여 베들레헴이라 하는 다윗의 동네로 그 약혼한 마리아와 함께 호적하러 올라가니 마리아가 이미 잉태하였더라 거기 있을 그때에 해산할 날이 차서 첫아들을 낳아 강보로 싸서 구유에 뉘었으니 이는 여관에 있을 곳이 없음이러라

열 살짜리 어린아이가 할머니한테 성경을 배우고 잘 알게 되었습니다. 하루는 손녀의 궁금증이 터져 나왔습니다. "어느 처녀가 예수님 엄마예요? 버진 메리예요, 킹 제임스 버진이예요?" 누가 진짜입니까? 동정녀 탄생은 대단히 중요한 신앙고백입니다. 예수 그리스도는 육신의 아버지가 아니라 성령으로 잉태되어 마리아에게서 나셨습니다. 그리스도의 성육신은 참 사건이었습니다. 예수님은 우리와 같은 육체를 가진 완전한 인간이셨습니다. 동시에 예수님은 영원하고 죄 없는 본성을 가진 완전한 하나님이셨습니다.

크리스마스 이브였습니다. 작은 마을의 교회학교 학생들이 크리스마스 연극을 준비하고 있었습니다. 감독하는 선생님이 말했습니다. "월리

51

The Essence of the Gospel

Luke 2:3–7 And all went to be registered, each to his own town. And Joseph also went up from Galilee, from the town of Nazareth, to Judea, to the city of David, which is called Bethlehem, because he was of the house and lineage of David, to be registered with Mary, his betrothed, who was with child. And while they were there, the time came for her to give birth. And she gave birth to her firstborn son and wrapped him in swaddling cloths and laid him in a manger, because there was no place for them in the inn.

A ten-year-old, under the tutelage of her grandmother, was becoming quite knowledgeable about the Bible. Then one day she floored her grandmother by asking, "Which virgin was the mother of Jesus, the Virgin Mary or the King James Virgin?" Who is the real virgin? The doctrine of the virgin birth is crucially important. Jesus Christ was not conceived by a human father, but by the Holy Spirit; and he was born of the Virgin Mary. His incarnation was authentic. Jesus was fully human, with a physical body like ours. At the same time, Jesus was fully God, with an eternal, sinless nature.

It was Christmas Eve. Directing the children's Christmas pageant at a little town church, the Sunday school teacher said, "William, you, be Joseph. Ashley, you, be Mary. Both of you,

엄은 요셉, 애슐리는 마리아. 두 사람은 문을 두드리고 방이 있는지 물어 봐요. 에밀리는 여관 주인이고 방이 없다고 말해요." 선생님은 출연진의 역할을 여러 번 상기시켰습니다. 연습은 잘했고 그날 밤 공연이 시작되었습니다. 요셉과 마리아가 여관 문을 두드렸습니다. 주인 에밀리가 문을 열자 요셉은 말했습니다. "아내가 아기를 낳으려고 합니다. 방좀 주세요?" 에밀리는 고개를 저으며 대꾸했습니다. "방 없어요. 없어요." 요셉과 마리아는 크게 실망했습니다. 에밀리는 대사를 마치고 퇴장했습니다. 모든 것이 계획대로 진행되었습니다. 그런데 에밀리가 갑자기 무대로 다시 나와서 말했습니다. "미안합니다. 거짓말했어요. 방 많아요. 들어오세요." 선생님과 친구들이 에밀리의 예상치 못한 행동에 깜짝 놀랐습니다. "뭐야? 에밀리, 바로 해. 네 대사는 방 없다야. 지금 뭐하고 있어? 연극 망쳤다." 그때 청중은 박수갈채를 보냈습니다. 교인들은 에밀리가 아름다운 마음과 영혼을 가졌다고 생각했습니다.

우리는 베들레헴 여관에 방이 없었고 요셉과 마리아는 탄생하신 예수 그리스도를 구유에 뉘었다는 이야기를 수없이 들어왔습니다. 여기서 여관은 신약성경 헬라어 원문으로 '카탈루마'입니다. 이 말은 보통 휴식장소나 객실을 뜻합니다. 같은 저자인 누가는 나중에 바로 이 단어를 여관이 아닌 정확히 객실이라는 뜻으로 사용합니다. 누가는 예수님이 객실에서 제자들과 마지막 만찬을 잡수셨다고 설명합니다. 누가가 선한사마리아인의 비유에서 여관은 다른 헬라어 '판도케이온'으로 쓰고 있습니다.

요셉은 로마 인구조사에 등록하러 고향으로 갔습니다. 베들레헴은 조상들이 살던 곳입니다. 일가친척들의 집을 찾았을 것입니다. 고장 사

knock on the door and ask if there is any room for you. And Emily, you, be the innkeeper and say no room." The teacher reminded every cast member several times how they would play. Each rehearsal went off well and then the show started that night. Joseph and Mary knocked on the door of the inn. Emily the innkeeper answered the door. Joseph spoke, "My wife is about to have a baby, and we need a place. May we have a room, please?" Emily shook her head and said, "No room, no room at all." Joseph and Mary were deeply disappointed. After her line, Emily went behind the curtain. Everything was going as planned. But Emily suddenly came back to Joseph and Mary again and said, "I'm sorry. I lied to you. We have lots of room. Come on in." The teacher and other cast members were all surprised at her unexpected action. "What? Emily, do your line correctly. You're supposed to speak no room. What are you doing? This nativity play is spoiled by you." Then the audience applauded loudly. They thought Emily had a beautiful heart and soul.

We've heard it countless times before that the inn in Bethlehem was full, with no room available, so Joseph and Mary ended up in a stable, with Jesus Christ born and laid in a manger there. The New Testament was originally written in Greek, and the Greek word translated "inn" here is κατάλυμα (kataluma). It means a place of rest, usually a guest room. In fact, the same writer Luke uses this very word later where it clearly refers to a guest room and not an inn. Luke explains that Jesus shared the Last Supper with his disciples in the guest room of a house. Luke has a different Greek word for inn, πανδόκειόν (pandokeion), which he trots out in the parable of the Good Samaritan.

Joseph traveled to his own town to register for the Roman

람들은 다윗 왕의 후손을 존경했을 것입니다. 예수님 시대에 손님 대접은 율법상 유대 사회에서 필수였습니다. 그때의 여관은 현대인이 생각하는 모텔이나 호텔과는 거리가 멀었습니다. 좋지 않았습니다. 유대인과 초대교회 신자들은 손님을 여관에 투숙하지 않게 했습니다. 상업 목적인 여관은 보통 주요 도로에 있었습니다. 베들레헴은 유대 산지에 있는 촌락이었고 관통하는 로마의 도로가 없었습니다.

베들레헴과 인근의 집들은 뒤뜰에 가축을 도둑맞지 않는 동굴이 있었습니다. 집 앞쪽에 객실이 있고 뒤에 마구간이 있는 구조였습니다. 요셉과 마리아가 객실을 구하기에는 너무 늦게 도착해서 친척들이 할 수 있는 최선은 뒤뜰을 사용하는 것이었습니다. 그 당시 출산은 대행사였습니다. 베들레헴 같은 작은 고을에서는 이웃의 많은 여인들이 출산을 도왔을 것입니다. 어쨌든 큰 방이 필요했습니다.

실제로 어떤 일이 있었다는 것일까요? 누가는 여관에 방이 없었다는 말을 하지 않았습니다. 누가는 특정한 집에 충분히 넓은 객실이 없었다고 말했습니다. 아마도 예수님은 마구간으로 사용하는 넓은 동굴이나 집에 있는 구유에서 나셨을 것입니다. 수세기 동안 팔레스타인 농부는 단칸방 가정집이 개조한 테라스에서 태어났습니다. 예수님의 탄생도 다르지 않았습니다. 예수님은 농부가 자연스럽게 여기는 지극히 평범한 장소에서 출생하셨습니다. 예수님도 대다수 사람들처럼 서글픔을 느끼셨습니다. 예수님도 우리처럼 느린 차선에 있었습니다.

크리스마스가 왜 일 년 중 가장 멋진 날일까요? 화이트 크리스마스, 트리, 조명, 선물, 분위기, 로맨스 때문인가요? 예수님 주변의 것들이 아

census. Since Bethlehem was Joseph's ancestral home, he probably had relatives there and found a house of his relatives. He was a descendant of King David, so the townspeople would've shown him respect. In Jesus' day, hospitality to visitors among the Jews was essential, based on biblical examples and laws. Inns at that time were far from anything like typical motels or hotels we might think of today. Inns had a bad reputation. The Jews and the early Christians didn't let their visitors stay at such places. Besides, for commercial reasons inns were usually found along the major roads. Yet Bethlehem was a small town in the upper mountains of Judea, and no major Roman road is known to have passed through it.

Houses in Bethlehem and its vicinity often had caves as the back of the house where they kept their prized animals, lest it be stolen. The guest room was in the front of the house, the animal shelter in the back, and Joseph and Mary had come too late to get the guest room, so the relatives did the best they could by putting them in the back of their house. Childbirth was a major event at that time. In a small village like Bethlehem, many neighboring women would have come to help in the birth. The larger family room was more appropriate anyway.

So what actually happened? Luke did not say there was no room in the inn. Luke said there was not enough space for them in the guest room of a particular house. Maybe Jesus was born in a cave used as a stable or in the manger in a house. For centuries Palestinian peasants have been born on the raised terraces of the one-room family homes. The birth of Jesus was no different. His birth most likely took place in the natural place for a peasant to be born — in a peasant home. Jesus did feel down like most

닌 예수님이 우리 토론의 중심이 되고 있습니까? 우리는 예수님과 함께하기 위해 부르심을 받았습니다. 이것은 우리의 소명입니다. 최우선 순위고 최고의 사역입니다. 많은 사람이 예수님을 위해 일합니다. 그리스도인은 예수님을 위해 일하지 않고 예수님과 함께합니다. 내 꿈과 비전을 예수님보다 더 사랑하면 예수님으로 충분하지 않은 것입니다. 예수님 한 분만으로 충분하십니까? 성탄의 참된 의미는 예수로 충분하다는 것입니다.

성탄은 모든 사람이 인생에서 가장 중요한 것은 무엇인지 깨닫게 합니다. 그것은 회개하고 복음을 믿는 것입니다. 예수님의 생애 첫 번째 설교입니다. "회개하고 복음을 믿으라." 믿고 회개하라고 하시지 않았습니다. 죄를 회개하고 복음을 믿으라고 하셨습니다. 순서를 바꾸면 안 됩니다. 성탄은 복음입니다. 복음은 기쁜 소식이기 전에 슬픈 소식입니다. 왜냐하면 복음은 먼저 내가 죄인이라고 알려 주기 때문입니다. 그러나 절망하지 않아도 됩니다. 하나님이 육신이 되셨고 예수는 우리를 하나님과 화목하게 하셨습니다. 우리 죄를 인정하면 성탄은 구원받는 기쁜 소식이 되고 우리는 하나님의 사랑을 받습니다.

people. He was in the slow lane like us.

Why is Christmas the most wonderful time of the year? For a white Christmas, trees, beautiful lights, gifts, moods, or romance? How much of your discussion centers on things about Jesus, and not Jesus himself? You are called to be with Jesus. That is your calling. That is the primary thing, the highest ministry. Many people want to go and do something for Jesus, but few people are willing to stay and do nothing for him. When you love your dreams and visions more than Jesus himself, then you are saying that Jesus is not enough. Is Jesus alone, enough? The real meaning of Christmas is: Jesus is enough!

Christmas makes everyone realize what is really important in life – repenting and believing in the gospel. Jesus' very first message was: "Repent and believe in the gospel." Jesus didn't say, "Believe and repent." Jesus clearly said, "First repent of your sins and then believe in the gospel." Do not switch the order. Christmas is the gospel. This gospel is bad news before it is good news because it informs us that we are sinners. But we don't need to despair because God became flesh and Jesus reconciled us to God. Only when we admit our guilt, Christmas turns good news and we'll be saved, we'll receive God's love.

예수, 인생의 한겨울에 바라보는

디모데후서 4장 13-17절 네가 올 때에 내가 드로아 가보의 집에 둔 겉 옷을 가지고 오고 또 책은 특별히 가죽 종이에 쓴 것을 가져오라 구리 세 공업자 알렉산더가 내게 해를 많이 입혔으매 주께서 그 행한 대로 그에게 갚으시리니 너도 그를 주의하라 그가 우리 말을 심히 대적하였느니라 내 가 처음 변명할 때에 나와 함께 한 자가 하나도 없고 다 나를 버렸으나 그 들에게 허물을 돌리지 않기를 원하노라 주께서 내 곁에 서서 나에게 힘을 주심은 나로 말미암아 선포된 말씀이 온전히 전파되어 모든 이방인이 듣 게 하려 하심이니 내가 사자의 입에서 건짐을 받았느니라

금년에 어떤 일이 중요했습니까? 어떤 난관에 부딪혔습니까? 무엇을 배웠습니까? 내게 중요한 사람은 누구였습니까? 가장 감사한 것은 무 엇입니까? 만일 나의 생이 끝나가고 있음을 안다면 마지막 희망 사항은 무엇입니까? 여러분이 이렇게 말할 것이라고는 생각하지 않습니다. "한 번 더 교회에 가야 해요." "하나만 더 페이스북에 게시할 수 있을까요?" 오늘 본문은 성경에 있는 바울의 마지막 말, 즉 마지막 편지, 마지막 장, 마지막 구절들입니다. 바울 사도는 임박한 죽음을 알고 있었습니다. 그 의 부탁은 진지하게 우리의 가치, 희망, 필요를 생각하게끔 합니다.

바울은 디모데에게 말했습니다. "너는 겨울 전에 속히 내게로 오라."

Facing Life's Winter in His Steps

2 Timothy 4:13–17 When you come, bring the cloak that I left with Carpus at Troas, also the books, and above all the parchments. Alexander the coppersmith did me great harm; the Lord will repay him according to his deeds. Beware of him yourself, for he strongly opposed our message. At my first defense no one came to stand by me, but all deserted me. May it not be charged against them! But the Lord stood by me and strengthened me, so that through me the message might be fully proclaimed and all the Gentiles might hear it. So I was rescued from the lion's mouth.

What important events happened this year? What challenges did you face this year? What wins did you have this year? What lessons did you learn this year? Who are the people that mattered to you? What are you most grateful for? What do you think your last requests would be, if you knew your life was coming to an end? I don't think you would say, "I need to go back to my church one more time," or "Can I post one more thing on Facebook." Today we hear the last words of Paul in the Bible, the last letter in the Bible that he wrote, the last chapter, some of the last verses. Our text is on the inspired page. The Apostle Paul knew death was imminent, and what he requested can cause us to think seriously about our values, hopes, and needs.

그는 디모데를 보기 원했고 마가도 데려오라고 했습니다. 바울은 영적 형제들과 함께 있기를 갈망했습니다. 이것은 그들에 대한 사랑이었습니다. 영성과 행복은 몇몇 특별한 친구의 우정을 필요로 합니다. 우리가 예수님을 위하여 서로를 떠받치는 신실한 사람들이라면 인생의 겨울을 더 잘 맞이할 수 있을 것입니다. 영적 친구를 사귀십니까?

바울은 또한 두 가지를 소중하게 생각했습니다. "네가 올 때에 내 겉옷과 가죽 종이에 쓴 책을 가져오라." 그는 외투가 필요했습니다. 바울은 추운 로마의 지하 감옥에 있었고 그 역시 인간이었습니다. 따뜻하게 지내고 싶었습니다. 그리고 성경에 있는 영양분을 필요로 했습니다. 많은 사람이 때로는 자신들에게 무엇이 진리인지 아닌지를 선택할 자유가 있다고 믿습니다. 그들은 다수가 동의하는 것을 진리라고 생각합니다. 아니면 자신들에게 맞는 것만 진리라고 생각합니다. 그러나 말씀은 완전히 다른 진리입니다. 하나님의 말씀은 하나님의 말씀이기 때문에 진리입니다. 그 누구도 그것을 바꾸고, 변경하고, 더하고, 생략할 권리가 없습니다. 말씀에 빠지십시오. 말씀만이 명확하고 정직하게 인생의 겨울을 맞이하는 방법을 안내합니다. 예수를 모르는 사람들에게 줄 수 있는 최고의 선물은 그들과 말씀을 나누는 것입니다. 스펄전 목사님의 평가입니다. "바울은 영감을 받았는데도 책을 원하고, 예수님을 만났는데도 책을 원하고, 대다수 사람보다 폭 넓게 경험했는데도 책을 원한다." 독서는 생각과 예수님과의 관계가 더 깊어지게 합니다. 성경과 경건 서적은 우리를 더 겸손하게 합니다.

바울은 구리 세공업자 알렉산더를 언급했습니다. 디모데에게 그를 조심하라고 합니다. "그가 나를 몹시 괴롭혔으니 주께서 그 행한 대로

Paul said to young Timothy, "Do your best to come to me soon before winter." He wanted to see Timothy. To this he added, "Get Mark and bring him with you." Paul longed to be with his spiritual family members. It was a love for specific people who shared his faith and work. Our spiritual formation and happiness need the friendship of a few select companions. You will be able to face life's winter better if you are part of a body of committed believers, who uphold one another in the cause of Jesus. Are you making spiritual friends?

Also, Paul valued two objects. He said, "When you come, bring my cloak and books written on parchment." He needed a coat. He was in a cold, Roman dungeon and he was human too. He desired physical warmth in the coat. And he needed spiritual and intellectual nourishment in his Bible. Sometimes many people believe they have the freedom to choose what is or isn't the truth. So they choose truths that the majority of people agree on. Or they choose only the truths that make sense to them. But the Word brings a completely different truth to the table. The Word of God is the truth because it is the Word of God! No one else has the right to change, alter, add, or subtract from it. Remain faithful to the Word. Only the Word gives us clear, straightforward counsel on how to face life's winter. The best gift you can give to those you know who don't have Jesus is to share the Word with them. Preacher Spurgeon says of Paul, he is inspired, and yet he wants books! Paul had seen Jesus Christ the Lord, and yet he wants books! He had had a wider experience than most men, and yet he wants books! Reading not only helps us become better Christian thinkers, but also to go deeper in our personal relationship with Jesus. Reading the Bible and good Christian books help us become more humble.

갚아 주실 것이다." 알렉산더는 바울에게 등을 돌렸고 복음에 격렬히 반대했습니다. 바울은 하나님께 그의 죄를 무시해 달라고 하지 않았습니다. 우리의 소망은 모든 사람이 참회하고 용서받는 것입니다. 그러나 어떤 사람들은 틀림없이 심판을 받습니다. 바울은 "주께서 갚아 주신다"가 아니고 "주께서 그가 행한 대로 갚아 주신다"라고 했습니다. 저주가 아니고 사실을 말하는 중입니다. 바울은 그런 대적 행위가 많은 사람에게 큰 영적 피해를 줄 것임을 알고 있었습니다. 이득을 바라고 교회에 나오는 사람들이 있습니다. 그들은 진리가 자신들의 이기적이고 악한 동기와 상반되면 위험한 적으로 변합니다. 사람이 자기 세계관을 바꾸는 데는 40년 이상 걸린다고 합니다. 다른 사람을 바꾸려 들지 마세요. 교만일 수 있습니다. 어떤 사람들은 알렉산더처럼 결코 변하지 않습니다. 다른 사람의 죄에 끼어들지 말고 떨어져 있으십시오. 하나님의 손에 맡겨야 합니다. 인생의 겨울을 맞이할 때 할 수 있는 것과 할 수 없는 것을 구별하십시오.

또다시 연말입니다. 무엇이 필요합니까? 요양 중인 100세 부인의 생일축하 파티가 있었습니다. 부인은 흥분했습니다. 목사님이 축하했습니다. "당신은 예리하고 조심성 있습니다." 기자는 원기 왕성한 100세 부인을 인터뷰했습니다. "자녀가 있습니까?" 그녀는 망설이지 않고 대답했습니다. "아직 아녜요." 늙어가는 것은 슬픈 일이 아닙니다. 노년에 이르지 못하는 사람이 많습니다. 우리는 그리스도 안에서 늙지 않고 영원히 살 것입니다.

예수님 없는 끝을 생각하지 마십시오. 하나님을 섬기는 기쁨을 결코 포기하지 마십시오. 말년에 재판에서 바울을 지지하는 단 한 사람이 없

Paul especially mentioned the name of Alexander the metalworker. Paul warns Timothy about Alexander. Paul said, "Alexander the coppersmith did me great harm; the Lord will repay him according to his deeds." Alexander had turned against Paul, vigorously opposed his message. Paul is not asking God to ignore his sin. Our hope is, everyone will repent and receive divine pardon. But certain people will surely be punished. Paul was writing, "The Lord will repay him according to his deeds," not, "May the Lord repay him." Paul was stating a fact, not calling down a curse on him. Paul knew that such opposition to the truth would cause great spiritual damage to many people. There are people who join the church for anticipated benefits. When the truth confronts their selfish and sinful motives, they become dangerous enemies. It takes more than 40 years for people to change their worldviews. Do not rush into change other people's characters. It may be your pride. Some people will never change, like Alexander. Don't be partaker of other men's sins; stay away from them. You have to leave the matter in God's hands. When you face life's winter, you need to distinguish the things you can from the things you cannot.

Once again we are approaching the end of the year. What would you need? A woman in a convalescent home was given a party to celebrate her one hundredth birthday. She was excited about the party. Her pastor came to offer his congratulations. "Your mind was keen and alert." A reporter interviewed the high-spirited, one-hundred-year-old woman, "Do you have any children?" She replied without hesitation, "Not yet!" Never feel bad about growing old. Many do not get to reach old age. You're not really getting old. In Christ, you're going to live forever!

었을 때에도 하나님의 능력은 나타났습니다. 바울은 자신을 살아 계신 주 예수께 드렸습니다. 그는 차갑고 어두운 감방에서도 매일 예수님과의 교제를 즐겼습니다. 그는 약했지만 하나님의 은혜로 강건할 수 있었습니다. 그래서 줄곧 엄청난 도전을 받고도 복음 전파를 중단하지 않았습니다. 주님은 생애 맨 마지막 순간까지 그를 보호하셨습니다. 바울이 마지막으로 쓴 말은 이것입니다. "은혜가 너희와 함께 있을지어다." 바울의 삶은 두 문장으로 요약할 수 있습니다. "그는 그리스도로부터 은혜를 받았다." "그는 그리스도께 영광을 돌렸다." 우리 모든 그리스도인의 삶과 섬김에서 은혜와 영광이 아닌 다른 것을 추구하지 말아야 합니다. 자신을 살아 계신 주 예수께 맡기십시오. 바울이 말하듯 주께서 우리를 모든 악한 일에서 건져 내실 것입니다. 과거를 후회하지 마십시오. 오늘 나의 나 된 것은 하나님의 은혜입니다. 뒤돌아보고 어떤 것도 후회하지 마십시오. 단 한 가지만 빼고 말입니다. "예수님, 자주 주님을 사랑한다고 말하지 못했습니다."

Never think of the end without thinking of Jesus. Never give up the joy of serving your God. Even in these latter days of Paul's life, we see God's strength when no one supported Paul at his trial. Paul was first and foremost committed to the living Lord Jesus. He enjoyed daily fellowship with Jesus, even in that cold, dark dungeon in Rome. He was weak, but he was able to be made strong by the grace of God. So he faced tremendous challenges along the way but never stopped preaching the gospel. The Lord protected him to the very last moment of his life. Paul's final written words are, "Grace be with you." Paul's life can be summarized into these two sentences: "He received grace from Christ" and "He returned glory to Christ." In all our Christian life and service we should desire no other philosophy than this — "grace" and "glory!" Commit yourself to the living Lord Jesus. Paul says make sure you see the rescue and the final victory in Jesus. Do not regret the past; today I am who I am because of God's grace. Do not regret anything in looking back, except for one thing — saying that I have not said "I love you Jesus" often enough.

상투적이고 뻔한 '대안'을 찾지 말자

복음에는 사이드 디쉬(a side dish)가 필요 없다
복음이 메인 메뉴다

지금 우리 시대에 기독교인은 매력적이지 않습니다. 왜 우리는 이전보다 더욱 무력해졌는가? 왜 교회 강단은 세속 강연장이 되었는가? 내용은 없고 "복음, 복음" 하는 구호만 난무하기 때문입니다. 복음은 개념이 아닙니다. 기독교 신앙에 반감이 쌓이는 문화에서 복음의 능력을 입증해야 복음을 아는 것이고 복음으로 사는 삶입니다. 복음 하나면, 인생의 나락에서 극적으로 회복합니다. 자살하려던 중년이 돌이킵니다. 청년이 바람직한 직장으로 이직합니다. 대학생이 하나님의 영광을 생각하고 전공을 바꿉니다. 실패한 중소기업 사장이 살 의지를 갖습니다. 싱글도 결혼합니다. 가나안 교인도 찾아옵니다. 안 믿던 사람이 갑자기 믿습니다.

각종 기도회, 대형 집회, 목회 트렌드, 메타버스 교회, 미래 문화에 적응하려고 안간힘을 씁니다. 유행과 문화 뒤만 졸졸 따라다닙니다. 유행과 문화를 넘어서려고 하지 않습니다. 끊임없이 방법만 사냥하고 교인도 대안 브랜드를 찾아 헐떡거리게 합니다. 팬데믹 시대에 교회가 위기를 맞은 게 아닙니다. 팬데믹을 맞닥뜨리니까 우리 교회의 허풍과 허

수가 벌거벗겨진 것입니다. 복음이 빈약한 진짜 알몸이 드러났습니다. 다른 대안은 없습니다. 복음만 대안입니다. 복음에 집중하면 대안은 자동으로 해결됩니다.

세상의 모든 문제는 생명의 문제고, 생명의 문제는 복음의 문제고, 복음의 문제가 오늘 우리 교회를 가로막고 있습니다. 팬데믹 상황을 예측하지 못해서, 온라인 영상시설이 부족해서, 참신한 아이디어가 부족해서, 봉사가 부족해서, 세미나가 부족해서, 프로그램이 부족해서, 지역사회에 영향을 주지 못해서 우리 교회가 이렇게 된 것 아닙니다. 오히려 그 반대입니다. 교회가 복음이 아닌 부수적이고 최선이 아닌 차선에서 해답을 찾다 보니 어려워진 것입니다. 얕은 복음 때문에 영혼도 구원하지 못했고 세상도 바꾸지 못했습니다.

현재 한국 교회와 사회가 겪고 있는 주요 갈등은 예수님을 따르는 사람들의 책임입니다. 좌우 갈등, 계층 간 갈등, 세대 갈등, 성별 갈등, 지역 갈등, 경제적 양극화, 교회의 불일치, 내 편이 아니면 곧바로 저쪽이라고 공격하는 수준의 인간성은 예수님에게 가져가서 복음에 호소해야 합니다. 복음으로만 풀 수 있습니다. 복음에 집중하지 못하도록 시선을 흐트러뜨리는 모든 논쟁에서 탈출하십시오. 복음의 진실에 관심 없고 복음을 뒤트는 가짜들과 결별하십시오.

감사의 말 Thanks to ────

버릴 수 있는 모든 것을 버리고, 바꿀 수 있는 모든 것을 바꾸고 말씀 사역에 기꺼이 동참해 준 나의 사랑하는 예수인들교회 교우들의 용기와 기도에 진심으로 감사합니다. 하나님이 우리 교회 안에서 특별한 일을 하십니다.

이 책의 내용을 신뢰하고 편집과 출판에 정성을 아끼지 않은 예영커 뮤니케이션에 감사합니다. 추천의 글을 써 주신 조정민 목사님, 김도인 목사님, 박호용 교수님께 감사합니다. 한결같이 성경 하나로 충분한 예수 사랑 사역에 헌신하는 분들입니다.

하나님께서 복으로 주신 지혜와 지훈이의 믿음에 감사합니다. 집필을 자극하고, 격려하고, 이해를 돕고, 평생 목회에 전념하도록 오랜 세월 많은 사랑으로 늘 함께하는 사랑하는 아내에게 고맙고 깊은 감사의 마음을 전합니다.

52 Things
Jesus Has Done
for You